Ina Küper & Marlene Burba

# Mr. Right

*33 Frauen erzählen vom wichtigsten, einzigartigsten
und umwerfendsten Mann in ihrem Leben*

W0057249

Schwarzkopf & Schwarzkopf

# INHALT

*»Für die Welt bist du irgendjemand,*
*aber für irgendjemand bist du die Welt.«*
Erich Fried

*»Die Summe unseres Lebens sind die Stunden,*
*in denen wir liebten.«*
Wilhelm Busch

# Liebe Leserinnen!
# (Und liebe Leser!)

## Vorwort

Gibt es ihn wirklich? Diesen einen Menschen, mit dem sich einfach alles richtig anfühlt? Mit dem plötzlich alles so klar und deutlich ist und das Leben leicht wie Zuckerwatte erscheint?

Ganz gleich, ob überzeugter Single oder Beziehungsmensch, die meisten Frauen träumen im Stillen – oder laut – von jenem Einen: Mr. Right. Die Geschichten in diesem Buch zeigen, dass man Mr. Right jedenfalls nicht durch Suchen findet. Manche Frau ist ihm längst begegnet, hat ihn aber lange nicht als den Richtigen erkannt. Dann wieder ist Mr. Right ausgerechnet jemand, von dem sie niemals gedacht hätte, dass er zu ihr passen würde. Und manche Frau hatte den Traum von der ganz großen Liebe schon aufgegeben, als der Richtige plötzlich vor ihr stand. Nur selten provoziert ein Funkenregen keinen Flächenbrand, sind die Funken erst einmal übergesprungen, ist das Feuer nicht mehr aufzuhalten. Genauso wenig lässt sich der perfekte Moment mit dem richtigen Mann planen, er passiert einfach. Man verliert sein Herz gerade dann, wenn man es am wenigsten erwartet – weil man eigentlich andere Pläne hat, längst in einer Beziehung steckt oder mit den Gedanken ganz woanders ist.

Dieses Buch beweist einmal mehr, dass das Herz sich nichts vorschreiben lässt. Mr. Right, Herr Richtig, muss nicht Mr. Perfect sein. Denn wenn er auf einmal vor uns steht, die Welt aus den Fugen gerät und wir unsere Prinzipien von jetzt auf gleich über Bord werfen, sind wir erst richtig Mensch. Im Gefühlschaos liegen oft die schönsten Momente. Unverhoffte Augenblicke, aus denen unvergessliche Stunden, Tage, Monate und die glücklichsten Jahre unseres Lebens werden, ob Happy End oder nicht. Denn manchmal sind es weniger die richtigen Männer als die richtigen Gefühle, an die wir uns so gern erinnern – immer in der Hoffnung, dass sie eines Tages wiederkehren.

*München, im Herbst 2011*

*Ina Küper & Marlene Burba*

# 1.

# Alles auf Anfang

Ines (27), Redakteurin, München,
über
Ed (30), Banker, München

Vielleicht würde ich diese Lovestory öfter erzählen, wenn sie mit einer Begegnung im Sommerregen, Herzklopfen im Fahrstuhl oder einer Parkbank im Herbstlaub beginnen würde. In Wahrheit nahm alles einen ganz unromantischen Anfang – mit einer ernüchternden Erkenntnis und zwei Seitensprüngen.

Mein Freund hatte mich mit seiner Ex betrogen. Ich erfuhr es an dem Sonntag, an dem wir unser einjähriges Jubiläum feiern wollten. Er lag schlafend da, ich saß auf der Bettkante und beobachtete, wie die Maisonne kleine Spotlights auf sein hübsches Gesicht warf. Wie recht sie hatte! Dann klingelte mein Handy, es war meine Freundin: »Sitzt du? Ich habe SIE letzte Nacht getroffen. Völlig blau. Sie hat mir erzählt, dass er dich mit ihr betrügt, und ich glaube ihr. Auch wenn sie allen Grund hätte zu lügen, ich bin mir sicher, dass sie die Wahrheit gesagt hat. Ich hab lange überlegt, ob ich's dir erzählen soll, aber ich meine, ich bin doch deine Freundin.«

Ich kann mich nur noch an den Wortlaut erinnern. Was ich gefühlte habe, weiß ich nicht mehr genau. Erst mal konnte ich es nicht glauben, natürlich wurde ich auch wütend und irgendwann einfach traurig. Ich weiß nur, dass es mich nicht so sehr schockierte, betrogen worden zu sein – viel schlimmer war, dass er mich belogen hatte. Er hätte es mir nie erzählt, ich wäre für immer die Unwissende, die Geprellte, die Idiotin gewesen, hätte es noch nicht einmal für möglich gehalten. Trotzdem blieb ich bei ihm, klammerte mich an die Idylle, die wir mal gehabt hatten, und redete mir ein, genug geweint zu haben, um ihm verzeihen zu können.

Doch mit der Zeit zerfiel die Idylle, zuerst das Bild, das ich mir von ihm gemacht hatte. Wie er dasaß, nach kaltem Zigarettenqualm roch, viel zu schüchtern Kaffee bestellte, unmännlich wenig aß und immer die gleiche hässliche Hose anhatte. Diese Augenbrauen! Und dieses Lachen. Alles, wofür ich ihn einmal geliebt hatte – sein androgyner Rockstar-Look, seine Unsicherheit, die ihn ein bisschen unterkühlt wirken ließ, die coole Kippe im Mundwinkel, die zerzausten pechschwarzen Augenbrauen und diese lässige Hose – all das konnte ich plötzlich nicht mehr ertragen. Meine Wut verwandelte sich in Oberflächlichkeit. In Gedanken verformte ich ihn, wünschte mir heimlich, dass er besser gekleidet, erfolgreicher und muskulöser wäre. Ich ging strenger mit ihm ins Gericht, als ich es sonst getan hätte, und manchmal ekelte ich mich sogar vor ihm.

So kam es, dass sich meine Oberflächlichkeit schließlich bis zur Gewissenlosigkeit steigerte. Ich ließ meinen Freund immer öfter allein, ging ständig feiern und genoss es, möglichst weit von ihm weg zu sein. Es hatte sich so eingespielt, dass ich mit einer Freundin und zwei ihrer Kumpels ausging. Die beiden schafften es immer wieder, mich zum Lachen zu bringen, nicht zuletzt weil sie eine Tequila-Runde nach der nächsten schmissen. Einer von ihnen, Ed, gefiel mir auf Anhieb, obwohl – oder vielleicht gerade weil – ich wusste, dass er eine Freundin hatte. Das steigerte den Reiz. Ed hatte dunkelbraune Keanu-Reeves-Augen und wildes schwarzes Haar. Wenn er lachte, zeigte er seine geraden, schneeweißen Zähne. Die asiatischen Gesichtszüge hatte er, wie er mir eines Abends verriet, von seiner Mutter geerbt. Anders als sie war er groß – die meisten Männer überragte er um mindestens zehn Zentimeter, was er wiederum der Familie seines Vaters zu verdanken hatte. Ed hatte einen athletischen Körper und seine Arme waren tätowiert. Am liebsten trug er ausgewaschene, eigenhändig zerrissene Jeans (Jahre bevor die Leute secondhand in vintage umbenannten), zu tief ausgeschnittene weiße Shirts, Sandalen im Sommer und Fake-Fur-Mäntel im Winter. Was an anderen Männern peinlich ausgesehen hätte, machte ihn nur noch exotischer. Er war einfach ein unglaublich schöner Mann und die hässlichen Geschichten von seiner zerrütteten Familie und seinen halblegalen Jugendsünden, die er mir nach und nach anvertraute, wollten so überhaupt nicht dazu passen. Andererseits verlieh ihm dieser Kontrast auch etwas Dramatisches und Verwegenes, das mich anzog. Er war ganz anders als mein Freund, sowohl vom Aussehen als auch vom Charakter. Ed wirkte selbstsicher, entschlossen und ehrgeizig, in unseren Gesprächen zeigte er auch eine sensible und einfühlsame Seite. Jede Begegnung mit Ed ließ mich meine Beziehung noch mehr infrage stellen. So sehr, dass ich mich darauf einließ, mich heimlich mit ihm zu verabreden. Wir trafen uns bei ihm.

Nachdem Ed und ich eine gefühlte Ewigkeit regungslos nebeneinander auf seiner Couch gesessen hatten, nervös wie Teenager, hielt ich es nicht mehr aus. Ich griff nach seiner Hand, zog ihn an mich und küsste ihn. Der ganze Frust, die Demütigung, die sich in den letzten Jahren meiner Beziehung angestaut hatten, fielen plötzlich von mir ab, und das setzte eine unbändige Energie in mir frei. Nichts hätte mich jetzt noch zurückhalten können, alle Gedanken an meinen Freund waren in weite Ferne gerückt. Ich gab mich Eds Berührungen so verzweifelt bereitwillig hin, wie ich es

*Ed wirkte selbstsicher, entschlossen und ehrgeizig, in unseren Gesprächen zeigte er auch eine sensible und einfühlsame Seite. Jede Begegnung mit Ed ließ mich meine Beziehung noch mehr infrage stellen.*

gar nicht mehr von mir kannte. Ich war nervös, mein Herz schlug mir bis zum Hals und trotzdem hinterfragte ich keine Sekunde lang, was ich tat.

Aus diesem ersten Abend, an dem wir kopflosen, leidenschaftlichen Sex hatten, entwickelte sich ein Verhältnis. Wir trafen uns ständig und wollten uns so sehr, dass wir kaum die Hände voneinander lassen konnten. Wir verbrachten zahllose schlaflose Nächte zwischen zerwühlten Laken, in denen wir – in unterschiedlicher Reihenfolge – Sex hatten, gedankenverloren dalagen oder gemeinsam lachten. Wenn wir von unserem Hunger aufeinander hungrig wurden, aßen wir Reis mit Sojasauce und Pommessalz. Etwas Besseres hatte ich nie gegessen.

Wenn mich meine Freundinnen fragten, wohin das alles führen sollte, antwortete ich kriegerisch: »Das mit Ed und mir ist etwas rein Körperliches. Etwas, das ich mir verdient habe.« An Versprechen glaubte ich eigentlich nicht mehr. Ich ließ mich lieber treiben, hatte auch nicht vor, es meinem Freund zu sagen. Alles sollte möglichst unkompliziert bleiben – und wurde natürlich nur komplizierter.

Eines Abends drängte Ed plötzlich darauf, mich nach Hause zu fahren, und als ich nachhakte, begriff ich, dass sich seine Freundin angekündigt hatte. Ich schrie ihn an: »Schläfst du noch mit ihr?! Ich kann das nicht mehr! Du musst dich entscheiden!« Der Schmerz, der sich trotz aller Unverbindlichkeiten doch einen Weg gebahnt hatte, überwältigte mich. Ich war entsetzt – und wusste plötzlich: Ich liebe ihn.

*Ich schrie ihn an: »Schläfst du noch mit ihr?! Ich kann das nicht mehr! Du musst dich entscheiden!«*

Tagelang hörte ich nichts von Ed. Kein Anruf, keine SMS, keine E-Mail. Das gab mir viel Zeit, um nachzudenken … und mich endlich von meinem Freund zu trennen. Ich hielt eine Halbwahrheit für fair und erzählte ihm, ich könnte ihm nicht verzeihen. Dass er weinte, fand ich erbärmlich.

Als ich nach Hause kam, klebte ein kleiner Zettel an meiner Haustür: »Es ist vorbei. Alles auf Anfang, okay?«

Seitdem sind fünf Jahre vergangen. Im nächsten Juli heiraten wir. An unsere Vergangenheit denken wir nicht mehr oft, nur noch an unsere Zukunft.

# 2

# Bildschön

Kim (39), Kunstagentin,
über
Xavier (45), Künstler

Ich hörte die Autotür zuschlagen und mein Magen zog sich, wie immer, zusammen. *Bitte nicht schon so früh,* ich schickte ein Stoßgebet zum Himmel, aber es kam zu spät dort an. Schon hörte ich, wie ein Schlüssel ins Schloss der Haustür gesteckt wurde und sie sich mit einem nervenzerreißenden Quietschen öffnete. Ich schauderte und spürte, wie sich mein Nacken anspannte. Wie oft hatte ich ihn schon darum gebeten, endlich diese Tür zu ölen? Das würde ich wohl wieder selbst in die Hand nehmen müssen. Ich wandte mich seufzend meinem Bildschirm zu, der mir fünf neue E-Mails anzeigte. Die kamen mir gerade recht, denn sie bedeuteten, dass ich arbeiten musste und mich nicht mit ihm zu beschäftigen brauchte. »Hallo Kim«, hörte ich ihn hinter meinem Rücken sagen. Dann fühlte ich eine kalte Hand auf meiner Schulter und zuckte zusammen. »Hallo Sven, ich hab dich gar nicht kommen hören«, log ich. Wann hatte er aufgehört, mich Liebling, Schatz oder Schönes zu nennen? Schönes – das hatte ich immer besonders gemocht, ich fühlte mich dann wie eine Prinzessin. Und jetzt? Ein kühles »Kim«. Ja, so heiße ich. Das ist der Name deiner Frau, der Mutter deines Sohnes, des Mädchens, das du vor 13 Jahren geheiratet hast. Aus den Augenwinkeln nahm ich wahr, wie er die Tür des Kühlschranks öffnete. »Kein Käse mehr da?«, fragte er gereizt. Ich versuchte so zu tun, als hätte ich die Frage gar nicht gehört, stattdessen starrte ich angestrengt auf meinen Monitor. Ich spürte seinen Blick auf mir und wusste nicht, ob die Kälte, die mir entgegenwehte, vom offenen Kühlschrank oder von ihm kam. »Muss ich wohl vergessen haben«, murmelte ich nur. Sven stieß mit einem übertriebenen Seufzen die Kühlschranktür zu und lief wortlos an mir vorbei die Treppe hoch. Erst als ich fünf Minuten später das Rauschen der Dusche hörte, konnte ich mich langsam wieder entspannen. Die ganze Zeit über hatte ich mit kerzengeradem Rücken dagesessen und ins Leere gestarrt. *Das muss ein Ende haben*, dachte ich zum zehntausendsten Mal.

Samstagmorgen. Ich wachte gegen zehn Uhr auf. Der Platz neben mir war leer. Sven war bereits joggen. *Joggen*, dachte ich, *was für eine schreckliche Beschäftigung für einen Samstagmorgen.* Der perfekte Start in den Tag sah bei mir am Wochenende ganz anders aus. Frühstück im Bett, eine große Tasse Milchkaffee, ein warmes Buttercroissant, mit dem man das ganze Bett vollkrümelte, ein schöner Kitschfilm im Fernsehen und Kuscheln. Sven hatte mit dieser Vorstellung noch nie etwas anfangen können. Er war ein Frühaufsteher und so schrecklich vernünftig. Ich blickte durchs Fenster nach draußen in den Garten, es regnete Bindfäden. *Armer Paul*, dachte ich. Mein Sohn, der sicher noch im Bett lag und tief und fest schlummerte, hatte am Nachmittag ein Fußballspiel, das würde eine ziemlich matschige Angelegenheit werden. Ich nahm mir fest vor, ihm heute vom Platzrand aus zuzujubeln, zur Not in Gummistiefeln. Das hatte ich ewig nicht getan. *Ob er seine Mutter überhaupt dabeihaben will? Na ja, noch ist er neun, die harten*

> »Kein Käse mehr da?«, fragte er gereizt. Ich spürte seinen Blick auf mir und wusste nicht, ob die Kälte, die mir entgegenwehte, vom offenen Kühlschrank oder von ihm kam.

*Jahre kommen erst noch.* Ich ging runter in die Küche und machte ihm einen heißen Kakao, um ihn damit aus dem Bett zu locken. Stärkung für das Spiel.

Zu meiner Überraschung freute sich Paul, dass ich mit zum Fußball kommen wollte. »Klasse!«, rief er laut und stieß dabei fast seinen Kakao um. »Kommt Papa auch mit?«, fragte er etwas vorsichtiger. In meinem Herzen spürte ich einen kleinen Stich. »Ich glaube nicht, dass …«, wollte ich gerade sagen, als Sven wie aufs Stichwort zur Tür hineinkam. »Ein Scheißwetter ist das draußen«, sagte er mürrisch. »Papa, kommst du heute auch mit zu meinem Fußballspiel? Mama hat versprochen, mich die ganzen neunzig Minuten anzufeuern!« Paul war ganz außer sich, Sven starrte mich aus schmalen Augen an. »Du? Seit wann interessierst du dich für Fußball?« »Seit dein Sohn zum Kapitän gewählt wurde«, erwiderte ich emotionslos. Von der Tatsache, dass Paul Kapitän seiner Mannschaft war, wusste Sven noch gar nichts, es schien ihn auch nicht sonderlich zu interessieren. »Bei dem Wetter kriegen mich keine zehn Pferde mehr vor die Tür, außerdem muss ich noch einige Verträge durchgehen.« Beim zweiten Satz war er schon aus der Tür und in Richtung Bad verschwunden. Paul zuckte nur mit den Schultern und biss kräftig in sein Nutellabrötchen. Seine Augen verrieten jedoch, wie enttäuscht er über die Antwort seines Vaters war. Ich streichelte ihm schnell über den Kopf. »Und nach dem Fußballspiel gibt's einen riesigen Eisbecher«, rief ich. »Auch wenn wir verlieren?«, fragte Paul leise. »Na dann erst recht«, sagte ich.

Ich stand am Spielfeldrand. Der Regen hatte zum Glück aufgehört, die Herbstsonne ließ sich ab und zu zwischen den Wolken blicken und tauchte den Platz in goldgelbes Licht. Jedes Mal streckte ich ihr mein Gesicht entgegen und genoss das bisschen Wärme, das sie spendete. Zwischendurch ließ ich meinen Blick über die Zuschauer schweifen. *War er da?* Ich war von mir selbst überrascht. War ich etwa nur seinetwegen zu diesem Spiel gekommen? *Nein*, sagte ich mir, *du bist wegen Paul hier.* Und doch hellte sich meine Laune beim Gedanken an ihn auf, mein Herz wurde plözlich warm und ich fühlte mich leicht. »Hallo Kim«, sagte eine Stimme hinter mir. Die Art, wie er das »I« in meinem Namen zog, gefiel mir, und das konnte so nur einer: Xavier. Ich drehte mich um und da stand er, mit zwei Pappbechern Kaffee in den Händen. »Hier, gegen die Kälte«, sagte er und reichte mir einen Becher, »mit extra viel Milch.« Lächelnd nahm ich ihm den Kaffee ab und nippte daran. *Mit extra viel Milch, so wie ich es mag.* Xaviers grauschwarze Locken schienen heute noch ein wenig wilder und widerspenstiger zu sein als sonst. Ein paar hingen ihm in die Stirn, andere kräuselten sich um seine Ohren. »Die machen sich ganz gut heute, unsere Jungs«, bemerkte er mit einem Blick aufs Spielfeld. Xaviers Sohn Rafael spielte mit Paul in einer Mannschaft. In letzter Zeit hatten sich unsere Wege aber auch beruflich öfter gekreuzt, denn Xavier war Künstler und ich führte eine kleine Agentur, die Kunstausstellungen und andere Veranstaltungen organisierte und sich um die PR kümmerte. Wir hatten uns auf der Vernissage eines befreundeten Paares kennengelernt und arbeiteten seitdem an gemeinsamen Projekten. Xavier war ein fantastischer Künstler, er war Maler und Bildhauer und in beidem ziemlich erfolgreich. Er verstand es, mit Farben und Formen zu spielen und sie miteinander in Einklang zu bringen. Mein Lieblingsbild zeigte eine nackte Frau mit sanft geschwungenen Rundungen. Es war wunderbar erotisch und zelebrierte die Weiblichkeit regelrecht. Ich konnte mir das Bild gut in meinem Schlafzimmer vorstellen, aber es kostete ein kleines Vermögen. Sven hätte auch nie zugelassen, dass ich so viel Geld für ein Kunstwerk ausgab. Er verstand nichts davon.

Xavier war für einen Mann nicht besonders groß. Er war 15 Zentimeter kleiner als Sven und damit nur wenig größer als ich. Er verfügte auch nicht über eine so sportliche Statur wie Sven mit seinen Läuferbeinen, dem schmalen Becken und den breiten Schultern. Vielmehr hatte Xavier einen Bauchansatz und kurze, stämmige Beine. Doch was mich an ihm so faszinierte, war das Feuer in seinen Augen. Sie waren tiefbraun und von langen Wimpern eingerahmt, um die ihn jede Frau beneidet hätte. Hellwach schauten sie einen an und man hatte das Gefühl, von ihrer Energie angesteckt zu werden. Seine Haut hatte einen dunklen Teint, sodass er

> Doch was mich an ihm so faszinierte, war das Feuer in seinen Augen. Sie waren tiefbraun und von langen Wimpern eingerahmt, um die ihn jede Frau beneidet hätte. Hellwach schauten sie einen an ...

immer aussah, als käme er gerade frisch aus dem Urlaub. Meistens trug er ein Leinenhemd und eine lässige Jeans. Im Sommer Espadrilles und im Winter dicke Lederboots. Ich mochte seinen Stil. Aber am meisten mochte ich, wie Xavier roch. Er sprühte sich nicht mit irgendeinem teuren Parfüm ein, sondern duftete immer nach einer Mischung aus Seife und frischgebackenem Kuchen. Sein Duft, seine ganze Art hatten auf mich eine beruhigende und gleichzeitig belebende Wirkung. Er war das genaue Gegenteil von Sven. Vielleicht genoss ich seine Anwesenheit gerade deswegen so sehr.

»Papa!« Xaviers Sohn Rafael kam auf uns zugestürmt. Paul trottete hinterher. »Hey mein Schatz«, rief ich, »ihr habt super gespielt!« »Mama«, sagte Paul mit klagendem Unterton, »wir haben drei zu eins verloren.« Ich zuckte mit den Schultern. »Na und, ihr habt trotzdem gut gespielt.« Xavier lachte. »Na Paul, da musst du deiner Mama aber mal die Spielregeln erklären.« Ich streckte ihm zur Antwort die Zunge raus. »Wer hat denn jetzt Lust auf ein Eis?« Pauls Miene hellte sich auf und Rafael sprang auf einem Bein hin und her. Im Kanon riefen sie: »Ich! Ich!« Xavier stimmte mit ein. »Na dann kommt, ihr drei Kinder!«, sagte ich lachend und knuffte Xavier in die Schulter.

Man hätte uns für eine glückliche Familie halten können. Mutter, Vater und ihre beiden Söhne. In Wirklichkeit war aber nicht nur ich mit einem anderen Partner verheiratet, sondern auch Xavier. Er lebte aber nicht mehr mit seiner Frau zusammen, sie hatten sich getrennt, ohne sich je scheiden zu lassen. »Wegen Rafael«, erklärte Xavier mir eines Abends und ich nickte, das konnte ich gut verstehen. Ich hatte seine Frau nur einmal kurz kennengelernt. In ihr steckte nicht weniger Energie als in Xavier. Diese brachte sie als leidenschaftliche Künstlerin allerdings nicht nur in ihren Gemälden, sondern auch in anderen Betten zum Ausdruck. Obwohl Xavier das wusste, hat er sich doch lange nicht von ihr getrennt. Bis sie eines Tages mit gepackten Koffern an der Tür stand, um für zwei Jahre nach Brasilien zu gehen. Rafael ließ sie bei ihrem Vater. *Immerhin eine kluge Entscheidung von dieser Frau*, dachte ich, schließlich war Xavier der beste Papa, den man sich vorstellen konnte. *Aber wie konnte man einen Mann wie Xavier nur betrügen?* Das wollte mir nicht in den Sinn.

»Was hast du morgen Abend vor?«, fragte Xavier mich plötzlich, als wir die Eisdiele verließen. Paul saß schon im Auto und war mit irgendeiner Konsole beschäftigt. Ich mochte die Dinger zwar nicht, aber Paul hatte so lange gebettelt, dass letztes Jahr zu Weihnachten dann doch eine unter dem Christbaum lag. *War das jetzt eine Einladung zu einem Date?* Ich schaute schnell zu Paul, damit Xavier nicht sah, wie ich rot wurde. *Was zum Teufel ist los mit dir?*, ermahnte ich mich. »Morgen Abend? Nein, eigentlich nicht. Willst du noch etwas mit mir wegen der Ausstellung nächsten Monat besprechen?« Er blickte mir direkt in die Augen. »Ja, genau. Die Ausstellung. Ich hatte gedacht, ich koche uns etwas Schönes. Afrikanisch? Und vielleicht kannst du mir bei der Auswahl für die Vernissage helfen. Ich kann mich einfach nicht entscheiden. Und du weißt doch, was den Leuten gefallen könnte.« Er sah mich erwartungsvoll an, eine dunkle Locke fiel ihm ins Gesicht. »Klar, mach ich doch gerne. Morgen acht Uhr?«, sagte ich schnell und öffnete dabei die Autotür, um der ganzen Situation die Flirtstimmung zu nehmen. Oder hatte vielleicht nur ich die bemerkt? Xavier nickte strahlend und hielt mir die Tür auf. Mit einem Hupen fuhr ich vom Parkplatz.

*Es ist nur ein Geschäftsessen mit einem guten Freund.* An die dreißig Mal hatte ich mir diesen Satz in den letzten zwei Stunden selbst gesagt. Bei der Auswahl meines Kleides, meines Parfüms, meines Make-ups und sogar meiner Unterwäsche. *Was glaubst du eigentlich, was passieren wird?*, fragte ich mich, als ich mit dem Gedanken spielte, mein edles Spitzendessous anzuziehen. *Du bist verheiratet, Kim!* Und obwohl das wirklich der Fall war, hatte ich nicht eine Sekunde lang ein schlechtes Gewissen bei dem Gedanken an heute Abend. *Genau, denn es ist nur ein Geschäftsessen mit einem guten Freund.* »Ja, ja, ich weiß es ja«, sagte ich laut vor mich hin. »Was weißt du?«, fragte auf einmal Sven. Erschrocken drehte ich mich um. »Ach, ich … ich meinte nur, dass ich weiß, dass ich heute nicht wieder zu spät kommen darf. Judit und Karin haben mich eingeladen. Und Karin bekommt immer so eine Panik, wenn die Gäste zu spät kommen.« Sven hörte mir schon gar nicht mehr richtig zu und war auch schon wieder aus dem Zimmer. Mir wurde sofort schlecht von der Lüge und ich wollte nur noch raus.

Als ich bei Xavier ankam, duftete es bereits verlockend. Ein guter Koch war er also auch. Ich war schon leicht angeheitert vom schweren südafrikanischen Rotwein, als ich Xaviers Arm ergriff und überschwänglich sagte: »Komm, wir schauen uns jetzt deine Bilder an.« Ich liebte sein Atelier. Der große, helle Raum war voller Kunstwerke, viele nur halb fertig. Es roch nach Ölfarbe und Ton, nach Kreativität und Freiheit. »Es ist wunderbar hier«, sagte ich zu Xavier und er lächelte mich an. Wir gingen ein paar Bilder durch und ich war so begeistert, dass ich bei jedem Bild sagte, es müsse unbedingt mit. »Na du bist mir ja eine große Hilfe«,

> »Was glaubst du eigentlich, was passieren wird?«, fragte ich mich, als ich mit dem Gedanken spielte, mein edles Spitzendessous anzuziehen. »Du bist verheiratet, Kim!«

lachte Xavier und zog auch schon die nächste Leinwand hervor. Ich erkannte sofort mein Lieblingsbild: die nackte Frau mit den traumhaften Kurven. »Das Bild ... das ist so was von ... so was von sinnlich«, ich zeichnete vorsichtig mit der Fingerspitze die Linien nach. »Ich liebe dieses Bild.« Auf einmal stand ich ganz nah bei Xavier. Ich musste die Augen schließen, alles um mich herum schien sich zu drehen. War das der Wein? Die Ölfarbe? Xavier? Ich wollte nicht mehr denken. Ich wollte, dass er mich küsste, doch es passierte nichts. Ich öffnete die Augen. »Du bist so wunderschön«, sagte er nur. »Dann küss mich. Bitte«, es klang fast schon flehend. »Ich kann nicht, Kim. Du bist verheiratet.« Der Satz hätte mich eigentlich aufhorchen lassen, mich stoppen müssen, mir sagen »Kim, er hat recht«. Er hatte vielleicht recht, aber er hatte auch keine Ahnung. Von Svens grausamer Kälte, die er mir gegenüber in den vergangenen Jahren aufgebaut hat, von dem fremden, eindeutig weiblichen Duft, der noch in seinen Hemden hing, wenn er nach Hause kam. Ich wollte nicht, dass Sven diesen Augenblick zerstörte. »Ich will frei sein«, entfuhr es mir auf einmal und ich drückte meine Lippen so fest auf Xaviers, dass er es sich nicht anders überlegen konnte. Es war ein hektischer Kuss, viel zu wild. Xavier drehte mich um und küsste meinen Nacken. Mein Blick fiel auf die Frau auf der Leinwand. »Das bist du«, flüsterte Xavier mir ins Ohr. Ich drehte mich zu ihm um und nahm sein Gesicht in meine Hände. Ich griff in seine Locken und küsste ihn sanft auf die Lippen.

# 3

# Egotrip

Ana (34), Floristin, Hannover,
über
Adam (37), Unternehmensberater, Hannover

E r fotografierte alles. Alte Fassaden, abgegriffene Türklinken, die glitzernden Auslagen der Juweliere, vorbeiziehende Wolken, ein ungarisches Streicher-Quartett, den Hut voller Kleingeld davor und seine Chucks von oben. Er hielt sogar auf Mina, meine beste Freundin. Nur mich fotografierte er nicht, nicht mehr.

»Ein Wochenende in Prag. Das tut uns bestimmt gut!« Als ich den Trip buchte, war ich davon überzeugt. Ich bezahlte mit Kreditkarte, wie immer, wenn etwas eigentlich mein Budget sprengte, aber unter die Kategorie »Das habe ich mir trotzdem verdient« oder »Das muss jetzt einfach sein« fiel.

Die letzten Wochenenden waren immer gleich verlaufen: Freitagnachmittag kamen wir erschöpft von der Arbeit, erzählten uns, wie ätzend die Woche gewesen war, aßen schweigend oder in getrennten Zimmern, er verbrachte eine oder zwei Stunden am Schreibtisch, ich vorm Fernseher. Zum Viertel-nach-acht-Film trafen wir uns im Schlafzimmer wieder, lagen eine Weile wach, aber still nebeneinander und schliefen spätestens um halb elf ein. Dabei trennte uns ein Wall aus Kissen. 30 Zentimeter Daunen, die sagten: Keine Sorge, ich mag dich immer noch, aber ich bin zu

23

erschöpft, um näher zu kommen. Samstagmorgen hatten wir Sex. Vor allem, weil ich wusste, dass er eigentlich schon seit gestern darauf wartete. Ich fand ihn immer noch schön. Ich fand auch Sex mit ihm schön, war aber meistens zu müde oder abgelenkt, um mich wirklich darauf einzulassen. Manchmal täuschte ich einen Orgasmus vor, ein bisschen, um ihn glücklich zu machen, ein bisschen, um schneller fertig zu sein. Wenn er kam, schloss er seine Augen, und obwohl sein Gesicht meistens regungslos blieb, schien er zu lächeln. Ich genoss diesen Moment, war ihm dankbar, dass er mich immer noch so leidenschaftlich nahm, spürte aber auch eine leise Erleichterung – Samstagssex abgehakt. Ich wusste, dass ich mir damit seine Liebe erkaufen konnte, oder zumindest eine Schonfrist.

Er ließ mich deutlich spüren, wenn wir es zu selten taten, zog sich zurück, war schweigsam oder sogar angriffslustig. Nach dem Samstagssex schien er mich immer ein bisschen mehr zu lieben. Dann nannte er mich wieder »Schatz«, nahm mir die Einkaufstüten ab und küsste meinen Nacken, während ich die Milch in den Kühlschrank räumte. Doch seine Glückshormone verflüchtigten sich so schnell, wie sie gekommen waren. Spätestens sonntags stritten wir wieder. Es begann meistens beim Frühstück, wenn wir über Belanglosigkeiten wie die Macken von Freunden sprachen. An irgendeinem Punkt kippte die Stimmung garantiert.

> Ich genoss diesen Moment, war ihm dankbar, dass er mich immer noch so leidenschaftlich nahm, spürte aber auch eine leise Erleichterung – Samstagssex abgehakt.

»Wie peinlich sich Leon gestern wieder aufgeführt hat. Wie hält es Astrid nur mit so einem Profilneurotiker aus?«

»Du bist 'ne ganz schöne Lästerbacke.«

»Ich läster doch gar nicht! Sie ist meine Freundin, sie tut mir nur leid. Sie hätte doch wirklich was Besseres verdient. Und überhaupt ... vor zehn Minuten hast du mir doch noch recht gegeben!«

Manchmal kam es mir so vor, als stritten wir nur, weil wir die Zeit dafür hatten, aus reiner Langeweile.

Es wurde also Zeit für ein gutes Wochenende. Zwei Tage, in denen keine Langeweile aufkam und keine Zeit für Streit blieb.

Doch jetzt, während wir durch die Prager Altstadt schlurften, wurde mir bewusst, dass unser Küchentisch zwar mehrere Hundert Kilometer weit weg, unsere Probleme aber ganz nah waren. Der knallblaue Himmel hätte uns glücklich machen, die lachenden Touristen uns anstecken sollen. Doch er lief stets fünf Meter hinter mir und Mina, beteiligte sich an keinem unserer Gespräche und schaute streng durch die Linse seiner Kamera, anstatt seinen Arm um mich zu legen. Auch wenn ich mir nichts anmerken ließ, innerlich kochte ich. Ich beobachtete ihn genau, analysierte jede Regung in seinem Gesicht und bezog alles, wirklich alles auf mich. Wenn er an einem Schaufenster stehen blieb, rief ich: »Wo bleibst du?« Ich war mir sicher, dass er nur den Abstand zu uns vergrößern und mich provozieren wollte. Ich fragte mich, warum er immer nur nach Armbanduhren für sich Ausschau hielt und mir nie Schmuck schenkte. Wenn sein Blick durch die Fußgängerzone wanderte, glaubte ich, dass er der Dunkelhaarigen mit der Hüftjeans hinterherschaute. Wie oft er mir gesagt hatte, dass er jedem Kleid eine hautenge Jeans vorziehen würde! Mir, der bekennenden Hosen-Hasserin.

Mina, die offensichtlich bemerkte, dass wir Probleme hatten, setzte einen nahezu desinteressierten Blick auf. Wie jemand, der einen Fremden hatte stolpern sehen und so tat, als hätte er nichts bemerkt. Dieses Gehabe und die Tatsache, dass sie und ihr Freund, den wir in Prag besuchten, anscheinend nie stritten, machten mich wütend. Wenn ich ihr von unseren Auseinandersetzungen erzählte, hörte sie stets aufmerksam zu, nickte verständnisvoll und gab mir gut gemeinte Ratschläge. Aber eine Uns-gehts-genauso-Story, die mir wirklich weitergeholfen hätte, hatte sie nicht auf Lager.

Es wurde Zeit, mich, nein uns zu beweisen.

»Mina, was dagegen, wenn wir erst mal getrennte Wege gehen? Wir brauchen ein bisschen Zeit für uns.«

Wir verabschiedeten uns am Wenzelsplatz und fuhren ins Hotel. Unser Zimmer war das einzig Erfreuliche an diesem Ausflug: Es war groß, nostalgisch eingerichtet und mit einem dicken, gold-beigefarbenen Teppich ausgelegt. Vor den Fenstern hingen schwere dunkelrote Vorhänge. Der Raum mit dem Kingsize-Bett schrie förmlich nach Romantik, nach zärtlichen Gesten – doch wir schienen dagegen resistent. Unsere Stimmung musste besser werden! Ich lächelte ihn an, sagte in einem bewusst säuselnden Ton: »Ich spring schnell unter die Dusche«, und hängte noch schnell ein »Schatz« an.

»Okay.« Er setzte sich aufs Bett und griff nach der Fernbedienung.

Ich erinnerte mich plötzlich an einen Artikel, den ich auf der Zugfahrt nach Prag gelesen hatte. *Love, Peace und Verpflichtungen* oder so ähnlich. Darin stand, dass eine Beziehung Arbeit bedeutet. »Warten Sie nicht länger auf ein Wunder. Packen Sie's an! Und geben Sie Ihrem Partner einen Grund, Sie zu begehren.« Eigentlich belächelte ich Frauen, die Lebensratgeber kauften und Ein-Euro-neunzig-Beziehungstipps befolgten. Aber in diesem Fall ging es um meine, um unsere Beziehung, da musste ich mein Ego einmal überwinden.

Ich zog mich aus, duschte und rasierte Stellen, die ich viel zu lange ignoriert hatte. Es ärgerte mich, dass ich weder schöne Dessous noch Parfüm dabeihatte. Immerhin hatte das Zimmermädchen ein Gläschen Körperbutter bereitgestellt. Die Creme duftete nach Rosen und Babypuder, besänftigend und ein bisschen betörend. Ich leerte fast das ganze Glas, im Dekolleté und auf den Oberschenkeln trug ich zwei Schichten auf. Schade, dass Hotels keine Negligés verschenken, mein Koffer gab nämlich nicht viel her: Jeans, schwarze Socken, wild zusammengewürfelte Unterwäsche und ein paar Shirts mit traurigem Grauschleier. Ich klappte den Koffer kopfschüttelnd zu, sah mich im Bad um und griff nach einem weißen Bademantel. Allerdings ähnelte ich darin weniger Julia Roberts als Richard Gere in *Pretty Woman*. Er war zwei Nummern zu groß und reichte mir fast bis zu den Füßen. Ich würde also nackt gehen. Bevor ich die Badezimmertür öffnete, räusperte ich mich noch einmal nervös und lobte mir mein Engagement.

Er saß immer noch auf dem Bett und schaute fern. Auch jetzt würdigte er mich keines Blickes. In mir stieg schon wieder Enttäuschung auf.

»Jetzt schau mich doch mal an!«, schnaubte ich. Er schaute. Und schaute. Nichts passierte, er sagte nicht ein Wort. Die Sekunden fühlten sich wie Stunden an.

»Und? Sagst du vielleicht auch mal was?«

»Was? Was soll ich sagen?«

»Gut, dann sag nichts. Und nimm mich einfach nur.«

»Aha. Du lässt mich monatelang links liegen, ignorierst so gut wie jeden meiner Annäherungsversuche – und jetzt, wenn du ausnahmsweise Lust hast, habe ich strammzustehen? Wir sind seit zwei Tagen hier und du hast nicht ein Mal meine Hand genommen!«

Sein sonst so sanftmütiges Gesicht verzog sich zu einer angewiderten Grimasse. Ich stand einfach nur da, wortlos, regungslos und kleiderlos.

> »Jetzt schau mich doch mal an!«, schnaubte ich. Er schaute. Und schaute. Nichts passierte, er sagte nicht ein Wort. Die Sekunden fühlten sich wie Stunden an.

*Wie bitte?* Ich war entsetzt. *Ich? Ignorant?* Dabei war er es doch, der jeden Sinn für Romantik verloren hatte. Das hier entsprach nicht meiner Vorstellung. Frauen hatten das Recht, lustlos zu sein. Und wenn sie wollten, hatten Männer gefälligst begeistert zu sein! Langsam dämmerte mir, dass er recht haben könnte. Ich ließ die letzten Tage, Wochen und Monate Revue passieren und konnte mich tatsächlich nur an

Situationen erinnern, in denen er meine Hand genommen, meine Wange gestreichelt oder meinen Po berührt und ich mich einfach umgedreht hatte.

Die Wut der letzten Tage, die Enttäuschung über die letzten Minuten und das pure Entsetzen der letzten Sekunden verwandelten sich in heiße Tränen, die über meine Wangen rannen. Ich sackte zusammen, rutschte an der Zimmerwand hinab und umklammerte meine zitternden Knie. Am liebsten hätte ich mich in mir selbst verkrochen.

»Vielleicht passen wir einfach nicht zusammen.«

Die Resignation in seiner Stimme macht mir Angst.

»Doch. Doch, doch, doch! Warum sagst du so etwas? Das stimmt doch gar nicht! Wir passen perfekt zusammen!«

»Nein, alles, was uns noch verbindet, sind diese Auseinandersetzungen. Ich will nicht mehr.«

»Wie meinst du das? Du willst nicht mehr? Machst du Schluss? Du machst Schluss mit mir?!«

Vielleicht hoffte ich, dass viele Fragen die Chance auf ein »Nein, so hab ich's nicht gemeint« erhöhten. Doch stattdessen blieb er stumm.

»Du trennst dich von mir?!«, fragte ich ein letztes Mal. Jetzt beinahe hysterisch.

Er sagte nichts.

Ich wollte schreien, wie ein Kind aufstampfen, heulen ohne Ende. Aber die Tränen kamen nicht, ich war zu geschockt, um zu weinen.

*»Du trennst dich von mir?!«, fragte ich ein letztes Mal. Jetzt beinahe hysterisch. Er sagte nichts.*

Ich wisperte verzweifelt: »Warum sagst du denn gar nichts?«

»Weil ich nicht weiß, was ich sagen soll.«

»Bist du schon fertig? Fertig mit mir?«

»Ich ...«

Hoffnung.

»Ich bin nur traurig.«

Angst.

»Ich auch! Bitte, ich will nicht, dass es zu Ende ist.«

Plötzlich malte ich mir aus, wie es ohne ihn wäre. Ohne seine Zahnbürste neben meiner, ohne seine herumliegenden Hemden, ohne seine Discounter-Camemberts im Gefrierfach und sein leises Schnarchen, das mich Nacht für Nacht einschlafen ließ. Etwas Trostloseres konnte ich mir nicht vorstellen.

Ich hatte immer nur an ihm herumgenörgelt und dabei vergessen, wie einzigartig er war. Niemand sonst spielte mir dreißig Jahre alte Balladen vor, wies Kellnerinnen darauf hin, dass ich meinen Fisch trocken mochte, und imitierte die Wichtigtuer-Fotos aus dem *manager magazin*, bis ich vor Lachen Seitenstiche bekam.

Als auch ich nichts mehr sagen konnte, stand er auf. Mein Herz klopfte. Wollte er gehen? Seine Sachen packen?

Er kam auf mich zu, setzte sich neben mich und nahm meine Hand.

*Abschied*, dachte ich. *Die letzte Rede.*

Doch er blieb, saß da und hielt mich fest. Minutenlang. Irgendwann sah er mich an. Auf eine Art, die ich vermisst hatte: Er schaute nicht durch mich hindurch, warf mir keinen flüchtigen Blick zu, sondern war ganz bei mir.

»Nein.«

»Nein?«

»Ich bin nicht fertig. Wir sind nicht fertig.«

Das waren wir nicht. Noch lange nicht.

# 4

# Das Reiseziel

Caro (29), Bildredakteurin,
und
Tony (34), Biobauer

Mein Reisepass sieht aus wie der Stammkunde eines Tätowierstudios. Er ist übersät mit Tinte in allen möglichen Farben und mit den verschiedensten Motiven. Wenn ich eine Karte in meinem Zimmer hätte, auf dem jedes Land, das ich besucht habe, eine blaue Stecknadel bekommen würde: Man könnte kaum noch Wasser von Landmasse unterscheiden. Denn seit meinem 18. Lebensjahr bin ich unterwegs. Lange nannte ich es so: unterwegs sein. Das Wort »reisen« passte nicht zu mir. Denn auf eine Reise gehen bedeutet immer, die Reise hat ein Ende und einen Anfang, und vor allem bedeutet es, eine Heimat zu haben, die man verlässt und in die man wieder zurückkehrt. Aber eine Heimat hatte ich sehr lange nicht, zumindest nicht dieses Heimatgefühl, von dem andere mir erzählen. Klar, ich bin gerne bei meinen Eltern. Aber nachdem sie sich hatten scheiden lassen, zog jeder von ihnen in eine fremde Stadt. Unser altes Haus haben sie verkauft, somit habe ich auch kein eigenes Zimmer mehr, in das ich zurückkehren kann, wenn ich bei meiner Mutter oder meinem Vater zu Besuch bin. Dann schlafe ich entweder auf der Couch oder im Gästebett und komme mir auch vor wie ein Gast. Das ist zwar einerseits schön, bietet einem aber andererseits auch kein Zuhause.

Immer wenn ich in Deutschland war, wohnte ich bei Freunden oder nahm mir ein kleines Zimmer zur Untermiete. Die Tage waren so oder so immer begrenzt. Ich war kurz in Deutschland, um Geld zu verdienen und um ein paar wichtige Kontakte aufrechtzuerhalten. Aber sobald mein Konto wieder gefüllt war und ich es kaum noch aushalten konnte, war ich auch schon wieder weg. In dem Moment, in dem ich mich in meinem Flugzeugsitz niedergelassen hatte und hörte, wie die schwere Tür von der Stewardess geschlossen wurde, fühlte ich es wieder: Ich war am Leben! Keine Heimat zu haben bedeutete für mich Freiheit – so habe ich es immer gesehen. Doch ich sollte meine Meinung schon bald ändern.

So richtig einsam fühlte ich mich nur selten, obwohl ich meist allein unterwegs war. Hin und wieder hatte ich auch eine gute Freundin an meiner Seite. Das war natürlich wunderschön, aber schon nach wenigen Wochen sehnte ich mich danach, wieder alleine loszuziehen und nicht jeden Schritt mit jemandem besprechen zu müssen. Aber natürlich gibt es überall auf der Welt romantische Orte, die man lieber zu zweit genießen möchte, mit einem Menschen, der einem wichtig ist. Schöne Dinge zu erleben und zu sehen, ist ein noch größeres Wunder, wenn man sie mit jemandem teilen kann. Mein Wunsch nach einem Mann an meiner Seite wurde immer stärker und jedes Mal, wenn ich wieder in Deutschland angekommen war, spürte ich die Sehnsucht danach, dass jemand auf mich wartete, mich in den Arm nahm und mir sagte: »Schön, dass du wieder da bist. Jetzt lass ich dich aber nicht mehr weg.« Doch niemand wartete am Gate auf mich.

Ich hatte immer gedacht, dass ich meinen Traummann irgendwann auf einer meiner Reisen treffen würde. Einen Weltenbummler, der genau wie ich von Land zu Land tingelt, um Menschen, Kultur und Natur kennenzulernen. Natürlich kreuzten auch die unterschiedlichsten Männer meinen Reiseweg. Einheimische, die mir nicht nur die Schätze ihres Landes zeigten, sondern auch ihre ganz privaten Kostbarkeiten, und natürlich auch Reisende, die genau wie ich auf der ständigen Suche nach dem nächsten Abenteuer waren. Aber genau dabei blieb es dann auch – bei einem Abenteuer. Man lernte sich kennen, reiste einige Wochen gemeinsam durchs Land und verabschiedete sich dann, weil der eine nach links, man selbst aber nach rechts wollte. Kompromisse eingehen? Nicht für den Typen. Und so ging man seiner Wege, versprach, sich ganz bald mal zu melden, und hörte nie mehr etwas voneinander. Wie auch, wenn man andauernd auf verschiedenen Kontinenten unterwegs war und nur sehr sporadisch an einem Internet- oder Telefonanschluss vorbeikam? So eine Beziehung aufrechtzuerhalten ist von Anfang an aussichtslos.

> *Nie hätte ich gedacht, dass ich meinen Mr. Right in Deutschland kennenlernen würde. Und schon gar nicht an diesem Ort.*

Nie hätte ich gedacht, dass ich meinen Mr. Right in Deutschland kennenlernen würde. Und schon gar nicht an diesem Ort. Ich war gerade zu Besuch bei meiner Freundin Tanja in München, wo ich für mehrere Wochen arbeitete. Mein Job als Bildredakteurin ließ sich wunderbar mit den vielen Reisen kombinieren. Da ich auch eine Ausbildung als Fotografin habe, konnte ich immer wieder Bilder von den Ländern, die ich besucht hatte, an Verlage verkaufen. Und wenn ich mal etwas mehr Kohle brauchte, dann ließ ich mich für einige Wochen in Berlin, Hamburg oder eben München nieder und arbeitete für Verlage als freie Mitarbeiterin. Mit der Zeit hatte ich mir ein gutes Netz mit Kontakten aufgebaut.

Es war ein wunderschönes Sommerwochenende und Tanja und ich fuhren mit der Bahn zum Tegernsee, um dort eine kleine Wanderung zu unternehmen. Ich freute mich sehr auf die Natur, die ich immer schon nach wenigen Wochen in der Großstadt schmerzlich vermisste. »Hmm, diese Luft. Wunderbar«, schwärmte ich, als wir aus dem Zug stiegen und uns auf unsere Wanderroute begaben.

»Diese Berge! Sie faszinieren mich immer wieder aufs Neue«, schwärmte ich Tanja vor. Gebürtig kam ich vom platten Land aus Niedersachsen. Sobald ich Berge sah, musste ich immer an Urlaub und Fremde denken, da ich ganz ohne Hügel aufgewachsen war. Als kleines Kind fuhr ich mit meinen Eltern in den großen Ferien oft nach Italien und freute mich die ganze Zeit darauf, endlich die Berge zu sehen. Das war für mich immer gleichbedeutend mit Ferienbeginn, Freiheit und einer wirklich tollen Zeit. »Vielleicht ist das ja der richtige Ort, um dich niederzulassen«, sagte Tanja und zog fragend eine Augenbraue hoch. Sie kannte meine Unlust, irgendwo Wurzeln zu schlagen, nur zu gut, wollte mich aber immer wieder ermuntern, in ihre Nähe zu ziehen. »Warte nur ab, bis du mal den richtigen Typen kennenlernst, dann geht das ganz schnell«, fügte sie noch hinzu und ich lachte nur kurz sarkastisch auf.

Wir wanderten drei Stunden ohne Pause, mittlerweile knallte die Sonne ziemlich vom Himmel. »Lass uns mal im nächsten Gasthof einkehren«, schlug Tanja vor. Ich war mehr als einverstanden, wenige hundert Meter vor uns sahen wir auch schon einen kleinen Bauernhof mit Wirtsbetrieb. »Ich hab so richtig Bock auf ein Glas frische kalte Milch.« »Und Himbeerkuchen«, stimmte sie ein. Bei dem Gedanken an frischen Himbeerkuchen lief mir das Wasser im Mund zusammen, ich beschleunigte meine Schritte Richtung Gasthof und achtete nicht mehr auf den Weg. Schon passierte es: Ich knickte um und landete am Wegesrand. Ich schrie auf, ein fieser Schmerz durchfuhr meinen Fuß. Tanja war sofort bei mir. »Oh je, versuch mal aufzustehen.« Sie half mir auf die Beine und auf Tanjas Schultern gestützt, hinkte ich zum Gasthof, wo ich mich auf die erste Bank fallen ließ. Als ich den Schuh samt Socken auszog, spürte ich schon, dass mein Knöchel angeschwollen war. »So ein Mist«, murmelte ich. Im selben Moment trat jemand aus der Tür. »Hallo, kann ich euch zwei helfen?«, hörte ich jemanden hinter mir sagen. »Ja, meine Freundin ist gerade gestolpert und ihr

Fuß ist umgeknickt«, erklärte Tanja. »Lass mal sehen!« Mit zusammengekniffenen Augen sah ich auf. Die Sonne blendete mich, aber ich konnte trotzdem erkennen, dass es sich um einen jungen Typen handelte. Er kniete sich zu mir und fragte: »Darf ich?« Ich sah ihn erst fragend an, streckte ihm dann aber bereitwillig meinen Fuß entgegen. Im selben Moment bereute ich es. Schließlich hatten wir drei Stunden Fußmarsch hinter uns, es war brüllend heiß und na ja, ich trug festes Schuhwerk – meine Füße waren klebrig. Aber meinen Helfer schien das nicht zu stören. Sanft umfasste er meinen Knöchel und begutachtete ihn. Was er da tat, sah sehr fachmännisch aus. Sein Hände waren riesengroß, aber auch wunderbar weich. »Du

> »Ich bin übrigens Tony«, stellte sich der starke Mann vor, der mich soeben auf Händen getragen hatte. »Ich bin Caro. Hey!«

solltest den Fuß kühlen. Du kannst ihn dort drüben in den Trog halten, da ist kaltes Quellwasser drin.« Er zeigte auf einen Wassertrog hinter der Hütte. »Kannst du mich kurz stützen?«, fragte ich, woraufhin er mir hochhalf und mich hinübertrug. »Huch«, sagte ich und musste lachen. »Ich bin übrigens Tony«, stellte sich der starke Mann vor, der mich soeben auf Händen getragen hatte. »Ich bin Caro. Hey!« Unsere Blicke trafen sich und ich sah in wasserblaue Augen, die wie ein Bergsee in Peru funkelten. Mein Herz setzte kurz aus, als mir bewusst wurde, wie attraktiv Tony war. Schon schoss mir das Blut in den Kopf, schnell senkte ich meinen Blick und starrte auf das Quellwasser. »Wunderbar«, stöhnte ich, als ich den Fuß ins kalte Nass hielt. »Wollt's ihr was trinken?«, fragte Tony in Tanjas Richtung, die die ganze Zeit grinsend am Türrahmen gelehnt hatte. »Ja, sehr gerne,« rief sie zurück, «und habt ihr frischen Himbeerkuchen?«

Tony hatte nicht nur Himbeerkuchen mit Schlagsahne, sondern auch noch einen Eiswürfelbeutel für meinen Knöchel, zwei kalte Gläser mit frischer Kuhmilch und ein Dutzend interessanter Geschichten. Er war der Besitzer dieses kleinen Biohofs und hatte neben dem Gasthaus noch ein paar Kühe, Hühner und Ziegen. »Alles bio, das ist mir sehr wichtig«, betonte er. »Toll«, wiederholte ich immer wieder und fing an, Tony um sein Leben zu beneiden. Er hatte lange in der Stadt gelebt und in einer erfolgreichen Agentur gearbeitet. Von heute auf morgen hatte er dort gekündigt und dieses kleine Stück Land gekauft. Jetzt war er nur noch sehr selten in der Stadt und genoss sein Leben als Biobauer in vollen Zügen. Ich merkte, wie sehr ich mich danach sehnte, endlich irgendwo anzukommen. Meine Reisen waren auf eine Art auch immer eine Flucht vor dem Gefühl, nirgends so richtig zu Hause zu sein. Das war mir in letzter Zeit immer deutlicher bewusst geworden, vielleicht hatte es auch damit zu tun, dass ich keine zwanzig mehr war.

Nach zwei Stunden war mein Fuß so weit abgeschwollen, dass ich mich wieder in den Wanderschuh traute. Ich ärgerte mich fast ein wenig darüber, dass ich auftreten konnte – kein Grund mehr, länger hierzubleiben. Dabei fühlte ich mich in Tonys Gegenwart und seiner gemütlichen Berghütte richtig wohl.

»Hast du eigentlich so etwas wie Internet hier oben?« Tony lachte und an seinen Wangen bildeten sich zwei süße Grübchen. »Klar, so ganz ohne geht es ja nicht.« »Gibst du mir deine E-Mail-Adresse? Ich würde gerne noch einmal wiederkommen und ein paar Bilder von deinem Hof machen.« Ich hatte Tony erzählt, dass ich unter anderem auch Fotografin war. Er freute sich und gab mir seine Karte. »Wow. Biobauern haben Visitenkarten. Nicht schlecht«, scherzte ich und wir verabschiedeten uns.

> Meine Reisen waren auf eine Art auch immer eine Flucht vor dem Gefühl, nirgends so richtig zu Hause zu sein. Das war mir in letzter Zeit immer deutlicher bewusst geworden ...

»Na, der hat dich ja ganz schön beeindruckt«, sagte Tanja und musterte mich von der Seite, ich hatte die letzten Stunden anscheinend pausenlos von unserer Begegnung mit dem Biobauern geschwärmt. Ich drehte mich zu Tanja um und sah sie ernst an: »Oh Mann, ich glaub, mich hat's echt erwischt.« Ich zog die Mundwinkel theatralisch nach unten, aber Tanja konnte nur begeistert glucksen. Nach einer kurzen Lagebesprechung planten wir mein weiteres Vorgehen. Ich sollte zwei Tage warten – das macht man einfach so, betonte Tanja – und Tony dann eine E-Mail schreiben, dass ich gerne nächstes Wochenende hochkommen würde, um Fotos zu knipsen. »Und deine Zahnbürste hast du zufälligerweise auch im Gepäck«, riet mir meine gute alte Freundin und zwinkerte mir zu.

Gesagt, getan. Ich schrieb die Mail und wartete zwei unendlich lange Tage auf eine Antwort, wobei ich mir immer wieder sagte, dass ein Biobauer auf der Alm Besseres zu tun hatte, als stündlich seine Mails zu checken. Vielleicht war bei dem Gewitter gestern Abend ja die Internetverbindung zusammengebrochen? Was, wenn er meine Mail dann gar nicht bekommen hatte? Sollte ich sie vorsichtshalber noch mal schicken? Oder einfach mal nachhaken? In bestimmten Punkten sind Frauen einfach immer gleich. Es gelang mir, mich ein wenig zu beruhigen, und just blinkte in meinem Postfach eine Mail von Tony auf.

*Hallo Caro,*
*Sehr schön, von dir zu hören. Ich würde mich sehr freuen, wenn du mich am Wochenende besuchen kommst. Ich muss am Samstag in die Stadt fahren und ein paar Erledigungen machen. Wenn du Lust hast, nehme ich dich danach einfach mit. Dann ersparst du dir und deinem Fuß den Aufstieg ;)*
*Liebe Grüße, Tony*

Tanja und ich tanzten eine Viertelstunde durchs Zimmer, Tanja sang dazu »Caro hat'n Daaate, Caro hat'n Daaate«, und ich begnügte mich mit einem einfachen »lalala, lalala«. Singen war noch nie meine Stärke.

Tony und ich trafen uns am Freitag in der Stadt, ich erkannte ihn kaum wieder: Anzug, Hemd und Krawatte. Er sah darin richtig gut aus, in lässiger Jeans und Karohemd gefiel er mir aber nicht weniger. *Der kann einfach alles tragen*, dachte ich. Tony hatte einen wichtigen Termin mit einem Abnehmer seiner Bioprodukte gehabt. Das Geschäft schien erfolgreich gewesen zu sein, denn Tony fuhr summend und pfeifend Richtung Hütte. Meine Fotoausrüstung hatte ich auf der Ladefläche seines Landrovers verstaut. Den ganzen Freitagnachmittag verbrachte ich damit, Tonys Hof und die Umgebung zu fotografieren, und natürlich machte ich auch unzählige Fotos von ihm bei der Arbeit. »Du bist unglaublich fotogen«, sagte ich und zeigte ihm eins der Bilder auf dem Kameramonitor. »Das liegt nur an deinen Fotokünsten«, gab Tony zwinkernd zurück. Ich blieb zum Abendessen. Wir waren so in unser Gespräch vertieft, dass wir nicht merkten, wie draußen ein Gewitter aufzog. Erst als es donnerte, schreckte ich hoch und sah, wie dunkel es draußen war. »Ich liebe Gewitter«, sagte Tony. »Ich auch!« Wir machten kurz die Tür auf, um den wunderbaren Duft des Sommerregens zu genießen. Dann fing es schon an, wie aus Kübeln zu schütten.

»Oh je, ob ich heute noch runter in die Stadt komme?« »Das wird schwierig«, sagte Tony. Wir sahen uns an und mussten lachen. Denn in Wirklichkeit war meine Rückkehr in die Stadt jetzt das Letzte, was wir beide wollten. Den ganzen Tag über hatte sich eine Spannung zwischen uns aufgebaut, gegen die das jetzige Gewitter Kindergarten war. Das Unwetter kam uns mehr als recht. Tony schlang von hinten seine Arme um mich. Ich schloss die Augen und fühlte ein warmes Gefühl der Geborgenheit in mir aufsteigen. Am liebsten hätte ich in dem Moment die Zeit angehalten. Ganz leise flüsterte er mir ins Ohr: »Ich habe das Gefühl, dich schon ewig zu kennen.« Er drehte mich zärtlich um, nahm mein Gesicht in seine großen Hände und blickte mich lange an. Dann küsste er mich. »Hm, du schmeckst nach Alm«, sagte ich, nachdem er mich losgelassen hatte. »Und ist das jetzt gut oder nicht?«, fragte Tony. »Seeehr gut.« Mit diesen Worten zog ich ihn auch schon Richtung Schlafzimmer.

Ich blieb das ganze Wochenende auf Tonys Alm (meine Zahnbürste hatte ich ja dank meiner Freundin Tanja dabei). Ich hatte das Gefühl, ganz weit weg zu sein, in einer anderen Welt. Und obwohl es eine fremde Umgebung für mich war, fühlte ich mich vom ersten Moment an heimisch. Den ganzen Sonntag verbrachten wir im Bett und gingen nur ein Mal raus, um einen Spaziergang zu machen und ein paar Brombeeren zu pflücken. Ich wollte hier gar nicht wieder weg. Nur ein Wochenende und ich hatte das Gefühl, angekommen zu sein. Als würde ich Tony und seine Hütte schon seit Ewigkeiten kennen. »Es war wundervoll, ich fühl mich sehr wohl bei dir«, sagte ich Tony, als wir uns verabschiedeten. »Ich fand es traumhaft mit dir, ich hoffe, du kommst bald wieder?« »Nächstes Wochenende?«, fragte ich schmunzelnd und drückte ihm einen Kuss auf den Mund.

# 5

# Aller guten Dinge sind zwei

Paula (30), Versicherungskauffrau, Berlin,
über
Ben (33), Eventmanager, Berlin

Ich stand an der Theke und wartete auf mein Bier. Während ich mich umsah, fiel mein Blick plötzlich auf Ben. Was machte der denn hier? Unser letztes Wiedersehen lag Ewigkeiten zurück. Wir waren ein Jahr lang ein Paar gewesen, bis ich mich von ihm trennte und wir uns aus den Augen verloren. Ich hatte damals in der Beziehung das Gefühl gehabt, keine Luft mehr zu bekommen. Für Ben dagegen war die Sache klar gewesen: Ich war seine Traumfrau, er wollte für immer mit mir zusammen sein, mit mir zusammenziehen und Kinder kriegen. Ich war damals Mitte zwanzig und fühlte mich zu jung für so viel Verbindlichkeit. Natürlich war ich in Ben verliebt, aber er überforderte mich. Je glücklicher er war, desto unglücklicher wurde ich. Ich merkte, dass ich mich aus seiner Umklammerung befreien musste – und so trennte ich mich von ihm und brach ihm damit das Herz.

Auf Ben folgten viele Bekanntschaften. Sogar feste Freunde. Aber nichts hielt, alles ging früher oder später in die Brüche. Ich hatte mir eine Reihe komischer Typen angelacht. Einer traute sich nicht mit seinem klapprigen Kleinwagen zu seiner Mutter – er hatte ihr vorgegaukelt, ein Besserverdienender zu sein. Ein anderer studierte Jura, benahm sich aber eher wie ein Diplom-Weichei und philosophierte unsere Beziehung zugrunde. Wieder ein anderer wollte nächtelang mit mir diskutieren. Über mich, über ihn, über unseren Sex, über den Status unserer Beziehung und unsere Möglichkeiten, daran zu arbeiten. Wir stritten uns sogar per E-Mail! Als ich ihn in ein schummriges Restaurant bestellte, um uns eine letzte Chance zu geben, kramte er einen Stapel Papier hervor. Er hatte unseren E-Mail-Diskussionsverlauf ausgedruckt! »Über die unterstrichenen Stellen würde ich gerne noch mal mit dir sprechen.« Ich sah ihn nur ungläubig an und verschluckte mich fast an meinem Wein. »Spinnst du?!«, japste ich. »Was soll das denn werden?« »Ich wollte dir nur zeigen, was du geschrieben hast. Und was du nicht geschrieben hast.« Ich schüttelte fassungslos den Kopf und wollte gerade ansetzen, ihm meine Meinung zu sagen, da griff er schon wieder in seine Tasche und holte ein Aufnahmegerät hervor. Er stellte es auf den Tisch und schaltete es ein. »Ich will mich nur absichern. Nicht, dass es nachher wieder heißt, dass alles ganz anders war.« Ich stand auf und ging.

Dieser Albtraum von einem Date lag sechs Monate zurück. Seither hatte ich der Männerwelt abgeschworen, jede Einladung ausgeschlagen und ein einsames, aber entspanntes Single-Leben geführt.

Doch jetzt, als Ben über die Tanzfläche auf mich zukam, begann ich mein neues Dasein zu überdenken. Er sah immer noch toll aus! Nach wie vor genau mein Typ: dunkle Haare, nicht zu kurz, nicht zu lang, Dreitagebart, ein strahlendes Lächeln und eine schwarz gerahmte Brille, die seine Attraktivität noch unterstrich. Ben trug in jeder Hand ein Bierglas. Er stellte sich neben mich und reichte mir eines: »Auf deine Bestellung kannst du lange warten. Guter Club, aber der Service ist mies.« Er wirkte viel souveräner als früher. Das imponierte mir.

»Ben! Wie geht's dir?«

»Gut. Sogar sehr gut.«

Ben erzählte von seinem Leben und – nach ein paar Gläsern Bier – von der Enttäuschung über unser Beziehungs-Aus. Das gnadenlos ehrliche Gespräch, das wir damals gebraucht hätten, führten wir jetzt. Ben gab zu, dass ich ihn zutiefst verletzt hatte. Aber auch, dass er zu früh zu viel erwartet hatte. »Paula, du warst meine Traumfrau. Ich wollte dich um nichts in der Welt verlieren und habe zu sehr an dir festgehalten. Ich hab damals gar nicht gecheckt, wie sehr ich dich eingeengt habe. Mittlerweile weiß ich, was falsch gelaufen ist. Es tut mir leid, ehrlich.« – »Mir tut es auch leid. Vielleicht hätte ich nicht gleich Schluss machen sollen.« Er lächelte. Und mein Herz machte einen Sprung.

Wir tranken und redeten bis tief in die Nacht hinein. Erst als uns der Türsteher freundlich, aber bestimmt bat, doch bitte endlich nach Hause zu gehen, wandten wir kurz unsere Blicke voneinander ab. »Ich bin noch gar nicht müde. Wollen wir weiterziehen?«, fragte Ben. Im Morgengrauen wankten wir in den erstbesten noch geöffneten Laden, bestellten Drinks und hatten wieder nur Augen füreinander. Als wir aufbrachen, stand schon die Sonne am Himmel. Ben umarmte mich lange. »Schön, dass wir uns über den Weg gelaufen sind. Ich hoffe, dass das bald wieder passiert.« – »Auf jeden Fall!«

Seit diesem Abend trafen wir uns regelmäßig. Mal auf ein Bier, mal auf einen Kaffee, mal gingen wir ins Kino, mal essen. Es war wie früher, nur der Druck war nicht mehr da.

> *Wir tranken und redeten bis tief in die Nacht hinein. Erst als uns der Türsteher bat, doch bitte endlich nach Hause zu gehen, wandten wir kurz unsere Blicke voneinander ab.*

Ich merkte, dass ich Bens Nähe suchte. Er war mir wieder wichtig. Doch obwohl wir über Wochen miteinander ausgingen, passierte nichts. Nichts außer einem Begrüßungsküsschen oder einer Abschiedsumarmung.

Eines Abends trafen wir uns bei mir, saßen gemütlich zusammen und tranken Wein. Ich ahnte, dass er mehr wollte, und er wusste bestimmt, dass es mir genauso ging. Aber keiner von uns traute sich, den ersten Schritt zu machen. Vielleicht aus Schüchternheit, vielleicht aus Angst, wieder enttäuscht zu werden. Wir hatten viele Fehler gemacht, irgendwie war einiges schiefgelaufen. Wer garantierte uns, dass es nicht wieder so ausgehen würde? Vielleicht war es gut so, wie es war. Vielleicht war eine Freundschaft besser für uns als eine Beziehung. Ich hatte Angst. Und er vermutlich auch.

Spätnachts machte Ben Anstalten zu gehen. Ich brachte ihn zur Tür und umarmte ihn. Als wir uns voneinander lösten, trafen sich unsere Blicke. Stille. Eins, zwei, tack, tack. Dann überkam es mich! Ich küsste ihn auf die Wange, dann auf den Mund. Er zuckte überrascht zusammen und sah mich erstaunt an. »Oh … ich … bitte entschuldige.« Doch Ben schüttelte nur sanft den Kopf und zog mich zu sich heran. Er erwiderte meinen Kuss. Leidenschaftlich. Er drückte mich fest an sich und wir küssten uns so rauschhaft, dass wir vergaßen, wieder in die Wohnung zu gehen. Eine halbe Ewigkeit blieben wir vor der Haustür stehen, streichelten, berührten und liebkosten uns. Es war kalt, aber ich glühte innerlich. »Willst du wieder mit raufkommen?«, fragte ich atemlos. Er zögerte.

Sein innerer Kampf war ihm förmlich anzusehen. Ich konnte mir ausmalen, was in seinem Kopf vorging. Vorsichtig ruderte ich zurück. »Weißt du, vielleicht ist es doch keine gute Idee. Möchtest du morgen vorbeikommen? Ich koche was und wir können in Ruhe reden.« Jetzt sah er enttäuscht aus, aber er nickte. »Ja, gern. Es war ein schöner Abend. Schlaf gut!« Er ging. Und es fühlte sich plötzlich wie damals an. Ich hatte meinen Traummann fortgeschickt! War ich denn bescheuert? Ich war schon im Begriff, ihm hinterherzurennen, wollte ihn bitten zu bleiben, doch ich zwang mich, Ruhe zu bewahren. Dieses Mal musste ich alles richtig machen. Keine Hauruck-Aktionen, keine Spontan-Ausfälle mehr! Er hatte mir bewiesen, dass er sich geändert hatte. Er war lockerer geworden, klammerte nicht mehr und gab mir Freiheiten, die ich gar nicht mehr haben wollte. Jetzt war ich an der Reihe. Ich wollte ihn zurück!

Am nächsten Tag konnte ich nur an Ben denken. Ich kochte, putzte und machte mich schön. Abends stand er mit einer Flasche Wein vor meiner Tür und sah mich von oben bis unten an: »Wow! Du siehst umwerfend aus!« Ich jubilierte innerlich, versuchte mir aber nichts anmerken zu lassen. »Danke, das ist lieb.« Wir setzten uns. »Ich hoffe, es schmeckt dir. Alles ohne Petersilie. Ich weiß ja, dass du die nicht magst.« Ben sah plötzlich so selig aus, als hätte ich ihm das schönste Kompliment der Welt gemacht. »Dass du das noch weißt.« Wir stießen an, worauf, wussten wir beide, aber keiner sprach es aus. Als ich aufstand, um die Nudeln von der Herdplatte zu nehmen, griff er um meine Hüfte und zog mich zu sich heran. Er setzte mich auf seinen Schoß und strich mir übers Gesicht, drückte seine Nase in meine Haare und atmete tief ein: »Ich hab dich so vermisst! Deinen Geruch, deine Art, dich.« Ich legte meine Arme um seinen Oberkörper und drückte ihn so fest ich konnte. »Ich hab gar nicht gemerkt, wie sehr ich dich vermisst habe«, antwortete ich. »Aber jetzt wo du hier bist, wünsche ich mir nichts mehr, als dass du nie wieder gehst.« Er nahm meine Hand und zog mich sanft ins Schlafzimmer. »Aber die Nudeln …«, protestierte ich. »Vergiss die Nudeln!«, rief er und wir warfen uns aufs Bett.

# 6

# Ein anderes Ufer

Marie (27), Journalistin, München,
über
Mark (33), Architekt, Regensburg

Ich hatte es so satt. Warum lernte ich immer Typen kennen, deren Lieblingsbeschäftigung darin bestand, sich selbst reden zu hören? »Marie, ich habe dazu folgende Meinung …«, und schon war der Abend gefüllt – mit seiner Meinung. Dass ich auch eine hatte, interessierte herzlich wenig. Warum sind so unglaublich viele Männer davon überzeugt, dass sie total interessant sind? Männer, die denken, sie seien intellektuell, weil sie eine Nerd-Brille beim Szeneoptiker gekauft haben – mit Fensterglas. Ich will einen Mann, der mein Gesicht in beide Hände nimmt, während er mich küsst. In Hände, die so groß sind wie Schaufelbagger. Und bitte keine manikürten Fingernägel. Was ist aus den Männern geworden, die nach Feierabend mit dem Feuerzeug eine Bierflasche aufmachen, anstatt grünen Tee aufzusetzen? Die einem abends die Kleider vom Leib reißen, anstatt stundenlang zu philosophieren? Denn jetzt mal ehrlich: Sex ist doch der beste Weg, um wirklich abzuschalten. Warum so kompliziert?

Natürlich wusste ich ganz genau, wo mein Männerproblem herkam: Ich hatte das falsche Umfeld. Denn als Journalistin lernt man nun mal nur zwei Arten von Männern kennen: den schwulen

Grafiker und den oberschlauen Journalisten, der meint, er sei ein Stück interessanter, klüger und kreativer als der Rest der Welt. Am Anfang fiel ich noch auf ihr Gehabe herein und dachte, wow, was für interessante Typen man in diesem Job doch kennenlernt. Es stellte sich jedoch schnell heraus, dass diese ach so interessanten Typen meist zwei, manchmal auch drei gute Storys hatten, die sie einem dann aber auch immer und immer wieder erzählen. Das sind leider auch genau die Storys, mit denen mich der eine oder andere tatsächlich ins Bett gekriegt hat. Spätestens dann wurde mir aber klar, mit was für Weicheiern ich es zu tun hatte: »Wow, ich bin richtig gut gekommen, und du?« Ich hatte ihnen nicht einmal einen Orgasmus vorgespielt. Warum auch? Sie waren so mit sich selbst beschäftigt, dass sie meine Schauspielkunst gar nicht hätten würdigen können.

Keine Journalisten mehr. No way. Und ich wollte noch weiter gehen: kein Mann mehr, der mit Medien im weitesten Sinne zu tun hat. Das waren einfach durchgehend falsche und selbstverliebte Typen. Aber das Schlimmste an ihnen war: Sie konnten nicht über sich selbst lachen. Das deute ich immer als ein Zeichen geringen Selbstwertgefühls. Wer sich selbst wirklich mag, der kann auch über sich lachen. Ich mag meine allerbeste Freundin Judith ja auch und kann herzlich über sie lachen. Sie auch über mich. Aber das Beste: jede von uns auch über sich selbst. Und ab da wird's wirklich lustig und entspannt. Hach ja.

*Es stellte sich jedoch schnell heraus, dass diese ach so interessanten Typen meist zwei, manchmal auch drei gute Storys hatten, die sie einem dann aber auch immer und immer wieder erzählen.*

In näherer Zukunft einen Mann kennenzulernen, der wenig bis gar nichts mit meiner Branche zu tun hatte, hakte ich fürs Erste ab. Ich bin auch keine von der Sorte, die sich auf Männerfang begibt, sondern lasse die Dinge lieber auf mich zukommen. Außerdem standen in den kommenden Wochen mehrere Bewerbungsgespräche an, auf die ich mich voll und ganz konzentrieren wollte. Zum Beispiel auf den Job bei einem Frauenmagazin, für das ich schon immer arbeiten wollte. Dank einer Kollegin, die mich weiterempfohlen hatte, lud mich die stellvertretende Chefredakteurin zum Gespräch ein. Obwohl ich schon viele solcher Gespräche geführt hatte und auch schon mehrere Jahre in diesem Job unterwegs war, machte sich am Abend davor eine Nervosität in mir breit, die ich so schon seit großen Präsentationen an der Uni nicht mehr gespürt hatte. Es war eine dieser Nächte, in denen man sich fragt, ob man das Schlafen verlernen konnte, in der man jede halbe Stunde auf den Wecker schaut, aus Angst zu verschlafen. Kurzum: Es war eine beschissene Nacht, und als ich am nächsten Morgen aufwachte, fühlte ich mich wie gerädert. Ich stellte mich unter die Dusche, biss von meinem Brötchen ab und verzichtete auf den Kaffee. Schnell schlüpfte ich in die Sachen, die ich mir am Abend zuvor zurechtgelegt hatte (bei wichtigen Terminen weiß ich sowieso zwei Tage vorher, was ich anziehen werde), und war auch schon aus der Haustür. Erst als ich in die U-Bahn stieg und einen Blick auf die Uhr am Bahnsteig erhaschte, merkte ich, dass ich wieder einmal viel zu früh dran war. Das war typisch für mich, ich hatte immer Angst, irgendwo zu spät zu kommen. Um von dieser Panik, die mit unangenehmen Schweißausbrüchen einherging, verschont zu bleiben, kalkulierte ich lieber viel Zeit ein. Für eine halbe Stunde Bahnfahrt brauchte ich in meinen Berechnungen anderthalb Stunden. Aber wer in einer Stadt lebt, in der die Gewerkschaft mindestens ein Mal im Monat zum spontanen Bahnstreik aufruft und einen vierzig Minuten am Gleis festnagelt, der wird vorsichtig. Und das Gespräch war mir einfach unglaublich wichtig.

Eine Dreiviertelstunde vor meinem Termin stieg ich aus der Bahn und fand mich an der Haltestelle »Messe Nord« wieder – Niemandsland. Kein Café, kein Bäcker, kein Supermarkt, in dem ich mir die Zeit hätte vertreiben können. Dazu kam, dass es Mitte Januar war und mir ein kalter Schneewind ins Gesicht pfiff. »So ein Mist«, fluchte ich, während ich mit meinen Absätzen durch den Schnee stapfte, meine Zehen spürte ich schon nach kurzer Zeit nicht mehr. Wer schön sein will …

Eine Gruppe Männer in Anzügen überholte mich und lief auf ein hohes Gebäude zu. Das Messehaus – meine Rettung. Dort war es sicher warm und vielleicht hatte ich sogar Glück und konnte irgendwo einen heißen Kaffee auftreiben. Ganz ohne geht es eben doch nicht. Das Verlagshaus befand sich genau gegenüber vom Messehaus, die Fenster waren aber noch dunkel. Ich wollte außerdem nicht eine Dreiviertelstunde vor meinem Termin dort antanzen, das versetzt Chefsekretärinnen nur in Unmut. Vom Messehochhaus hing ein großes Plakat herab, das die BAU 2009 ankündigte, eine Baumesse also. Ich wunderte mich darüber, wie wenig man manchmal davon mitbekam, was in der eigenen Stadt los war. Aber mit dem Thema Bau hatte ich mich in meinem bisherigen Leben noch nie beschäftigen müssen. Ich hatte nicht einmal einen Bausparvertrag.

Ich stapfte also zu meiner ersten Baumesse. Im Foyer herrschte ziemlich viel Trubel, ich entdeckte zum Glück ein Café, in das ich gehen konnte, ohne die Messe betreten zu müssen. Ich setzte mich an die Bar und bestellte einen Cappuccino. Ich war glücklich, endlich im Warmen zu sein, meine Wangen fingen an zu glühen. Durch die großen Fenster betrachtete ich das Verlagshaus und freute mich plötzlich auf den Termin. Ich war so sehr in Gedanken versunken, dass ich nicht bemerkte, wie sich jemand neben mich an die Bar setzte. »Tolles Gebäude, was?« Erschrocken fuhr ich herum und stieß dabei meine Kaffeetasse um. Mein Cappuccino tropfte vom Tresen. »Oh je«, konnte ich nur sagen und mir schoss das Blut in den Kopf, gleichzeitig tat's mir um den schönen Kaffee leid. Mein Gegenüber lachte nur und griff nach einer Ladung Servietten, um das Schlimmste zu verhindern.

»Darf ich dich auf einen neuen Kaffee einladen?« Erst jetzt sah ich in das Gesicht meines Sitznachbarn. Da wäre mir ja was entgangen! Er sah gut aus, hatte blaue Augen und einen braunen Wuschelkopf. »Gern!« Als er sich umdrehte, um für mich einen neuen Cappuccino und für sich einen schwarzen Kaffee zu bestellen, nahm ich sein riesiges Kreuz in Augenschein. »Wie gesagt, ein tolles Gebäude da drüben,« wiederholte er seinen Spruch von eben. »Ja, es ist von einem bekannten Münchner Architekten und drinnen befindet sich einer der größten Verlage Deutschlands. Die achten auf so etwas.« Diese Information hatte ich zufällig mal irgendwo gelesen. Normalerweise interessierten mich derartige Fakten nicht. Doch ich musste ihm zustimmen, das Gebäude sah wirklich toll aus. »Futuristisch«, sagte er. »Du scheinst dich ja auszukennen.« – »Na ja, wir sind hier immerhin auf einer Baumesse und ich bin Architekt. Da kann es manchmal ganz hilfreich sein.« Ich musste lachen. Das hatte ich ganz vergessen. »Danke für den Kaffee.« Mehr wollte mir partout nicht einfallen. »Bitte«, sagte mein Gegenüber nur und grinste. Ich musste auch grinsen. »Ich bin übrigens Marie und normalerweise nicht so ungeschickt.« – »Ist doch nichts passiert. Ich bin Mark«, sagte der Wuschelmann mit dem großen Kreuz und griff nach seiner Kaffeetasse. Mein Blick fiel auf seine Hände: Schaufelbagger! »Wow. Architekt also. Und was baust du so für Häuser?« Okay, spätestens nach diesem Satz musste Mark auffallen, dass ich ziemlich branchenfremd war. Doch er ließ sich nichts anmerken. »Nun ja, momentan interessiere ich mich vor allem für Ökohäuser

> »Ist doch nichts passiert. Ich bin Mark«, sagte der Wuschelmann mit dem großen Kreuz und griff nach seiner Kaffeetasse. Mein Blick fiel auf seine Hände: Schaufelbagger!

und alternative Baumaterialien. Aber was machst du eigentlich hier? Frauen sind eher die Ausnahme in unserer Branche.« *Das ist bei mir leider anders*, dachte ich nur und erschrak, als ich auf meine Armbanduhr blickte. »Oh je. Ich muss los. Ich hab einen wichtigen Termin.« Wenn ich mich jetzt nicht beeile, komme ich noch zu spät, das gibt's doch nicht. »Schade«, sagte Mark und machte dabei ein Gesicht, dass ich ihm am liebsten über die Locken gestreichelt hätte. »Hier«, sagte ich und streckte ihm meine Karte entgegen, »und danke noch mal für den Kaffee.«

Es dauerte eine gefühlte Ewigkeit, bis Mark sich meldete. Nun ja, eigentlich waren es nur drei Tage. Zwei Tage und ein bisschen, um genau zu sein. Aber er hatte mich so umgehauen, dass ich nach unserem Treffen kaum noch an etwas anderes denken konnte. Das war selbst der Chefredakteurin aufgefallen. »Ihre Augen glänzen ja so, ist Ihnen ein Engel begegnet?« – »So was Ähnliches«, sagte ich und musste lächeln. Ein Engel mit Schaufelbaggerhänden, Wuschelkopf und einem umwerfenden Lächeln.

Den Job habe ich übrigens bekommen.

Endlich kam auch der ersehnte Anruf und wir redeten über zwei Stunden. Eigentlich redete ich die meiste Zeit, was ihm aber nicht viel ausmachte. Als ich Mark erzählte, dass ich Journalistin war und gar nichts mit der Baubranche zu tun hatte, lachte er erleichtert auf. Ich fragte ihn, was los war, und er meinte, dass er beim Blick auf meine Visitenkarte zwar ein wenig verwundert, aber auch froh war. Seine Ex sei Architektin gewesen, und nach Feierabend und auch an den Wochenenden habe es eigentlich kein anderes Thema mehr gegeben. »Das kenne ich sehr gut«, sagte ich und machte mir Luft über meine männlichen Kollegen.

Jetzt sind Mark und ich schon fast drei Jahre zusammen und wir genießen jeden Abend, an dem wir einander zuhören können. Meine Welt des Journalismus ist ihm ebenso fremd wie mir seine Welt der Architektur. Und doch können wir uns für den Beruf und die Erfahrungen des anderen begeistern. Aber manchmal wird es mit dem ganzen Gequatsche über den Job doch zu viel. Und dann widmen wir uns dem noch schöneren Teil des Abends.

# 7

# Für den Moment

Claudia (31), Bürokauffrau, Gelsenkirchen,
über
Steve (28), Überlebenskünstler, Wuppertal (und die ganze Welt)

Ich stand vor meiner Kaffeemaschine, drückte den Knopf und fragte mich, wie lange das noch so gehen sollte. Jeden Morgen das Gleiche, jeden Morgen dieselben Handbewegungen, dieselben Schritte. Gleich würde ich in meinem unfassbar hässlichen dottergelben Bademantel, mit dem Kaffee in der Hand, vor die Tür gehen. Ich würde nach der Zeitung fingern, weil der Boden nass war und ich natürlich keine Hausschuhe anhatte.

Mürrisch trottete ich zur Haustür. Urlaub. Vielleicht sollte ich mal wieder in Urlaub fahren. Ein bisschen was Neues sehen, das Meer riechen. Aber mit wem? Mit der frisch verliebten Katja, die mir den ganzen Tag was von ihrem Michael vorsäuselt? Ne, die bekomm ich hier eh nicht weg. Während ich unbeholfen meinen Frotteemantel anzog und dabei versuchte, keinen Kaffee zu verschütten, musste ich an meinen letzten Urlaub denken: Langeoog mit Kai. Die Langeweile, die uns dort überkam, war überwältigend. Es regnete zwei Wochen lang. Gut, man sollte meinen, dass ein Liebespaar sich auch dann zu beschäftigen weiß. Wussten wir auch – wir stritten den ganzen Tag. Kai wollte ins Nordseemuseum, ich wollte mich dick einpacken und zumindest ein Mal den Strand sehen. Ich war die ganze Zeit gegen Langeoog gewesen, ich wollte in die Sonne, in ein fremdes Land – Afrika. »Afrika? Da kriegen mich keine zehn Pferde hin«, war Kais Reaktion. »Wir fahren lieber in das Sommerhäuschen meiner Tante Ammi auf Langeoog. Das ist außerdem günstiger.« Ich zuckte nur mit den Achseln. Mit Kai auf eine Safari zu gehen, hätte ich mir sowieso nicht vorstellen können. Staub? Dreck? Wilde Tiere? Ureinwohner? Und Kai mittendrin, mit seiner rahmenlosen Brille, seinem verkniffenen Mund, in einem kurzärmeligen Olymp-Hemd.

Die Tage auf Langeoog waren unsere letzten gemeinsamen Tage, nach dem Urlaub zog Kai aus und ich weinte ihm keine Träne nach. Geliebt hatte ich ihn nicht. Ich war nur mit ihm zusammen, weil ... ja, warum eigentlich? Damit sich das Bett abends nicht so kalt anfühlt? Weil so jemand zu Hause auf mich wartet? Dafür brauchte ich keinen Kai, dafür hatte ich auch meine Katze Mia. Also tschüss Kai. Ich fühlte mich seltsam befreit, als er die Tür hinter sich schloss, mir kamen diese typischen Single-Gedanken: Endlich wieder Freiheit spüren, endlich kann ich wieder tun, was ich will. Ha, das Leben wartet!

Aber das Leben hielt keine besonderen Überraschungen für mich parat. Samstag feierten meine Freunde und ich meine neu gewonnene Freiheit. Aber schon am Sonntag, als ich so allein vorm *Tatort* saß, fühlte ich mich einsam. Sollte alles einfach so weitergehen wie mit Kai – nur eben ohne Kai?

Ich zog den Gürtel fest um meine Hüfte und öffnete die Tür nur einen Spalt. Am Morgen musste mich nun wirklich nicht jeder zu Gesicht bekommen, mit meinen zerknautschten Wangen, den geschwollenen Augen und dem hässlichen Bademantel. Ich sollte mir wirklich mal einen neuen kaufen. Ich streckte mich und fingerte an diesem Briefkasten herum, aber die Mühe war umsonst. Er war leer. Im selben Moment bog ein Mann um die Ecke. Auf seinem gelben Windbreaker waren die Logos verschiedener Tageszeitungen abgedruckt, auf seinem Käppi auch. *Verdammt!*, dachte ich. Ich hasste es, wenn mich jemand so sah. Der Zeitungsbote kam auf mich zu und ich erkannte, dass sich unter dem Käppi ein richtig süßes Lächeln verbarg. »Guten Morgen, Ma'am« Guten Morgen, Ma'am? Hatte ich etwas verpasst? Waren wir in New York? »Hallo«, antwortete ich glucksend. Ich hatte an dem Morgen noch kein Wort gesprochen. »Oh, wie ich sehe, steht uns beiden Gelb besonders gut«, sagte der Zeitungsmann, zeigte dabei eine schiefe Zahnreihe und zwinkerte mir obendrein auch noch zu. Auffordernd hielt er mir meine Zeitung entgegen. Ich schnappte sie mir, konnte gerade noch schief zurückgrinsen und zog schnell die Tür hinter mir zu.

Wow, was war das denn? Ich hatte gar nicht gewusst, dass jeden Morgen ein so heißer Typ an meiner Wohnung vorbeiging und mir die Zeitung brachte. Ich musste lachen. Der Tag scheint ja doch noch eine positive Wendung zu nehmen. Gut gelaunt machte ich mich auf den Weg ins Büro. An den Zeitungsjungen dachte ich kaum noch, aber meine gute Laune hielt sogar bis zum nächsten Tag, als ich wieder einmal frühmorgens vor meiner Kaffeemaschine stand. Irgendwie hatte ich Hummeln im Bauch oder im Hintern? Vielleicht beides. Ich war schon im Begriff, wie gewohnt in meinen Bademantel zu steigen, überlegte es mir dann aber doch anders. Stattdessen zog ich ein hübsches Top aus meinem Schrank und öffnete die Haustür. Ich hatte Glück, die Zeitung war noch nicht da. Ich bemerkte, dass mein

> *Wow, was war das denn? Ich hatte gar nicht gewusst, dass jeden Morgen ein so heißer Typ an meiner Wohnung vorbeiging und mir die Zeitung brachte. Ich musste lachen.*

Herz zu klopfen begann, als ich IHN um die Ecke biegen sah. »Guten Morgen«, heute wollte ich diejenige sein, die gute Laune versprühte. »Hmm«, knurrte der hübsche Zeitungsmann, schaute mich kaum an und reichte mir genervt meine Tageszeitung. Verdutzt nahm ich sie entgegen. Der süße Zeitungsmann hatte mich keines Blickes gewürdigt und war auch schon wieder weg. Dabei hätte ich ihn sogar auf einen Kaffee eingeladen, wenn er mich wieder so nett angelächelt hätte. *Schade*, dachte ich und schloss traurig die Tür.

Am nächsten Morgen machte ich mir gar nicht erst die Mühe, mich hübsch anzuziehen. Die Zeitung steckte auch schon in meinem Briefkasten. *Dann halt kein Flirt*, dachte ich und konnte mir einen kleinen enttäuschten Seufzer nicht verkneifen. Ich schlug die Tageszeitung auf, die zweite Seite war mit einem gelben Klebezettel versehen. *Was die sich heute so für Werbegags einfallen lassen*, dachte ich noch. Aber auf dem Zettel stand eine Privatbotschaft an mich:

*Sorry wegen gestern. Darf ich es bei einer Tasse Kakao wiedergutmachen? Heute, 18 Uhr im Reuters?*

Mein Herz setzte kurz aus. Das war nichts Besonderes, das passierte schon mal. Aber die Nachricht brachte mich ins Grübeln. Sie konnte doch nur vom Zeitungsmann sein, oder? Ich überlegte, wer mir wohl noch Zettel mit einem Date in meine Zeitung kleben sollte, momentan gab es dafür nur wenige bis gar keine Kandidaten.

Aber dieser Typ war mir doch auch total fremd. So etwas war mir wirklich noch nie passiert und ich wusste nicht, wie ich darauf reagieren sollte. Da schoss mir auf einmal ein Gedanke durch den Kopf, der mich schon lange nicht mehr besucht hatte: *Tu es einfach. Lass dich darauf ein. Du hast nichts zu verlieren!* In meinem Bauch machte sich ein wunderbar warmes Gefühl breit. Ja, ich hatte Lust auf ein kleines Abenteuer. Und in meinem gerade sehr langweiligen Leben bestand ein Abenteuer nun mal einfach schon daraus, mit einem fremden, möglichst ziemlich heißen Typen einen Kakao trinken zu gehen.

Gerade mal drei Wochen später konnte ich sagen: Es blieb nicht bei diesem einen Treffen und es blieb auch nicht bei diesem einen Kakao, der sich übrigens als Steves Lieblingsgetränk herausstellte. Steve selbst entpuppte sich als ein wahres Abenteuer, so jemandem wie ihm war ich noch nie begegnet, oder bisher einfach aus dem Weg gegangen. Ich war mir nicht sicher.

Steve – so hieß er, mein Zeitungsjunge. Er war ein bisschen verrückt, ein wenig prollig und alles in allem genau das, was ich brauchte. Oder auch nicht. Jedenfalls kam er mir vor wie eine verlockende Süßigkeit, von der man weiß, dass sie einem eigentlich nicht guttut. Aber für den Moment verleiht sie einem jede Menge Glücksgefühle – und das hat manchmal einfach Vorrang vor der Vernunft. Steve führte ein chaotisches Leben, was mich unglaublich faszinierte, da mein eigenes vom morgendlichen Aufstehen bis zum Schlafengehen durchgeplant war. Neben ihm kam mir mein Leben einfältig und langweilig vor. Steve lebte meistens in den Tag hinein, manchmal hatte er fünf Jobs auf einmal, manchmal auch keinen einzigen. So lebte er, und er lebte erstaunlich gut. Ich hatte immer gedacht, wer sich viel leisten will, muss auch viel arbeiten. Aber durch Steve lernte ich: Leiste genau so viel, dass es genügt, um das Leben bis zum letzten Tropfen zu genießen. Steve arbeitete als Zeitungsträger, Barkeeper, Kfz-Schrauber, Fahrradkurier oder auch als Film-Komparse. »Ich arbeite, um zu leben, und lebe nicht, um zu arbeiten«, sagte er eines Tages. »Ich bin irgendwie immer auf der Durchreise und habe dauernd Fernweh.«

– »Hm«, war alles, was ich dazu sagen konnte, ich rührte gedankenverloren in meiner heißen Schokolade und versuchte, Steve nicht anzusehen. Das mit dem Fernweh hatte mich irgendwie verletzt. Aber so war er – verlockend und unberechenbar. Ich fühlte mich magisch von ihm angezogen, hatte aber gleichzeitig Angst, ihm zu nahe zu kommen.

> *Steve lebte meistens in den Tag hinein, manchmal hatte er fünf Jobs auf einmal, manchmal auch keinen einzigen. So lebte er, und er lebte erstaunlich gut.*

»Dieser Typ ist nichts für dich. Du bist verrückt, dich mit so jemandem einzulassen«, war Katjas Meinung dazu. »Vielleicht ist Steve wirklich nichts für mich. Aber im Moment fühlt es sich einfach gut an. Ich finde es aufregend und inspirierend, mit ihm zusammen zu sein«, erklärte ich ihr. »Ach ja? Ich sehe nur, dass du seit vier Tagen ununterbrochen auf dein Handy starrst und von Tag zu Tag schlechtere Laune bekommst.« Sie hatte ja so recht. Steve hatte sich schon seit einigen Tagen nicht mehr bei mir gemeldet. Das kam bei ihm leider nicht zum ersten Mal vor.

Doch schon am Abend klingelte das Telefon und Steve fragte, ob ich nicht Lust hätte, vorbeizukommen. »Jetzt?«, fragte ich erstaunt. »Klar, wann denn sonst?« Stimmt – wann denn sonst? Ich lebe jetzt und ich will jetzt Spaß – das war zumindest Steves Motto. *Davon*, dachte ich, *sollte ich mir einfach mal eine Scheibe abschneiden.* Eigentlich war ich aber auch leicht angesäuert, weil sich Steve einige Tage lang nicht gemeldet hatte und nun glaubte, er könnte mich herbeipfeifen. Und das konnte er ja auch, denn er war für den Moment das Interessanteste, was mein Leben zu bieten hatte.

*Doch schon am Abend klingelte das Telefon und Steve fragte, ob ich nicht Lust hätte, vorbeizukommen. »Jetzt?«, fragte ich erstaunt. »Klar, wann denn sonst?«*

Steve lebte in einer kleinen Wohnung, in der ziemliches Chaos herrschte. Aber es war ein gemütliches Chaos, das irgendwie System hatte. Ich war zum ersten Mal hier, und obwohl es so ganz anders war als in meinen eigenen vier Wänden, fühlte ich mich wohl. »Komm mal her, ich will dir was zeigen.« Steve schob mich Richtung Flur und öffnete eine kleine Luke. Seiner auffordernden Handbewegung folgend, krabbelte ich durch sie hindurch ins Freie und fand mich auf einer Dachterrasse wieder, von der man über die gesamte Stadt schauen konnte. »Wow, das ist ja Wahnsinn!« – »Ja, das ist mein Lieblingsplatz. Hier kann ich allem entfliehen.« Wir machten es uns auf einer Bank gemütlich, auf die Steve ein paar Decken gelegt hatte. Eine ganze Weile guckten wir nur in den Sternenhimmel und zogen abwechselnd an dem Joint, den Steve schon vorher gedreht hatte. Ich hatte zuvor nie irgendeine eine Art von Drogen genommen, aber mit Steve fühlte es sich irgendwie cool und verboten gut an.

»Der Sternenhimmel ist nichts gegen den Himmel, den man in der Ferlowüste sehen kann«, sagte Steve. »Du warst in Afrika?«, rief ich erstaunt. »Ja, klar«, gab Steve zurück, als wäre es das Normalste auf der Welt, den Sternenhimmel schon einmal vom Senegal aus betrachtet zu haben. Ich kam mir wieder einmal klein und unerfahren vor. Was hatte ich bisher von der Welt gesehen? Langeoog und Ballermann. Dabei träumte ich schon lange von einer weiten Reise. »Cool«, sagte ich langsam und merkte, wie das Gras zu wirken begann.

Es war das letzte Mal, dass ich Steve sah. In der folgenden Woche schrieb er mir, dass er kurzfristig seine sieben Sachen gepackt habe, um für unbestimmte Zeit in Asien umherzureisen. Die ersten Tage fühlte sich mein Herz unglaublich schwer an und ich hatte das Gefühl, etwas sehr Wichtiges verloren zu haben. Aber dann wurde mir nach und nach bewusst: Ich hätte Steve nie halten können, früher oder später hätte ich ihn auf jeden Fall verloren. Das lag aber nicht an mir, sondern an ihm. Er war ein Freiheitssuchender, ein Vogel, der sich nicht einsperren ließ. Aber er hatte mir auch die Augen geöffnet. Steve war Mr. Right – für den Moment. Und ich war auf einmal überglücklich, dass ich ihn hatte kennenlernen dürfen. Ich nippte an meinem Kakao und musste lange über diesen Typen nachdenken, der auf einmal in meinem Leben aufgetaucht war und genauso schnell wieder verschwand. Aber Steve verschwand nicht, ohne mir etwas zurückzulassen: ein neues Lebensgefühl. Er hatte mich aus der Eintönigkeit meines Alltags geholt. So wie er war, würde ich wohl nie werden – und das war auch gut so. Aber ein kleines Stückchen Steve konnte ich behalten und in meinem Leben fortsetzen. Ich zahlte den Kakao, ging in das nächste Reisebüro und buchte eine Reise nach Afrika – für mich alleine.

# 8

# Sturmfreiheit

Jule (27), Werbekauffrau, Düsseldorf,
über
Davide (um die 30), Frankreich

Der Blick durch das trübe Busfenster konnte unserer guten Laune nichts anhaben. Außer der vorbeiziehenden Autobahnbegrünung gab es noch nicht viel zu sehen, aber wir drei blickten dem bisher größten Abenteuer unseres Lebens entgegen: unserem ersten Urlaub ohne Eltern. Zu der Idee, ganz alleine nach Südfrankreich zu fahren, hatte uns der Jahrtausendwechsel inspiriert. Wir waren 16, schauten uns durch glitzernde »2000«-Sonnenbrillen an und begingen das neue Jahr mit Billigprosecco. Während es über uns donnerte und kunterbunte Funken regnete, lallte Merle: »Wir solldn wegfahrn.« Lina und ich kreischten und wussten nicht, was uns glücklicher machte: die Kohlensäure aus Plastikbechern oder der Gedanke an Jungs in Badeshorts.

Sechs Monate später waren unsere Eltern überredet und wir im kostengünstigen Gruppenreisebus unterwegs. Obwohl alle Passagiere vor und hinter uns schon schliefen, es draußen dämmerte und drinnen nach warmem Bier roch, waren wir hellwach. Wir quasselten aufgeregt durcheinander, besprachen, welche Baggy-Jeans und Bauchfrei-Tops wir am ersten Partyabend anziehen würden, und trugen eine Lipgloss-Schicht nach der anderen auf.

Um vier Uhr morgens rollte der Bus auf den Hotelparkplatz. Die Nachtluft war warm und das Licht der Straßenlaternen orange – genug Exotik, um uns wie am anderen Ende der Welt zu fühlen.

Am nächsten Morgen wurden wir wach, noch bevor der Wecker klingelte, schleuderten Bräunungsbeschleuniger und Häkelbikinis in unsere Jutebeutel und folgten dem staubigen »La Plage«-Schild. Dass unser Hotel eine Bettenburg, der Strand voll und das Meer mürrisch grau statt blau war, fiel uns nicht mal auf. Im Gegenteil: Wir waren uns sicher, nie an einem aufregenderen Ort gewesen zu sein.

»Salut Sweethearts!« Es dauerte keine halbe Stunde, bis uns der erste Promotyp einen Partyflyer in die Hand drückte. Und weil wir, wie gesagt, anspruchslos, aber glücklich waren, sagten wir zu.

Die Vorbereitung auf unsere erste Nacht in Südfrankreich zogen wir noch mehr in die Länge als sonst. Ich stand nackt mit dem Rücken zum Spiegel und verrenkte meinen Hals, um mir das erste Rosabeige auf meinen Schultern genauer anzusehen. »Kommt mal gucken. Mein Bikiniabdruck!« Wir saßen fast zwei Stunden um den Plastikküchentisch, ließen eine Flasche Wein wandern und blinzelten immer wieder prüfend in unsere Handspiegel. Erst um kurz vor Mitternacht, als wir sicher waren, uns für das richtige Lidschattenblau und die passende, möglichst tief sitzende Hose entschieden

*Ich musste mich an irgendwas festhalten – und bestellte hastig den erwachsensten Drink, der mir einfiel: einen Wodka Lemon.*

zu haben, zogen wir los. Der Club, den uns der Franzose am Strand als »Ottest place in town« angepriesen hatte, war tatsächlich rappelvoll. Die strombetriebenen Plastikpalmen nickten zu Modjos *Lady* und die Nebel- und Lasermaschinen verwandelten die Tanzenden in eine einzige zuckende Silhouette. Als wir uns Händchen haltend zur Bar schoben, fiel mein Blick auf einen Typen. Er war dunkelhaarig und braun gebrannt und lehnte gedankenverloren an der Theke. Ich schob Lina und Merle so weit nach vorn, dass ich direkt neben ihm stand. »Bonsoir.« Er hatte mich offensichtlich auch bemerkt. Aber als ich ihn aus der Nähe sah, verschlug es mir die Sprache. Er sah so gut aus, dass ich nicht mehr als ein flüchtiges »Hi« über die Lippen brachte. »Los, sag was!« drängelte Merle. Ich warf einen vorsichtigen Blick über die Schulter. Er war noch da. Aber meine Freundinnen, musste ich im nächsten Moment feststellen, waren verschwunden! Mein Herz raste. Wenn ich jetzt wegging, gab ich ihm einen Korb. Wenn ich blieb, musste ich ihn ansprechen. Mit 16 gab es für mich kaum etwas Peinlicheres als diese Momente, in denen man allein, taten- und auftragslos und ohne Zigarette oder Glas herumstand. Ich musste mich an irgendwas festhalten – und bestellte hastig den erwachsensten Drink, der mir einfiel: einen Wodka Lemon. Das Brennen im Hals wirkte wie ein Ego-Booster. Ich nahm all meinen Mut zusammen und sprach den Fremden an.

»Hi, äh, Salut. My name is Jule.«

»Davide.«

Nur ein Wort. Nur ein lang gezogenes, französisches i und ein klitzekleines, kaum hörbares e am Ende. Und ich war verloren.

Daviiide ... der schönste Name der Welt. Der schönste Mann der Welt.

Ich versuchte, mich möglichst unbeeindruckt zu geben, grinste aber wahrscheinlich längst von einem Ohr zum anderen und hatte rote Backen.

»Would you like to see the stars?«

Ich hätte misstrauisch werden sollen, ein zaghafter Annäherungs-versuch sah anders aus.

Stattdessen ließ ich zu, dass Davide nach meiner Hand griff und mich hinter sich her durch den Club zog. Vielleicht lag es an der Nebelmaschine, vielleicht am Wodka oder an ihm ... jedenfalls sah ich verschwommen. Irgendwas oder irgendjemand hatte anschei-nend auch die Lautstärke runtergedreht und den Slow-Mo-Knopf gedrückt. Den Lärm aus Musik und Gesprächen nahm ich nur noch gedämpft wahr, die Welt schien sich plötzlich ein bisschen langsamer zu drehen. Wir bahnten uns einen Weg zum Ausgang, überquerten wortlos die Strandpromenade und ließen uns direkt vor der schäumenden Gischt in den Sand fallen.

Davide zeigte mir tatsächlich die Sterne, erklärte mir mit französischem Akzent, wo welche Planeten schwebten, und griff immer wieder nach meiner Hand. »Echte« Romantik kannte ich bisher nur aus *Dawson's Creek*. Das Ambiente, er und ich allein am nächtlichen Strand, war vielleicht kitschig, aber auch so unbegreiflich schön, dass es mir Atemnot und Seitenstiche bescherte. Manchmal kam Davide mir so nah, dass ich seine Augenfarbe erahnen und ein paar Sommersprossen auf seiner Nase ausmachen konnte. Wenn er lächelte, bildeten sich Grübchen auf seinen Wangen, die, da war ich mir sicher, wie kleine tanzende Herzen aussahen. Davide gab mir das Gefühl, genau zu wissen, wonach ich mich sehnte. Klar, ein romantisches Date mit dem Rauschen der Wellen im Hintergrund hätte wahrscheinlich jeder Frau gefallen, und besonders einfallsreich war es in Wahrheit nicht. Aber interessierte mich das? Wenn er mich gebeten hätte, die Schule abzubrechen, lieber Französisch zu lernen und zu ihm zu ziehen – ich hätte Ja gesagt.

In einer Gesprächspause zog Davide mich zu sich heran, streichelte zärtlich über mein Gesicht und küsste mich. Ich spürte, wie sein kühles Zungenpiercing meine Lippen berührte und dann in der Wärme unserer Münder versank. Ich glühte vor Aufregung. So hatte mich noch kein Mann berührt! Er flüsterte mir immer wieder kleine Komplimente ins Ohr, hielt dann inne, sah mich nur an und küsste mich erneut. Irgendwann schob er eine Hand unter mein Top und streichelte meinen Busen, um sie dann wieder zurückzuziehen und mir zwischen die Beine zu fassen. Ich war irgendwie willenlos, wusste nicht, ob ich mich damit noch wohl fühlte oder längst die Kontrolle verloren hatte. Wenn er so sehr in mich verliebt war wie ich in ihn, musste es doch in Ordnung sein. Andererseits ... wollte er mich denn nicht erst mal besser kennenlernen? Langsam dämmerte mir, dass das hier vielleicht doch nichts Besonderes, sondern nur sein Standardtheater war.

Ich drehte den Kopf zur Seite und rückte ein paar Zentimeter von ihm weg. Ich lächelte, er sah nur überrascht aus.

»What's wrong?«

Was los war? Eigentlich nichts. Ich konnte nur nicht so viel Gefühl auf einmal ertragen.

Ich fragte ihn, ob wir nicht erst mal zurückgehen und uns was zu trinken besorgen sollten. Als er abweisend den Kopf schüttelte, kramte ich ein Stück Papier aus meiner Handtasche und kritzelte hektisch meine Telefonnummer darauf. Er nahm den Zettel und versprach, sich am nächsten Tag zu melden. Aber ich spürte, dass ihn das bisschen Freundlichkeit anstrengte.

Er stand auf, klopfte sich den Sand von der Hose und verschwand in der Dunkelheit. Er ließ mich einfach sitzen. Und ich war immer noch verrückt nach ihm.

Natürlich meldete sich Davide nicht. Ich verbrachte den ganzen nächsten Tag neben dem Telefon. Aber es blieb stumm.

Der Urlaub war hinüber, ich heulte mir die Augen aus dem Kopf und sehnte den Tag unserer Abreise herbei.

Die Rückfahrt war wie die Hinfahrt, aber der Ausblick erschien mir trüb und die Strecke unerträglich lang. Dieses Mal war das Gefühl grenzenloser Freiheit dem von grenzenloser Einsamkeit gewichen. Und dieses Gefühl hielt an ... bis zum nächsten Urlaub ohne Eltern.

# 9

# Der Geschmack von Amaretto

Anne (35), Autorin, Köln,
über
Michael (36), Senior Manager, Oslo

Mein Herz klopfte wie verrückt. Wir lagen zusammen auf meinem Bett und sahen uns Fotos an. Unsere Arme berührten sich immer wieder und jedes Mal, wenn es wieder so weit war, richteten sich alle Härchen an meinem Körper auf. Ich war mir sicher, dass er meinen Herzschlag bemerkte, ihn sogar sah! Und ich dachte: *Jetzt reicht's! Ich küsse ihn einfach! Ich zähl bis zehn, dann dreh ich mich einfach zu ihm um und küsse ihn.* Ich zählte und zählte und zählte. Und begann wieder von vorn. *Um Gottes willen, so wird das nie was!,* fluchte ich innerlich.

Wir begegneten uns auf einer Studienfahrt in Italien. Meine Schule hatte eine schmucklose Bungalowreihe in einem Ferienort gemietet und seine kampierte genau gegenüber. Natürlich vermischten sich unsere beiden Gruppen, wir trafen uns immer wieder am Strand, auf dem Schotterweg zwischen unseren Bungalows und in den kleinen Vorgärten, die mit weißen Plastiktischen und Stühlen ausgestattet waren. Seine Stufe kam aus Bielefeld, meine aus Köln und wir waren aus dem gleichen Grund da: das anstehende Abitur für eine Weile vergessen und vorm Erwachsenwerden noch mal richtig feiern! Offiziell befanden wir uns natürlich auf einer »Studienfahrt« und unsere Lehrer taten alles, um den Schein zu wahren. Tagsüber zwangen sie uns, am Strand zu malen und uns Ruinen anzuschauen. Und pünktlich um Mitternacht kontrollierten sie, ob alle im Bett waren. Die meisten von uns hatten längst ihren 18. Geburtstag gefeiert und waren es nicht mehr gewohnt, dass ihnen jemand vorschrieb, wann sie ins Bett zu gehen hatten. Da half es wenig, dass Michael, der jetzt neben mir auf dem Bett lag, alle Freiheiten der Welt hatte. Ihre Lehrer hatten offensichtlich noch nicht vergessen, wie es war, jung und feierwütig zu sein. Solange ihre Schüler das Tageskulturprogramm durchzogen, durften sie abends tun und lassen, was sie wollten. Wir waren neidisch, mussten uns aber an die Regeln halten. Wer nicht spurte, wurde nach Hause geschickt. Und das wollten wir anderen natürlich um jeden Preis vermeiden! Jeder in die Heimat Entsandte bedeutete weniger Spaß: Da gab es das eine Mädel, das diesen anderen Typen mochte, und diesen oder jenen Kerl, der auf irgendeine Mitschülerin abfuhr. Bande mussten geknüpft, Geschichten ausgetauscht werden. Und das natürlich stufenübergreifend!

Immer häufiger wurden wir abends ermahnt, leiser zu sein. Unsere Lehrer hielten Konferenzen mit den Bielefelder Lehrern ab. So ginge das nicht, sie – die Bielefelder – würden ihre Autorität untergraben. Unmöglich, die eigene Stufe im Zaum zu halten, wenn die andere machen dürfe, was sie wolle und vor allem so lange, wie sie wolle. Es gab Streit, ich musste als Stufensprecherin vermitteln. So setzten wir uns eines Nachmittags zusammen: Die Lehrer und der Stufensprecher der Bielefelder, die Kölner Lehrer und ich. Michael saß neben mir und rollte mit den Augen. Für uns waren es die Lehrer, die sich kindisch benahmen. Aber es machte Spaß, dabei zuzusehen, wie sie sich über Regeln und pädagogische Fragen stritten. Natürlich wurde das eigentliche Ziel, endlich für Ruhe zu sorgen, nicht erreicht. Aber Michael und ich lernten uns besser kennen.

Eines Abends stahl ich mich nach der Bettenkontrolle aus dem Bungalow und traf mich mit ihm am Strand. Er hatte eine Flasche Amaretto dabei, ich Apfelsaft. Das hatten wir so verabredet. Wir machten es uns im warmen Sand gemütlich und hörten, wie sich auch ein paar unserer Mitschüler wispernd und kichernd von den Bungalows entfernten. Als es stiller wurde und klar war, dass uns niemand stören würde, lächelten wir uns erleichtert an. Michael und ich unterhielten uns bis spät in die Nacht, tranken Amaretto und kamen uns immer näher. Irgendwann verzogen wir uns angeschwipst und aufgeheizt in ein angrenzendes Waldstück. Dort ließen wir uns auf eine Bank fallen und streichelten und küssten uns ... bis wir in der Ferne Taschenlampen aufleuchten sahen. Die Lehrer hatten offenbar einen weiteren Bungalowcheck gemacht und festgestellt, dass einige Schüler fehlten. Wir hörten Rufe und ich hörte meinen Namen! Ich erschrak, verabschiedete mich hastig von Michael und lief reumütig zu den Bungalows zurück. Dort angekommen, holte ich mir eine Standpauke ein, meine größte Befürchtung war, man könne mich nach Hause schicken. Ich wollte noch nicht weg!

Und tatsächlich kam ich mit einer Strafarbeit davon. Ich weiß nicht mehr, ob ich Säulen zeichnen oder Blumen bestimmen musste. Ich erinnere mich nur noch an das endlose Glück, bei Michael mit seinen schönen blauen Augen bleiben zu dürfen!

Natürlich hatte unser nächtlicher Ausflug dafür

*Eines Abends stahl ich mich nach der Bettenkontrolle aus dem Bungalow und traf mich mit ihm am Strand. Er hatte eine Flasche Amaretto dabei, ich Apfelsaft.*

gesorgt, dass uns die Lehrer nicht mehr unbeaufsichtigt ließen. Michael und ich sahen uns nur noch selten. Und in den wenigen kostbaren Augenblicken, in denen wir uns begegneten, waren wir nie allein. Dann kam der Tag des Abschieds: Wir Kölner fuhren ein paar Tage vor den Bielefeldern ab. Michael stand am Bus und verabschiedete mich mit einem Kuss. Die anderen grölten, die

Lehrer schauten streng. Aber die waren mir alle egal! Ich fand Michael toll und ich wollte ihn unbedingt wiedersehen.

Als auch er wieder zu Hause war, chatteten wir viel, schrieben E-Mails und telefonierten. Zusammen mit meinen Freundinnen analysierte ich jedes seiner Worte. Ob er mich wohl auch so mochte wie ich ihn? Ob er mehr wollte? Ob er mich mal besuchen kommen würde? Heute lache ich über meine Unsicherheit. Natürlich wollte er mehr! Warum sonst sollte er nächtelang mit mir telefonieren? Aber damals, mit 18, war ich misstrauisch. Ich hatte Tausende Erklärungen für sein Engagement parat, aber an die einfachste, nämlich die, dass er mich einfach mochte, traute ich mich nicht zu glauben. Dabei war sein Verhalten eindeutig: Er hatte sich in mich verliebt!

Meine Freundinnen und ich schmiedeten Pläne. Ich sollte ihn zu mir einladen und ihm die Fotos von der Italien-Fahrt zeigen. Auf dem Bett natürlich.

Jetzt war es so weit und ich zählte schon wieder bis zehn. Warum nur fiel es mir so schwer, ihn zu berühren? Wir hatten uns doch schon mal geküsst. Das alles müsste doch jetzt eigentlich von allein gehen. Aber wir hatten uns eben wochenlang nicht mehr gesehen – und der Amaretto-Rausch fehlte. *Wer weiß, wie das jetzt ist ...* Ein Gedanke nach dem anderen raste mir durch den Kopf. Mitten im Satz, er erzählte gerade eine Episode aus unserer Zeit in Italien, blickte er mich fragend an. Ich war wie versteinert. »Warum, glaubst du, bin ich eigentlich hier?« Ich wusste nicht, was ich sagen sollte, und starrte ihn nur wortlos an. Mein Herz pochte mittlerweile wie verrückt und mein Gesicht glühte. Wie peinlich! Er nahm meine Hand und beugte sich vor. Er küsste mich! Wir knutschten wie wild, stundenlang, und hielten erst wieder inne, als wir vor Hunger zittrig wurden. *Mein Traummann*, dachte ich. Ich wuschelte ihm durch die blonden Haare und wünschte mir, dieser Tag, das mit uns würde ewig anhalten. Dass er in Bielefeld wohnte, war mir egal. Es hatte sogar etwas Positives: Unter der

Woche konnten wir ungestört fürs Abitur lernen und die Wochenenden gehörten uns.

Wir blieben fast zwei Jahre zusammen, fuhren gemeinsam
in Urlaub und machten unser Abitur. Seinen Zivildienst wollte
Michael in Köln machen, um endlich wirklich mit mir zusammen
sein zu können. Wir dachten darüber nach, vielleicht auch eine
Wohnung zu teilen. Aber dann merkten wir beide, dass wir rastlos
waren, wir hatten das Gefühl, dass wir etwas verpassen würden,
wenn wir weiterhin zusammenblieben. Das sollte es gewesen sein?
Michael bis ans Ende aller Tage? Vermutlich dachte er dasselbe.
Als er endlich nach Köln zog, machten wir Schluss. Zuerst blieben
wir noch Freunde, doch irgendwann lernte er jemanden kennen.
Und wenig später lernte ich jemanden kennen. Und schließlich
wusste ich gar nicht mehr, ob er überhaupt noch in Köln wohnte.
Sein Zivildienst war vorbei, er wollte studieren. Monate später
fand ich zufällig heraus, dass er zum Studieren nach Holland gegangen war und anschließend nach Norwegen. Und dass er wieder
in einer Beziehung war.

Manchmal stolpere ich noch über ein Foto von ihm – in irgendeinem sozialen Netzwerk oder in einer meiner verstaubten Kisten.
Dann erinnere ich mich an Italien und an den Amaretto – und
frage mich, ob es ihm genauso geht.

# 10.

# Jackpot

Angelina (30), Model,
über
Jonas (58), Privatier

Ich habe noch nie gerne gearbeitet – außer an meinem Aussehen. Von morgens bis abends Kunden bedienen, vor irgendeinem Bildschirm hocken oder sich gar die Hände schmutzig machen? Alles nichts für mich. Seit ich mit 17 die Schule geschmissen habe, schnorre ich mich durchs Leben. Und mir geht es gut dabei. Denn ich habe ein großes Kapital, und das schlachte ich aus bis zum letzten Tropfen: mein Aussehen.

Frauen suchen immer nach der ganz großen Liebe, nach einem Seelenverwandten, einem Partner, der sie ausfüllt und versteht, nach ihrer besseren Hälfte. Am Ende bescheren sie sich damit selbst ein Leben voller Arbeit, denn die Seelenverwandten haben selten auch ein dickes Portemonnaie.

Während so manche Frau also zum Beispiel ihre nächste Sitzung vorbereitet, lasse ich mir gerade einen Überlack bei der Maniküre auftragen, gönne mir danach noch eine pflegende Gesichtsbehandlung und treffe mich anschließend mit einer Freundin, um mit einem Glas Champagner auf das Leben anzustoßen. Auf unser Leben, wohlgemerkt. Die große Liebe? Natürlich träumen wir auch davon. Und ich habe sie tatsächlich schon gefunden, nur definiere ich Liebe vielleicht etwas anders als andere Frauen.

Von klein auf wird uns beigebracht, nach dem Mann fürs Leben zu suchen. Der perfekt passende Deckel zum Topf, die fehlende Hälfte, den Mr. Perfect. Mit fünf sehen wir im Fernsehen *Cinderella*, mit zwölf Seifenopern und mit fünfzehn Liebesschnulzen, die uns alle zeigen wollen, dass unser Leben nur mit einem perfekten, schönen und einfühlsamen Mann an unserer Seite einen Sinn ergibt.

> Von morgens bis abends Kunden bedienen, vor irgendeinem Bildschirm hocken oder sich gar die Hände schmutzig machen? Alles nichts für mich.

Ich habe schnell gelernt, dass ich nicht nach einem schönen Mann mit einer treuen Seele suchen muss, sondern nach einem Mann mit Ressourcen. Daraus habe ich auch nie ein Geheimnis gemacht. Denn tief in ihrem Herzen weiß jede Frau, dass ein Mann erst dann Mr. Right ist, wenn er ihr etwas bieten kann. Was bringen einer Frau die schönsten braunen Augen, ein durchtrainierter Bizeps oder ein tiefgehendes Gespräch, wenn sie sich am Schaufenster eines Juweliers die Nase platt drücken muss, mit dem Wissen, dass sie niemals etwas davon geschenkt bekommen wird? Meiner Meinung nach sollte jede schöne Frau mindestens einen Diamantring besitzen. Schließlich wusste schon eine berühmte Hollywood-Schönheit ein Liedchen davon zu singen: Sie sind die besten Freunde eines Mädchens. Übrigens – ich habe inzwischen sieben.

Männer sind so einfache Wesen. Sie fühlen sich bedrängt, wenn Frauen über ihre Gefühle sprechen wollen. Sie fühlen sich ihrer Männlichkeit beraubt, wenn eine Frau einen dickeren Gehaltsscheck bekommt als sie selbst. Und sie wollen eine Frau an ihrer Seite haben, die jederzeit für sie da ist – aber dabei selbst alle Freiheiten genießen. Wer diese drei Eigenschaften an einem Mann verändern möchte, dem wünsche ich viel Glück auf der Suche nach Mr. Right. Denn meine Erfahrungen haben mich gelehrt, dass der Mann sich dadurch in die Enge getrieben fühlt und dann ganz schnell für immer verschwindet. Und ich habe einige Erfahrungen mit Männern. Denn ich war auch lange auf der Suche nach meinem persönlichen Mr. Right. Dieser sollte ganz andere Vorzüge mitbringen als ein nettes Lächeln und ein sanftmütiges Wesen, nämlich: ein vollgepacktes Bankkonto.

Ich habe die Schule abgebrochen, weil ich schon damals gemerkt habe, dass man in dieser Institution nichts fürs Leben lernt. Es war nicht so, dass ich nicht gut in der Schule war. Ich habe mit 16 angefangen zu modeln und ziemlich schnell festgestellt, dass man die meiste Kohle mit gutem Aussehen verdient und nicht mit gutem Grips. Durch meine Modeljobs habe ich dann auch schon früh Männer kennengelernt, die um einiges cooler und reifer waren als die Jungs an meiner Schule. Viele meiner Model-Kolleginnen ließen sich daher auch mit diesen Typen ein. Ich nicht – zumindest nur sehr selten. Mir war klar, dass viele dieser Männer einfach nur Blender waren und obendrein in erster Linie Mädchen für ein Wochenende suchten. Danach ließen sie sie einfach fallen.

Ich dagegen suchte nach einem Mann, der mir die Welt zu Füßen legte, und zwar dauerhaft und nur mir. Aussehen oder Charakter spielten für mich dabei immer eine untergeordnete Rolle – die Hauptsache war, dass das Bankkonto stimmte. Aber: »Wie angelt man sich einen Millionär?«

Es ist eigentlich gar nicht so schwer. Man muss nur wissen, wo sie sich tummeln, und dann im richtigen Moment zuschlagen. Die meisten Mädels denken, dass sie sich am besten in einem dieser sündhaft teuren Szeneklubs, die es in jeder Großstadt gibt, an einen der wohlhabenden Herren ranschleichen. Kurzer Mini, 15-Zentimeter-High-Heels, ein fehlendes Unterhöschen und das war's – ein schlechter Plan. Zumindest wenn man den Mann für längere Zeit behalten möchte. Denn die mit den kurzen Röcken sind die Mädchen, die sich die Männer für eine Nacht ins Bett holen. Ich dagegen habe schon immer größeren Wert auf Stil gelegt. Keine Mikroröckchen, sondern elegante Abendkleider. Keine knallroten Lippen, sondern ein dezenter Gloss. Dazu ein samtener Teint, seidig schimmerndes Haar (keine Extension) und einen dezenten Hüftschwung, der die Männer um den Verstand bringt. Nur wer sich rarmacht, ist auf Dauer interessant – Männer sind doch so leicht zu durchschauen.

Meinen Mr. Right lernte ich auf einer Bootsmesse kennen. Ich arbeitete dort als Messehostess und hatte gerade Mittagspause, als ich, ganz aus Versehen natürlich, einen Herrn anstieß, der sich gerade seine Schuhe auszog, um sich eine Jacht genauer anzusehen. »Verzeihung«, sagte ich besorgt und fragte direkt hinterher: »Ist Ihnen etwas passiert?« Der Mann drehte sich zornig um, sein Blick verwandelte sich allerdings schlagartig, als er sah, wer ihn da angerempelt hatte. Seine Augen strahlten mich treuherzig an und in dem Moment wusste ich: *Den kannst du dir schnappen.*

Keine halbe Stunde später saßen wir beim ersten Glas Champagner im VIP-Bereich der Messe. Meine Mittagspause war schon längst zu Ende und der Gedanke daran, wie wütend die anderen Hostessen auf mich waren, weil ich nicht wiederkam, ließ mich grinsen. Mir war klar, dass ich den Job verlieren würde – aber ich verschwendete kaum einen Gedanken daran, denn ich witterte meine Chance bei dem Herrn, dem ich gegenübersaß. Jonas war sein Name. Was kümmerte mich ein schlecht bezahlter Job, bei dem ich mir die Beine in den Bauch stehen und stumpf lächeln sollte, wo ich doch gerade dabei war, mir einen reichen Mann zu angeln?

Jonas erzählte mir, dass er sich über Jachten informieren wollte, da er in der mallorquinischen Hafenstadt Puerto Portals einen Liegeplatz gekauft hatte und nun ein Schiff suchte, das in diesen edlen Luxushafen passte. Ich kannte die Stadt von einem meiner Besuche auf der Insel. Die großen Jachten mit den glänzenden Decks und den schönen Menschen an Bord, die dort aneinandergereiht lagen, oder sich mit roséfarbenem Champagner zuprosteten, hatten mich schon damals träumen lassen. *Irgendwann liegst du selbst einmal auf einem solchen Schiff und betrachtest die Menschen vom Deck aus, wie sie neidisch zu dir hoch schauen,* hatte ich mir geschworen. Wie nahe ich meinem Traum durch den Zusammenprall mit Jonas wirklich gekommen war, ahnte ich zu diesem Zeitpunkt allerdings noch nicht.

Nur wenige Wochen später war klar: Den Job hatte ich verloren, Jonas hatte ich allerdings für mich gewonnen. Ich hatte alles auf die richtige Karte gesetzt und ihn bereits mit meinem ersten Lächeln um den Finger gewickelt. Dass er 28 Jahre älter war, störte mich keine Sekunde.

*Nur wer sich rarmacht, ist auf Dauer interessant – Männer sind doch so leicht zu durchschauen.*

Ganz im Gegenteil – seine Reife strahlte von Anfang an eine wunderbare und heilsame Ruhe auf mich aus. Er war nicht so wie die Typen Anfang dreißig, die der Welt und sich selbst andauernd etwas beweisen mussten. Er hatte in seinem Leben so viel gearbeitet und war an einem Punkt angekommen, an dem er das Erarbeitete auch endlich genießen wollte. Und genau an diesem Punkt trat ich in sein Leben.

Während mir seine gelassene Art sehr guttat, wirkte ich auf Jonas vom ersten Moment an wie ein Jungbrunnen. Durch mich erkannte er, dass es noch so vieles im Leben gab, das er entdecken wollte. Bisher hatte immer seine Arbeit an erster Stelle gestanden. Mit dem Boot wollte er aber einen Schritt in Richtung Freiheit machen und meine Jugendlichkeit passte perfekt dazu.

Beim Thema Sex ließ ich Jonas lange zappeln, ganz bewusst. Ein Mann von seinem Format war es eigentlich gewohnt, dass die Mädchen sofort alles machten, was er wollte. Später gestand er mir, dass es ihm imponiert habe, dass ich ihn so lange auf Abstand gehalten hatte. Jeder Abend, an dem wir zusammen waren und er mich am Ende doch nicht haben konnte, stärkte ihn in seinem Vorhaben, mich irgendwann ganz und gar zu besitzen.

Ich brauchte und wollte einen Mann, der für mich sorgte und mir das Gefühl gab, mich um nichts kümmern zu müssen – außer darum, dass es ihm gut ging. Und Jonas hatte sich lange Zeit eine junge Frau an seiner Seite gewünscht, die seinem Leben wieder neuen Schwung gab. War das Schicksal? Ich weiß es nicht, schließlich hatte ich mein Leben danach ausgerichtet, einen Mann wie Jonas zu finden. Keine Schönheit, kein Muskelprotz, kein Intellektueller – einfach nur ein Mann mit dicker Brieftasche, der mich braucht und mich will. Vielleicht ist es eher Berechnung als Schicksal. Aber was macht das für einen Unterschied? Die Hauptsache ist, dass wir glücklich sind.

Nun bin ich schon seit vier Jahren an Jonas' Seite und momentan spielen wir mit dem Gedanken, Kinder zu kriegen. Ich wünsche mir nichts mehr als ein Kind von ihm. Natürlich geht es auch darum, dass ich gerne eine kleine Ausführung meines Mannes hätte und ich im Muttersein wieder eine neue Aufgabe für mich sehe. Aber ich weiß auch, dass mich mein Nachwuchs absichert und Jonas immer darum bemüht sein wird, dass es seinem Kind und der Mutter seines Kindes an nichts fehlt – ganz gleich, ob wir noch zusammen sind oder nicht. Denn noch etwas ist mir klar – nicht nur für mich ist Jonas Mr. Right, sondern auch für viele andere Frauen.

# 11

# Die Reifeprüfung

Daniela (29), Lehrerin, Essen,
über
Andreas (21), Student, Dortmund

Der Türöffner summte. Wie so viele Male zuvor stieß ich die Glastür auf und lief die Treppe hoch. Aber dieses Mal war es anders, schwerfälliger. Ich blieb im Flur stehen, blickte nach oben und seufzte. Drei Etagen, 75 Stufen. Ich war schon jetzt erschöpft – und nervös. Meine Freundin Lena erwartete mich schon vor der Wohnungstür.

»Irre ich mich, oder wohnst du inzwischen noch höher?«, stöhnte ich und stellte meine Tasche auf dem Boden ab. »Was ist los, alte Frau? Verkatert?« *Von wegen*, dachte ich. Wir umarmten uns und gingen in die Küche. »Was gibt's?«, fragte ich und beugte mich über die dampfenden Töpfe. »Nudeln mit Shrimps. Probier mal, ob die Dinger schon gar sind.« Lena hielt mir erwartungsvoll einen Holzlöffel unter die Nase. »Äh ... ich glaube, mein Handy klingelt.« Ich lief in den Flur und atmete tief durch. »Weißwein oder Rotwein?«, rief sie aus der Küche. »Weder noch!«, antwortete ich. Lene steckte ihren Kopf aus der Küchentür und sah mich fragend an. »Weder noch? Schätzchen, es ist Samstag. Und du liebst Wein. Und überhaupt ... wolltest du nicht telefonieren?« Ich lehnte mit dem Rücken an der Wand. »Können wir uns setzen?«

»Dani, was ist los? Bist du krank?«

»Nein. Nicht krank ... nur schwanger.«

Stille. Lena starrte mich an. Ihr fiel sprichwörtlich die Kinnlade runter.

»Schwanger? Von wem denn?«

»Von wem wohl? Von Andy.«

»Von Andy?!«

Andy war erst seit ein paar Monaten mein Freund. Und er war acht Jahre jünger als ich. Unsere Geschichte war so bizarr, dass man meinen könnte, ein unterbezahlter Daily-Soap-Drehbuchautor hätte sie sich ausgedacht. Ich war Mitte zwanzig und kam als Referendarin ans Gymnasium. Vor meinem ersten Tag wäre ich am liebsten davongelaufen. Ich war so nervös, dass ich auf dem Weg zur Klasse immer wieder etwas fallen ließ. Ich wusste schließlich aus meiner eigenen Schulzeit, wie grausam Teenager sein konnten. Und wie lächerlich Lehrer. Vor der Klassenzimmertür schloss ich noch einmal die Augen. *Wie ein Pflaster*, redete ich mir beruhigend ein. *Wie ein Pflaster. Schnell abziehen. Dann tut's nicht so weh.* Ich nahm meinen ganzen Mut zusammen, drückte die Türklinke energisch herunter und lief, so selbstsicher ich nur konnte, ins Zimmer.

»Guten Morgen!« Ich warf meine Tasche aufs Pult und stellte mich der Meute.

»Guten Morgen, Frau ...« Die Schüler sahen mich fragend an. Ich griff mir ein Stück Kreide und schrieb mein Nachnamen an die Tafel. Dass ich dabei zitterte, merkte hoffentlich niemand. »Daas ... ist mein Name.« Ich drehte mich um und versuchte zu erkennen, wie mein Publikum reagierte. Einige grinsten, andere kritzelten gelangweilt auf ihren College-Blöcken herum. Nur einer sah mich wirklich an. Er saß leicht zurückgelehnt auf seinem Stuhl, kaute beiläufig auf einem Stift herum und schien mich ganz genau zu beobachten. Er verunsicherte mich. Ich hatte das Gefühl, mich zur Wehr setzen zu müssen, und sprach ihn an: »Wie heißt du?«

»Andreas?« Er sprach seinen Namen wie eine Frage aus. Wie ein »Wer will das wissen?«. Seine arrogante Art provozierte mich. »Okay Andreas, dann erzähl mir mal, was ihr im letzten Halbjahr behandelt habt.« Andreas ließ sich nicht beirren. Er sah mich gelassen an, wartete ein paar Sekunden, lächelte und schlug sein Buch auf. »Kein Problem.« Er brauchte fünf Minuten, um mit fester Stimme und ohne jede Gedankenpause ein halbes Jahr Unterricht grob zusammenzufassen. Jetzt war ich beeindruckt. Andreas war intelligent. Und sah gut aus. Als ich mich bei diesem Gedanken ertappte, lief ich rot an. *Er sieht gut aus?! Geht's noch?*, schimpfte mein Hirn auf meine Libido ein. *Das hier ist dein erster Tag als Lehrerin und schon schwärmst du für einen Schüler?*

Ich versuchte, diese Spinnereien beiseite zu schieben, und konzentrierte mich auf den Unterricht. Dabei vermied ich es, Andreas anzusehen. Ich war erleichtert, als die Stunde vorbei war – und völlig am Ende. Bis zur nächsten Stunde blieben mir fünfzehn Minuten. Ich brauchte eine Pause, lief zum Lehrerparkplatz und setzte mich in mein Auto. Ich unterdrückte den Impuls, eine Zigarette zu rauchen. *Ach, was soll's?*, dachte ich. *Die hab ich mir verdient.* Ich schaltete das Radio ein, lehnte mich zurück, inhalierte den Rauch und schloss die Augen.

Plötzlich klopfte es an die Scheibe. Andreas! Er stand neben meinem Auto und grinste mich unverfroren an.

> Unsere Geschichte war so bizarr, dass man meinen könnte, ein unterbezahlter Daily-Soap-Drehbuchautor hätte sie sich ausgedacht.

Ich kurbelte die Scheibe herunter. »Andreas, was gibt's?« – »Haben Sie eine für mich über?« Er zeigte auf meine Zigarettenschachtel.

»Ich glaube nicht, dass sich Lehrer und Schüler Zigaretten teilen sollten.«

»Ach, kommen Sie! Wie alt sind Sie? 25?«

»Was spielt das für eine Rolle?« Ich fand ihn unverschämt. Und sexy.

»Ich bin 19. Ich glaube, ich kann selbst entscheiden, mit wem ich rauche.« Und schon war er ums Auto gelaufen und saß neben mir.

»Gut gemacht.«

»Was?«

»Ihre erste Stunde.«

»Oh, danke. Aber ich finde, du solltest jetzt wirklich nicht hier sein.« Er reagierte nicht. Zog an seiner Zigarette und schaute gedankenverloren aus dem Fenster. Wir saßen sekunden-, vielleicht minutenlang nebeneinander, rauchten und schwiegen uns an. Ich wusste, dass hier etwas falsch lief. Aber Andreas schien sich nicht beirren zu lassen. Er wandte den Kopf und sah mich an.

»Sie sind hübsch.«

»Okay, jetzt reicht's. Bitte steig aus. Wir sehen uns morgen im Unterricht.«

Doch anstatt zu gehen, drückte Andreas seine Zigarette im Aschenbecher aus, beugte sich zu mir vor und küsste mich! Ich war wie versteinert und brauchte ein paar Sekunden, um mir darüber klar zu werden, was hier geschah. Ich stieß ihn von mir.

»Sag mal, spinnst du?!«, schrie ich.

»Frau ..., wie ist dein Vorname?«

»Daniela, auch wenn es dich einen feuchten Dreck angeht!«

»Daniela, als ich dich heute gesehen habe, hat es mir dir Sprache verschlagen. Du bist die umwerfendste Frau, der ich je begegnet bin. Ich weiß, du hältst mich für einen Spinner. Und für ein Kind. Vielleicht gehst du gleich zum Direktor und lässt mich von der Schule schmeißen. Kurz vorm Abi. Aber weißt du was? Das wäre mir egal. Ich bin niemand, der sich eine Chance entgehen lässt.« Dann stieg er aus und ging.

Ich starrte ihm hinterher. Wo war die versteckte Kamera? Was lief hier? Ich wusste nicht, ob ich weinen, lauthals lachen oder einfach nach Hause fahren sollte. Ich riss mich zusammen und brachte den Tag hinter mich.

Andreas und ich konnten uns natürlich nicht aus dem Weg gehen. Wir sahen uns ständig – auf den Gängen, im Unterricht und auf dem Schulhof. Die nächsten Wochen und Monate waren ein einziger Albtraum. Wenn Andreas mir egal gewesen wäre, wenn ich

> Meine Freundinnen hatten wenig Verständnis, aber ich wusste, dass ich mit Andreas zwar den jüngsten, dafür aber auch den leidenschaftlichsten und besten Mann meines Lebens gefunden hatte.

ihn furchtbar gefunden hätte, wäre ich zur Schulleitung gegangen und hätte ihn mir vom Hals geschafft. Doch die Wahrheit war, dass ich mich in ihn verguckt hatte. So sehr ich mich auch dagegen wehrte: Er ging mir nicht mehr aus dem Kopf. Ich erzählte niemandem davon. Nicht mal Lena.

Wenn Andreas in meinem Unterricht saß, ignorierte ich ihn. Ich nahm ihn nicht dran. Er schien das zu merken und respektierte es. Er meldete sich nie, obwohl ich von Kollegen wusste, dass er mündlich zu den Stärksten seiner Stufe zählte. Wenn wir uns auf dem Flur begegneten, sah er mich manchmal fragend, manchmal traurig an. Ich wusste nicht, was ich tun sollte.

Doch dann kam der Sommer. Das Abitur stand bevor, und danach würde Andreas kein Schüler mehr sein. Am Tag der Abi-Prüfungen begegneten wir uns vor der Schule. Ich blickte zu Boden und wollte an ihm vorbeilaufen.

»Daniela!«

Ich blieb stehen, drehte mich aber nicht um.

»Ja?«

»In ein paar Wochen bin ich frei.«

Ich atmete tief durch.

»Was wird dann aus uns?«

Ich drehte mich immer noch nicht um.

»Das werden wir sehen.«

Die Wochen vergingen. Das Abitur war vorbei und Andreas nicht länger mein Schüler. Ich fand es immer noch falsch, mich für ihn zu interessieren. Aber der Drang, ihn wiederzusehen, war stärker als mein Verstand. Wir trafen uns. Nicht nur ein Mal. Und aus einer geheimen Affäre wurde eine Beziehung. Meine Freundinnen hatten wenig Verständnis, aber ich wusste, dass ich mit Andreas zwar den jüngsten, dafür aber auch den leidenschaftlichsten und besten Mann meines Lebens gefunden hatte. Ich liebte ihn wie wild und zweifelte irgendwann überhaupt nicht mehr an uns.

Dass ich schwanger wurde, war nicht geplant. Aber Andreas reagierte so, wie er immer reagierte: unbeirrbar. Als ich es ihm erzählte, nahm er mich in den Arm. Ich weinte. »Daniela, was gibt es da zu weinen? Wir schaffen das. So, wie wir bisher alles geschafft haben.« Er hatte recht.

Vor sechs Jahren war Andreas mein Schüler. Jetzt hält er unsere Tochter im Arm. Anna ist wie ihr Vater: Wenn sie einen Raum betritt, richten sich alle Augen auf sie. Immer mit einem Lächeln im Gesicht, immer festen Willens, etwas Neues zu entdecken. Ich habe keinen Zweifel daran, dass sie ihr Leben mit links meistern wird. Und ich bin mir sicher, dass Andreas und ich ihr gute Vorbilder sein werden.

# 12

# Frau von Welt

Patricia (32), Visagistin, Hamburg,
über
Paul (36), Künstler, Bali

Zehn Tage Bali! Ist das nicht zum Ausflippen?« Meine Agentin brüllte so laut ins Telefon, dass es in meinem Gehörgang juckte.

»Ja, zum Ausflippen!«

Ich bemühte mich, begeistert zu klingen, doch in Wahrheit bereitete mir diese Nachricht Übelkeit. Zehn Tage in einer asiatischen Provinz? Hitze, Feuchtigkeit, fremdes Essen und Krabbelgetier? Womöglich ohne Handy-Empfang und Internetzugang? Und dann auch noch ein elendig langer Flug? Zum Ausflippen.

Ich liebte Ordnung, Regelmäßigkeit und meine eigene Klobrille. Alles Außerordentliche machte mir Angst – und Herpes! Was auch immer mich, den Kontrollfreak, dazu getrieben haben mag ... ich hatte mein Jurastudium abgebrochen, um Visagistin zu werden. Die Visagisten-Schule hatte ich (natürlich!) mit Bestnote beendet und für die Sauberkeit meiner Pinsel hätte ich eine zusätzliche Eins verdient. Doch langsam begann ich zu begreifen, dass dieser Job vor allem eines bedeutete: Chaos. Gut, dass sich zumindest meine Agentin erinnern konnte, warum ich die herrlich-konservative Laufbahn gegen einen unberechenbaren

Kreativjob getauscht hatte. »Das ist das, was du immer wolltest! Dein erster Job im Ausland! Weißt du noch? Der Traum von der internationalen Karriere!

»Du hast ja recht! Natürlich freue ich mich über den Job. Wann geht's los?«

»Schon morgen! Du hast Glück. Die Kollegin, die eigentlich fliegen sollte, ist krank. Jetzt liegt es an dir, was du daraus machst.«

Mit dem ersten Summen des Weckers, der mich um vier Uhr morgens aus wilden Träumen riss, begann mein Herz zu rasen. Ich stand mit flauem Magen auf, duschte mit zitternden Händen und fühlte mich selbst in meiner »Rüstung« – Bootcut-Jeans, Kaschmirpullover und Ballerinas – wie ein Anfänger. Die leise Hoffnung, dass sich meine Nervosität im Taxi verflüchtigen würde, zerplatzte, als mir schon beim Einsteigen übel wurde. Ich kramte mein Survival-Etui hervor. Darin befand sich alles, was ich zum Überleben brauchte: Pflaster, Deo-Tücher, eine Sicherheitsnadel, eine Mini-Zahnbürste, Puderpapier, ein Kamm, Tampons, Vaseline, Aspirin, Hygienespray im Reiseformat und Schlaftabletten. Von Letzteren warf ich mir hektisch eine ein und wartete auf den Moment der Erlösung. Eine Stunde später, als ich bereits im Flugzeug saß, setzte die Wirkung ein. Ich fiel in einen ohnmachtähnlichen Schlaf und wachte erst über zehn Stunden später, als der Flieger mit quietschenden Reifen landete, wieder auf. Der Blick aus dem Fenster holte mich schlagartig in die Realität zurück. *Reiß dich zu-*

*Ich liebte Ordnung, Regelmäßigkeit und meine eigene Klobrille. Alles Außerordentliche machte mir Angst – und Herpes!*

*sammen*, dachte ich. *Du bist eine Frau von Welt, keine graue Jurastudentin, sondern eine Visagistin! Kopf hoch, Brust raus.*

Doch die spontane Selbsttherapie nützte nichts: Als ich aus dem Flughafengebäude heraustrat und die Hitze sich wie ein feuchtwarmer Turban um meinen Kopf schlang, wurde mir schwindelig. Ich war ausgelaugt und träumte von einer kalten Dusche und einem sauberen Hotelbett. Doch statt eines klimatisierten Hotel-Shuttles erwartete mich ein kleiner, faltig grinsender Mann. Er hielt ein zerknicktes Pappschild in der Hand, auf das jemand mit Filzstift meinen Namen, oder zumindest Teile davon, gekritzelt hatte: »MS. PATRICIA«. Der Kleine kam freudig strahlend auf mich zu und redete schon auf mich ein, bevor ich irgendetwas zur Begrüßung tun oder sagen konnte. Er sprach englisch, schleuderte mir die Worte aber so rasant entgegen, dass ich nicht weniger verstanden hätte, wenn er es auf Indonesisch probiert hätte. »No Hotel … Hotel full … jungle!«, war alles, was ich mitbekam. Genug Information für eine Panikattacke.

»What?? Was soll das heißen? Ich will ins Hotel! Hotel? … Hotel! Please!«

Doch der Zwerg hatte mir bereits meinen Koffer abgenommen und ihn auf die Rückbank seines staubigen, verbeulten Jeeps gehievt. Nun sah er mich erwartungsvoll an.

»Also schön.« Ich resignierte und stieg ein.

Mein gut gelaunter Fahrer fuhr so schnell, wie er sprach. Der Wagen rauschte durch dichtes Grün, vorbei an schimmernden Reisterrassen und wogenden Palmenhainen. Selbst an entgegenkommenden Menschengruppen rasten wir mit gut 80 Sachen vorbei. Nach einer gefühlten Ewigkeit drosselte der Kleine den Motor und bog in eine Seitenstraße ein, die einer längst vergessenen Schotterpiste glich. Der Jeep hopste über vertrocknete Palmwedel und kroch durch den Schatten bizarr verknoteter Banyanbäume. Ich sah mich ängstlich um, konnte die Straße aber nur noch als klitzekleines helles Loch im dunkelgrünen Dickicht ausmachen. »Arrive soon!« Der Fahrer hatte offensichtlich bemerkt, dass ich mich in der Rolle einer Gekidnappten sah. Ich bemühte mich um ein souveränes Lächeln. Zwei scharfe, abschüssige Kurven später erreichten wir tatsächlich so etwas wie ein Ziel: Am Ende der kleinen Straße stand ein Holzhäuschen … das eher einer Rankhilfe als einer Unterkunft glich. Unter einer Armada von turmhohen

Palmen duckte sich ein windschiefer Bretterverschlag. Überall, davor, daneben und sicher auch dahinter, wucherten Büsche mit reifengroßen Blättern und faustdicken, grellen Blüten. Selbst aufs Strohdach hatten sich ein paar wilde Orchideen verirrt. Ich kurbelte die Fensterscheibe herunter, blinzelte ungläubig und hörte ein schrilles Geräuschkonzert aus raschelnden Pflanzen, singenden Vögeln und zirpenden Insekten.

»Willkommen in meinem bescheidenen Zuhause!«, mischte sich eine menschliche Stimme ein. Sekunden später teilte sich der Blättervorhang. Zuerst hielt ich das, was da auf mich zulief, für die Symptome eines weiteren Kreislaufkollaps. Doch als der Mensch zur Stimme direkt neben unserem Wagen stand, erschrak ich: Ein barfüßiger Dschungelkönig beugte sich zu mir herab und schob eine große haarige, farbverschmierte Hand durchs Fenster. Ich zuckte unvermittelt zusammen.

»Oh, ich muss mich entschuldigen. Ich male gerade.« Er zog seine Orang-Utan-Pranke zurück und öffnete die Autotür.

»Keine Angst! Meine Haus-Anakonda habe ich vorsichtshalber weggesperrt. Du kannst also aussteigen.«

*Was für ein Witzbold.*

»Lächerlich! Ich hab keine Angst«, log ich.

»Umso besser.«

Ich kletterte aus dem Wagen, klopfte mir intuitiv den imaginären Staub von der Hose und stemmte möglichst selbstbewusst die Hände in die Hüfte.

»Also noch mal: Willkommen!«

»Danke! Ich weiß Ihre Gastfreundschaft zu schätzen, aber eigentlich hatte man mir ein Hotel versprochen.«

»Erstens: Bitte hör auf, mich zu siezen! Seh ich denn wirklich so alt aus? Ich bin Paul. Zweitens: Ja, dieses Hotel gibt es. Aber du bist auf Bali und hier kommt wirklich alles anders, als man denkt. Das Hotel ist unglücklicherweise überbucht und mein Kumpel Jim, der Fotograf, mit dem du hier arbeiten sollst, hat mich gebeten, dich für eine Nacht aufzunehmen. Ab morgen bist du in Sicherheit. Versprochen!«

Mir blieb der Mund offen stehen. *Frau von Welt! Sofort!*

»Äh, also, na gut. Eine Nacht, ja? Aber ich muss unbedingt mit meiner Agentin sprechen!«

»Klar, im Garten liegt ein Haufen getrockneter Kokosnussschalen. Den zünden wir an und versuchen, sie per Rauchzeichen von deinem grausamen Schicksal in Kenntnis zu setzen.«

Mein Mund stand schon wieder offen.

»Willst du mich ver-arschen?«

»Tut mir leid, aber auch damit musst du bis morgen warten. Ich besitze weder Telefon

*»Mit Handtüchern kann ich leider nicht dienen, aber die Sonne, die treue Gefährtin, sollte dich in Windeseile trocknen ...«*

noch Computer.« Dann schob er sich an mir vorbei, zog meinen Koffer von der Rückbank und steckte dem Fahrer, der sich das Theater dämlich grinsend anschaute, einen Schein zu.

Ich hoffte inständig, dass das hier eine Verwechslung, ein Scherz oder ein Albtraum war. Doch als der Jeep hupend davonrumpelte, dämmerte mir, dass es mein Karma war. *Das hast du jetzt davon! Frau Säuberlich bekommt, was sie verdient.*

»Wo lang?«, pampte ich den Dschungelaffen an.

»Bitte folgen!« Er trottete voraus. Erst von hinten und mit einem gewissen Sicherheitsabstand wagte ich einen näheren Blick. Er war groß, drahtig und braun gebrannt. Sein millimeterkurzer GI-Haarschnitt legte einen starken tätowierten Nacken und eine abgewetzte Lederkette frei. Er trug hochgekrempelte zerfetzte Jeans und ein blaues T-Shirt, das er sich zu einer Art Unterhemd zurechtgeschnitten hatte.

*Gar nicht schlecht!*, flüsterte die Frau von Welt.

*Pah! Wie wär's mit einer Dusche?*, zeterte mein Alter Ego.

»So, hereinspaziert.« Dschungel-Paul hatte meinen Koffer neben sich abgestellt und trat zur Seite. Der Verschlag entpuppte sich als ein eigenes kleines Universum: Ein Sammelsurium aus abgenutzten Holzmöbeln balancierte Treibgut, Schnitzereien und Dutzende halbfertige Gemälde. Die bunten Leinwände hingen an Schrankknäufen, lehnten an Zimmerpflanzen oder lagen auf dem Boden herum. Selbst vom Himmelbett, das in der Mitte des Zimmers stand, war vor lauter herumliegenden Kunstwerken kaum noch was zu sehen. Der hintere Teil des Hauses bestand aus Glas und gab den Blick auf einen verwilderten Garten und den silbrigblauen Ozean am Horizont frei. Vor den Fenstern und in allen Türrahmen glitzerten und klimperten Muschel-Vorhänge.

»Ich hätte wohl aufräumen sollen. Der letzte Besuch aus Deutschland liegt Jahre zurück.«

»Nein, nein! Ich find's schön!«

Ich wunderte mich selbst über meine versöhnlichen Worte. Diese Enklave, dieses Chaos schien mich auf wundersame Weise zu berühren. Ich erinnerte mich an meine eigene Wohnung. *Eine Ikea-Ausstellung, null Persönlichkeit*, zischte die Frau von Welt und zog streng eine Augenbraue hoch.

»Ehrlich? Dir gefällt's? Dann habe ich dich wohl unterschätzt.«

Ich musste lächeln. Paul stand immer noch im Türrahmen und schien sich aufrichtig über meinen Zuspruch zu freuen. Er grinste und kratzte sich bescheiden am unrasierten Kinn.

»Worauf hast du Lust? Erst duschen, dann essen? Oder umgekehrt?«

»Am liebsten beides gleichzeitig!«

»Dein Wunsch sei mir Befehl!« Noch bevor ich fragen konnte, stand Paul in seiner offenen, unaufgeräumten Küche und schnitt eine Papaya in zwei Hälften.

»Kokosnusswasser dazu?« Während ich nur verdattert nickte, arrangierte er das Obst und ein Glas mit trübem Kokossaft auf einem Holztablett.

»Komm, jetzt zeig ich dir, wo du duschen kannst.« Ich folgte ihm sprachlos. Aber nicht ins nächste Zimmer, sondern in den Garten!

»Vorsicht, meine Duschmatte hat schon bessere Zeiten erlebt!«
Er zeigte mir einen schmalen Trampelpfad in hüfthohem Gras.

»Hier entlang, bitte.«

Nach ein paar Metern traten wir auf ein von Moos überwuchertes Natursteinmosaik, das eine improvisierte halbkreisförmige Mauer eingrenzte. Aus der Mauer ragte die Spitze eines mächtigen halbierten Bambusrohrs hervor.

»Meine Dusche. Mit Handtüchern kann ich leider nicht dienen, aber die Sonne, die treue Gefährtin, sollte dich in Windeseile trocknen ... Ich lass dich dann mal allein.« Paul stellte das Tablett auf den Boden und machte kehrt.

»Paul!«

»Ja?«

Was dann passierte, nenne ich heute nur noch »die Erleuchtung«: Ich griff nach Pauls Hand, er drehte sich zu mir um und sah mich aus seinen großen blauen Augen an.

»Ja?«, fragte er noch mal. Ich zog ihn entschlossen zu mir heran, presste mich an ihn und küsste ihn, wie ich noch nie zuvor jemanden geküsst hatte. *Mmmmh*, schnurrte die Frau von Welt. *Geht's noch?!*, raunzte mein Alter Ego ... und verstummte für immer. Es vergingen Minuten mit feuchten, warmen und aufrichtigen Berührungen. Er löste meinen Zopf und fuhr mir mit beiden Händen durchs Haar. »Viel schöner.« Dann zog er mich aus. »Noch schöner.« Er öffnete seine Hose, griff hinter mich und machte die Dusche an. Als das kühle Rinnsal auf meine nackten Schultern plätscherte, fühlte ich mich zum ersten Mal seit Jahren lebendig! »Komm her.« Er streichelte und küsste mich überall und wir liebten uns unter seiner Dusche.

»Patricia?« Stunden später lagen wir nebeneinander im Gras und starrten erschöpft in den violetten Abendhimmel.

»Ja?«

»Ich hab dich wirklich unterschätzt.«

»Ich mich auch.«

# 13

# Träumst du noch
# oder lebst du schon?

Janina (25), Surflehrerin, Fanö,
über
Jens (27), Sportstudent, Köln

Ich stand in einer überfüllten, verqualmten Kneipe und grölte lauthals mit: »Hey Kölle, du bist ein Gefühl!« Um mich herum unsere Karnevalstruppe. Wir feierten jedes Jahr zusammen. Auch wenn wir uns sonst selten sahen, an Karneval wussten wir, wo wir uns trafen, und vor allem, dass alle da sein würden. Ich war glücklich und hakte mich bei Jens ein. Bevor ich ihn kennenlernte, war mir gar nicht bewusst, wie toll es ist, einen Freund zu haben, mit dem man richtig feiern kann. Er war der geborene Kölner Karnevalsjeck. Hatte zig Kostüme im Schrank, war immer dabei, wenn Kamelle geworfen wurden oder ein Bierkranz besorgt werden musste. Wir schunkelten mit unseren Freunden und sangen. Ich warf einen Blick in die Runde und mich beschlich das Gefühl, dass ich diesen Moment genießen musste, als wäre es der letzte. Wer wusste schon, was im nächsten Jahr sein würde? Unser Sportstudium neigte sich dem Ende – und danach?

Mein Vater eröffnete eine Surfschule in Dänemark und wollte, dass ich ihn dorthin begleitete. Ich hatte Lust auf einen Neuanfang in einem anderen Land. Ich surfte für mein Leben gern und konnte kaum glauben, dass ich das Glück haben sollte, mein Hobby zum Beruf zu machen. Damit würde mein größter Traum in Erfüllung gehen. Eine Freundin wollte sich mir anschließen, sie suchte bereits einen Nachmieter für ihre Wohnung. Aber es fiel mir schwer, mich endgültig zu entscheiden. Was würde aus Jens und mir werden? Klar, Dänemark lag nicht am anderen Ende der Welt, aber eben um einiges weiter entfernt als Düsseldorf. Würde eine Fernbeziehung funktionieren? Konnten wir aufeinander warten? Vielleicht wochenlang?

Ich schob den Gedanken an eine mögliche Trennung beiseite und nahm Jens in den Arm. Seine Schwester machte ein Foto von uns, auf dem wir lachend mit dem Kölsch in der Hand posierten. Wie schön es war, mit vielen Freunden zu feiern, und vor allem, danach zu zweit nach Hause zu gehen.

Am nächsten Morgen lagen wir müde und kuschelnd im Bett. Jens löste sich aus meiner Umarmung, um Frühstück zu machen. Ich tapste hinter ihm in die Küche.

»Weißt du, ich habe nachgedacht«, sagte er plötzlich. »Wie soll das denn werden mit uns, wenn du nach Dänemark gehst? Glaubst du wirklich, dass wir es schaffen, uns dann treu zu bleiben? Oder besser: Wollen wir das überhaupt?« Ich schwieg. »Ich liebe dich«, sagte er und nahm mich in den Arm. »Aber ich weiß nicht, ob das funktionieren kann.«

Obwohl wir schon ein paar Jahre zusammen waren, hatten wir Gedanken an die Zukunft immer weit weg geschoben. Wir studierten, bestanden unsere Prüfungen, feierten und lebten unser Leben.

»Lass uns jetzt nicht darüber reden«, sagte ich und goss uns Kaffee ein. »Ich habe mich ja noch gar nicht entschieden. Vielleicht geh ich, vielleicht auch nicht. Ich brauch noch Zeit.«

Nach ein paar Wochen hatte ich meine Entscheidung getroffen – und nicht nur eine. Ich würde nach Dänemark gehen, ich konnte nicht in Köln bleiben und mich ständig fragen, was ich verpasste. Überwältigt von meiner Entscheidungsfreude und der Lust auf Veränderung, beging ich einen Fehler: Ich machte Schluss. Ohne ein Gespräch, ohne Vorwarnung. Ich dachte, dass Liebe auf Distanz der Untergang für uns wäre, traute mich aber nicht, das offen auszusprechen. Ich schickte ihm eine SMS, nur ein paar anonyme Buchstaben. Heute frage ich mich, wie ich nur so grausam hatte sein können. Wie konnte ich diesen wundervollen Menschen, mit dem ich eine so intensive Zeit verbracht hatte, derart abservieren? Vielleicht weil ich feige war. Vielleicht weil mir nicht bewusst war, wen ich gehen ließ. Ich war verwirrt, meine Gefühle waren ein einziges Chaos.

*Würde eine Fernbeziehung funktionieren? Konnten wir aufeinander warten? Vielleicht wochenlang?*

Auf die SMS folgte wochenlange Funkstille. Kurz vor meiner Abreise nach Dänemark liefen wir uns noch einmal über den Weg. Ihn zu sehen versetzte mir einen Stich. Aber ihm schien es gut zu gehen. Er kam lächelnd auf mich zu und ließ sich nicht anmerken, dass ich ihn verletzt hatte. Mein Herz überschlug sich fast, aber er machte nur Small Talk. »Wie geht's dir? Noch nicht in Dänemark?« – »Nein, noch nicht.« Und dann sprudelte es nur so aus mir heraus: »Hör zu, es tut mir leid, dass ich dich so behandelt habe! Ich war eine Idiotin. Ein Feigling. Ich hatte Angst, es dir persönlich zu sagen. Ich dachte, so wäre es für uns beide einfacher. Was es natürlich nicht ist und ...« – »Schon gut«, unterbrach er mich und lächelte dabei so gelassen wie ein Yogi. Ich war zwar beruhigt, dass er sich meinen Abgang nicht allzu sehr zu Herzen nahm, aber ein bisschen mehr Emotion hätte ich schon erwartet. War ich ihm gar nicht mehr wichtig? Hatte er uns schon ad acta gelegt? Ich bemühte mich, nicht mehr darüber nachzudenken und stattdessen die restliche Zeit mit ihm zu genießen. Wir verbrachten den Abend zusammen, tranken wie in alten Zeiten – und landeten in seinem Bett. Wir liebten uns, als hätte es Dänemark und die SMS nie gegeben.

Ich wusste, dass Jens auch andere Frauen traf. Warum auch nicht? Ich hatte ihn verlassen. Doch tief im Innern spürte ich, dass ich es ihm am liebsten verboten hätte. Ich war eifersüchtig und versuchte, vor meiner Abreise so viel Zeit wie möglich mit ihm zu verbringen. Unsere Freunde beäugten uns misstrauisch. »Habt ihr nicht Schluss gemacht? Seid ihr wieder zusammen?« Unsere neue traute Zweisamkeit warf Fragen auf. Wussten sie doch von meiner unsäglichen SMS und meinen Plänen, nach Dänemark zu gehen.

> Außerdem erlaubte mir meine Vorstellung von einem emanzipierten, freien Leben nicht, meine Pläne nach einem Mann zu richten.

Mittlerweile hatte ich meine Zelte in Köln halbwegs abgebrochen, meine Wohnung gekündigt, meine Sachen eingelagert. Ich schlief mal hier, mal dort, mal bei einer Freundin, mal bei einem Freund – und hin und wieder bei Jens.

»Du bist meine Traumfrau«, sagte er eines Abends. »Wenn uns keine lächerlichen 650 Kilometer trennen würden, hätten wir eine realistische Chance auf eine gemeinsame Ewigkeit.« Es brach mir das Herz. Und insgeheim wusste ich, dass er recht hatte. Aber es war zu spät. Ich hatte es meinem Vater versprochen. Und meiner Freundin. Außerdem erlaubte mir meine Vorstellung von einem emanzipierten, freien Leben nicht, meine Pläne nach einem Mann zu richten. Ich liebte ihn immer noch, aber die Angst, das größte Abenteuer meines Lebens zu verpassen, war größer.

Ich ging nach Dänemark und lebte meinen Traum. Natürlich dachte ich oft an Jens und stellte mir vor, wie es wäre, dieses Glück mit ihm zu teilen. Wenn ich nass und erschöpft am Strand saß und aufs Meer hinausblickte, wünschte ich mir, er könnte sehen, was ich sah. Aber mein Traum war eben nicht sein Traum. Er wollte weiter studieren, vielleicht in Köln, vielleicht in einer anderen Stadt. Aber bestimmt nicht in Dänemark.

Ich hadere immer noch oft mit mir und der Entscheidung, ihn für einen Job aufgegeben zu haben. Jens war und ist der Mann fürs Leben. Ich weiß: Eines Tages kehre ich zurück. Und vielleicht können wir dann an das anknüpfen, was wir hatten. Das ist inzwischen mein größter Traum.

# 14

# Das rote Tuch

Laura (34), Marketing-Expertin, München,
über
Kai (36), Key Account Manager, Münster

Als das Flugzeug abhob und sich durch tief hängende graue Regenwolken schob, hielt ich mir die Ohren zu. Zwischen München und Münster verkehrte wie immer eine Propellermaschine. Eine Bombardier mit zwei Sitzreihen links und zwei Sitzreihen rechts und einer Treppe, die gleichzeitig als Tür fungierte. Obwohl ich sonst gern flog, hasste ich diese Reise. Sie war ohrenbetäubend laut, turbulent und führte mich nicht etwa in ein warmes, exotisches Land – sondern zu meinem Exmann. Unsere Scheidung lag inzwischen fast ein Jahr zurück. Nach Monaten, in denen wir uns nichts als Vorwürfe gemacht hatten, verband uns nur noch eine gemeinsame Immobilie. Das Haus, das wir einmal für unsere Zukunft gebaut hatten, stand leer und sollte nun endlich verkauft werden. Ich zog meinen kleinen Rollkoffer durch die Schiebetüren des Gates. Diesen Gang kannte ich nur zu gut, es war aber schon mehr als ein Jahr her, dass ich das letzte Mal hier durchgelaufen war. Fremde Menschen sahen mit großen Augen durch mich hindurch und warteten hoffnungsvoll darauf, dass ihr Verwandter, Freund oder Liebhaber durch die elektronische Tür trat. Auf mich wartete niemand. Wie so oft in den vergangenen Monaten fühlte ich, dass mein Herz schwer wurde. Sonst hatte Kai hier immer auf mich gewartet, etwas abseits, mit einer einzigen Blume in der Hand. Er hatte dagestanden und beobachtet, wie ich durch die Tür trat und nach ihm Ausschau hielt. Wenn sich unsere Augen dann trafen, wusste ich, jetzt war ich wieder da. Zu Hause. Doch dieses Zuhause gab es nun nicht mehr. Ich konnte noch immer nicht richtig begreifen, was eigentlich geschehen war, konnte keinen klaren Gedanken fassen. Immer und immer wieder versuchte ich mir die Fakten vor Augen zu führen. Ich wollte aufräumen, in meinem Kopf und in meinem Herzen.

Mein Mann Kai und ich hatten uns getrennt. Nach vier Jahren Ehe war es aus, von heute auf morgen. Dabei war ich glücklich mit ihm. Sehr sogar. Doch wie sich herausstellte, war Kai nicht glücklich mit mir, mit unserer Ehe. Ihn hatte eine allumfassende Unzufriedenheit übermannt und ich konnte seine Unruhe spüren wie die Drohung eines heftigen Sturms. Lange versuchte ich, meine Augen davor zu verschließen. *Ein Sturm reißt noch lange kein Haus nieder*, sagte ich mir immer wieder. Doch ich hatte ihn unterschätzt. Am Ende tobte ein ausgewachsener Orkan und zerstörte alles, was wir uns in unserer Beziehung aufgebaut hatten.

»Hallo.« Da stand er. Und sah immer noch umwerfend aus. Diese fast kindlichen blauen Augen in seinem maskulinen Gesicht mit den markanten Zügen. Das war es, was mich zusammen mit seiner großmütigen, unaufgeregten Art um den Verstand gebracht hatte. »Darf ich?« Kai kürzte das Begrüßungszeremoniell ab und nahm mir den Trolley aus der Hand. Seine abweisende Art verletzte mich. Dass er mich nicht wie früher begrüßte, mir nicht um den Hals fiel oder mir zumindest einen Kuss auf die Wange gab, konnte ich immer noch nicht akzeptieren. Wir liefen schweigend zu seinem Wagen und fuhren los zu unserem Haus – das sobald wie möglich jemand anderem vermacht werden sollte. Der Tag war straff durchgeplant und mein Rückflug ging schon in wenigen

Stunden. Meinetwegen hätten wir uns Zeit lassen können. Mir war einfach danach, ihn wiederzusehen, ihn zu fragen, wie es ihm geht, und dabei abzutasten, ob er wirklich schon mit uns abgeschlossen hatte. Ich wäre gerne mit ihm essen gegangen. Nicht mal, weil ich mir reelle Chancen ausrechnete, ihn zurückzugewinnen, sondern weil er mir fehlte, als Freund. Doch Kai jagte mit 210 Stundenkilometern über die Autobahn und schien diesen Tag in Mordsgeschwindigkeit hinter sich bringen zu wollen. Ich fragte ihn trotzdem, wie es ihm ging. Er sah mich fast fragend an. »Interessiert dich das wirklich?« – »Wieso sollte es mich nicht interessieren?« – »Was verbindet uns denn noch? Außer diesem Haus?« Er konnte so drastisch sein. »Wenn ich mich recht erinnere, warst du derjenige, der entschieden hat, dass wir nichts mehr gemein haben.« Er starrte schweigend durch die Frontscheibe. Kein Wort mehr. Als ich spürte, dass sich meine Augen mit Tränen füllten, kramte ich hektisch nach meinem Handy und suchte nach irgendeiner unbeantworteten SMS oder Mail, die mich auf andere Gedanken brachte. Kai schien das bemerkt zu haben. Ohne mich dabei anzusehen, legte er seine Hand auf mein Knie. »Wann kommen die ersten Interessenten?« Mit dieser Frage versuchte ich mich selbst wieder auf den Boden der Tatsachen zurückzuholen. *Kai ist dein Exmann. Seine Hand auf deinem Knie bedeutet nichts.* »Um elf Uhr kommt ein Ehepaar. Sie haben großes Interesse an dem Haus, meint der Makler.«

Ihn hatte eine allumfassende Unzufriedenheit übermannt und ich konnte seine Unruhe spüren wie die Drohung eines heftigen Sturms.

Kais Hand rutschte von meinem Knie zurück zum Schalthebel. »Vielleicht haben wir Glück und die ganze Sache mit dem Verkauf geht schnell über die Bühne. Ich sah dabei zu, wie sich zwei Regentropfen an der Fensterscheibe vereinten, und versuchte mich zu erinnern, wie sich Glück anfühlte. Seit Kai aus meinem Leben verschwunden war, fühlte es sich nur noch kalt und leer an.

Wir bogen in unsere Einfahrt ein und ich versuchte den Kloß in meinem Hals hinunterzuschlucken. Ich hatte gehofft, ich hätte in den letzten Monaten an Stärke gewonnen. Doch beim Anblick unseres gemeinsamen Hauses waren der Schmerz und die Trauer über den Abschied wieder da. Als ich aus dem Auto stieg, fühlte ich mich wackelig auf den Beinen. Ich atmete tief ein. »Alles in Ordnung bei dir?« Kai sah mich mit hochgezogenen Augenbrauen an. »Alles bestens«, sagte ich und es hörte sich so gar nicht danach an. Kai schloss die schwere Wohnungstür auf. Er hatte damals auf die Sicherheitstür bestanden. »Damit ich dich beschützt weiß, wenn ich mal nicht da bin.« Das Haus war leer geräumt. Die meisten Möbel standen noch in einer angemieteten Garage. Einige wenige hatten Kai und ich mit in unsere neuen Single-Wohnungen genommen. Ich wollte nicht viel haben. Es hätte mich doch alles nur an vergangene glückliche Momente mit Kai erinnert. Nun standen wir in der leeren Küche, in der wir früher so gerne gemeinsam gekocht hatten. Den Fettfleck an der Wand vom Pfannkuchen-Wett-Wenden hatten die Maler überstrichen. So lange hatte er mich gestört – jetzt wünschte ich, er wäre einfach wieder da. »Was machen wir jetzt?«, fragte ich Kai und bereute die Frage direkt. Was sollten wir schon machen? Warten und uns anschweigen. »Ich hab noch was im Auto vergessen. Ich komm gleich zurück.« – »Gut«, sagte ich nur kurz und schaute aus dem Küchenfenster auf die alten Eichen. Sie ächzten im Wind und beugten sich wie eine alte gebrechliche Frau. »Puh«, machte Kai, als er wieder durch die Tür kam, und schüttelte sich den Regen aus dem Haar. In der Hand hielt er zwei Kaffeebecher und eine Tüte mit Bagels. Erst jetzt spürte ich, wie mein Magen knurrte. Das Sandwich im Flugzeug hatte ich nicht anrühren können. »Du bist und bleibst ein Zauberer.« Ich musste unwillkürlich lachen. Stolz wie ein kleiner Junge, der gelobt wurde, strahlte Kai mich an. Ich musste mich zurückhalten, um ihm nicht über den Kopf zu streicheln. Seine Bartstoppeln waren gerade lang genug, dass sie sich weich anfühlten. *Warum kann ich ihn jetzt nicht einfach küssen?*, schoss es mir durch den Kopf. Ich klammerte mich an meinem Pappbecher fest, trank meinen kalten Kaffee und biss in meinen Bagel, es war der Himmel auf Erden! Dann klingelte es, Kai stellte seinen Kaffee ab und lief zur Haustür. Ich spürte, wie sich alles in mir verkrampfte. Jetzt war es offiziell: Wir würden das Haus verkaufen. »Sie sind da. Kommst du?« Kai klang angespannt. Das Ehepaar war um die dreißig, ein paar Jahre jünger als wir. Da sie kaum die Hände voneinander lassen konnten und beide einen makellosen Platinring an ihren Ringfingern trugen, ging ich davon aus, dass sie gerade geheiratet hatten. Wie wir, dachte ich, als wir den Grundstein zu diesem Haus legten. Kai führte das Pärchen durch Flur, Wohnzimmer und Küche, erklärte sachlich, welche Vorteile das Haus habe, und wirkte dabei erschreckend unbeeindruckt. Ich folgte nur wortlos und ärgerte mich innerlich schwarz über seinen sachlichen Ton. Ich wollte nicht, dass es ihm so wenig ausmachte. Und das debile Dauergrinsen des jungen Ehepaares trieb mich noch in den Wahnsinn. Wenn die wüssten! Als wir die Treppe hinaufkletterten, schnürte sich mir die Kehle zusammen. Ich erinnerte mich an all die gemütlichen Abende, die wir mit einem Glas Wein vor dem Kamin verbracht hatten. Spätestens nach dem dritten oder vierten Glas fielen wir übereinander her. Manchmal taten wir es auf der Couch, meistens jedoch liefen wir halb oder ganz nackt die Treppe zum Schlafzimmer hinauf. »Hier würden Sie in Zukunft nächt...« Kai hielt inne. Ich trat einen Schritt vor und sah, was ihn irritierte: Auf dem Schlafzimmerboden lag unsere Decke. Ein rotes Kaschmirplaid, das mir Kai vor Jahren geschenkt hatte. »Damit meine Süße nicht mehr friert, wenn ich nicht zu Hause bin.« Ich konnte mich noch genau an den Moment erinnern, als Kai sie mir über die Schultern legte und mich sanft auf die Stirn küsste. Diese Decke war von da an stiller Zeuge zahlreicher gemeinsamer Nächte. Sie wärmte uns beim Fernsehen, bedeckte uns, wenn wir uns liebten. »Oh, Sie müssen entschuldigen. Die haben wir wohl vergessen.« Kai griff hastig nach dem Plaid und zerknüllte es hinter seinem Rücken. Das Paar grinste immer noch. Sie hatten keine Ahnung, welche Bedeutung dieses Stück Stoff hatte. Von diesem Moment an wirkte Kai nachdenklich und schien die Interessenten nur noch widerwillig herumzuführen. Er war wortkarg, sprach nur, wenn das Paar gezielte Fragen stellte, und kratzte sich immer wieder verunsichert am Kopf. »Sehr schön. Ich denke, wir kommen zusammen.« Als wir wieder an der Haustür angelangt waren, streckte der grinsende Ehemann Kai die rechte Hand entgegen. »Ja, wissen Sie ...« Anstatt Nägel mit Köpfen zu machen, zögerte er. Ich verstand nicht. »Es gibt noch andere Interessenten.« Das war eine Lüge. »Wir melden uns, wenn wir uns entschieden haben.« Kai bugsierte das Ehepaar höflich, aber hastig vor die Tür. Die beiden wirkten irritiert und fuhren zaghaft winkend davon. Noch bevor ich Kai fragen konnte, was in ihn gefahren war, sagte er hastig: »Vielleicht sollten wir doch noch mal über den Verkauf nachdenken.« Einen Moment lang sah er mir gedankenverloren in die Augen. Dann drehte er sich abrupt um und lief in großen Schritten die Treppe hinauf. *Was war das denn?* Verwundert blieb ich zurück und zögerte, ihm nachzulaufen. *Gib ihm ein paar Minuten, die braucht er.* Ich kannte Kai gut, wahrscheinlich besser als jeden anderen Menschen. Mit verschränkten Armen stand ich im Flur und hörte, wie der Regen auf den Asphalt prasselte. Ich spürte, wie sich Panik in mir breitmachte – ich wollte dieses Haus behalten. Ich wollte nicht, dass ein fremdes Ehepaar hier einzog und sich liebte, wo Kai und ich uns geliebt hatten. Ich war es, die hier glücklich sein sollte, und niemand sonst. Mit leisen Schritten stieg ich die Treppe hinauf.

Kai stand in unserem Schlafzimmer und schaute aus dem Fenster. In der Hand hielt er noch immer das Plaid. Vorsichtig trat ich hinter ihn und nahm es ihm aus der Hand. »Ich weiß nicht, was mit mir los ist, Laura«, sagte er plötzlich und blickte dabei noch immer auf die Straße. Um die Gullis hatten sich bereits kleine Seen gebildet. »Was habe ich nur getan. Was habe ich uns angetan?« Die Verzweiflung in Kais Stimme ließ mich aufhorchen. So hatte ich ihn noch nie gehört. Ich war ganz still und hielt sogar den Atem an. Dann brach es aus Kai heraus. »Ich habe gedacht, dass ich diesen Verkauf ganz kühl und lässig hinter mich bringen könnte. Ich habe geglaubt, dass mich dieses Haus nichts mehr angeht. Dass es Vergangenheit ist. Aber in den letzten Tagen habe ich immer wieder gemerkt, wie sehr ich mich auf diesen Tag freute. Nicht wegen des Verkaufs, sondern weil ich wusste, dass du kommst.« Plötzlich drehte er sich um und blickte mich direkt an. Seine Augen glänzten. *Weint er etwa?* Ich hatte ihn noch nie weinen sehen. Nicht einmal während unserer schwersten Zeit und nach der Scheidung hatte er wirklich Gefühle gezeigt. Ich wollte einen Schritt auf ihn zugehen, blieb aber wie angewurzelt stehen. Um mich herum schien sich alles zu drehen. Die Wolken draußen wurden immer dunkler, sodass ich bald nur noch Kais Umrisse erkennen konnte. Ich weiß nicht, wie lange wir so dastanden, angespannt, uns gegenseitig fixierend. Zwischen uns lag das rote Plaid. Auf einmal wurde ich ganz ruhig. Mein Herz schlug nicht mehr wie wild und ich konnte wieder einen klaren Gedanken fassen. Vielleicht den klarsten seit Monaten. Es war keiner dieser Gedanken, der einem die Welt öffnet, der einem sagt, wie es weitergeht, einem den richtigen Weg weist. Es war einer dieser Gedanken, die aufleuchten wie ein Blitz und dir für den Bruchteil einer Sekunde das Gefühl geben, alles ergebe einen Sinn. Ich wollte Kai. Immer noch. Ich hatte nie mit ihm abgeschlossen, weil ich tief im Herzen wusste, dass ich ihn – uns – noch nicht aufgegeben hatte. Was gewesen ist, was sein wird, alles war mir in diesem Moment gleichgültig. Meine Beine lösten sich endlich vom Boden. Ein Schritt und ich stand direkt vor ihm. Mit meiner

Hand strich ich ihm über den Kopf. Er schloss die Augen. Ganz langsam näherten sich unsere Lippen und ich küsste ihn. Lippen, die ich so gut kannte und die sich jetzt trotzdem fremd anfühlten. Ich ließ meine Lippen über seinen Mundwinkel gleiten, hinauf zu seiner Wange. Auf einmal schmeckte ich etwas Salziges. Vorsichtig küsste ich seine Tränen weg. Dann zog ich ihn langsam runter und wir legten uns auf die rote Decke.

Mit einer Hand streichelte ich Kais Wange und mit der anderen fuhr ich über die roten Fasern unter uns. »Weißt du noch, warum du sie mir geschenkt hast?«

»Damit du nicht frierst, wenn ich nicht da bin.«

»Als du weg warst, war mir so kalt.«

»Ich weiß. Aber von jetzt an wirst du sie nicht mehr brauchen. Ich lass dich nie mehr allein.«

# 15

# Herr Richtig

Anni (76), im Ruhestand, Osnabrück,
über
James (78), unbekannt verzogen

Der 10.7.1953 war ein heißer Tag. Die Sonne brannte schon vormittags vom wolkenfreien Himmel herab. Sie machte die Straßen buttrig und brachte sie vor Hitze und Helligkeit zum Flirren. Wer sich vor die Haustür wagte, tupfte sich im gleichen Moment die ersten zarten Schweißperlen von der Oberlippe. Die Leute blinzelten fast ungläubig nach oben, fächerten sich mit Busfahrkarten oder Butterbrottüten Luft zu, benetzten ihre Finger und hielten sie über ihre glühenden Gesichter. Doch aus keiner Himmelsrichtung wehte auch nur die leichteste Brise. Der Sommer war zu spüren, aber nicht zu hören. Kein Kindergeschrei, kein plätscherndes Schwimmbad, keine Unterhaltungen. Nur die Tauben gurrten erschöpft in den Lärchen. Die Welt war vor Hitze wie gelähmt.

Warum ich mich daran erinnern kann? Dieser Tag war mein Hochzeitstag und gleichzeitig der schwermütigste meines Lebens. Ich weiß nicht mehr, welche Worte der Pfarrer sprach. Ich erinnere mich nicht mehr, wer uns das praktische Topfset, die weiße gerillte Vase oder den vergoldeten Serviettenhalter schenkte. Ich kann nicht mehr sagen, ob meine Mutter Erdbeer- oder Pfirsichboden mitbrachte, ob Elvis Presley oder Peter Kraus gespielt wurde und welche Gäste sich danebenbenahmen. Ich erinnere mich nur noch an diese Hitze. An das Gefühl, keine Luft zu bekommen und mich nicht mehr bewegen zu können.

Denn mein Mister Right, müssen Sie wissen, war tatsächlich ein Mister. Geheiratet habe ich aber Herrn Richtig – und den hatte mir mein Vater ausgesucht.

Doch ich erzähle die Geschichte besser von Anfang an.

Der Krieg war vorbei, aber selbst wenn er noch in vollem Gange gewesen wäre, hätten meine Schwestern und ich wenig davon mitbekommen. Die großen Trümmer lagen in großen Städten und wir lebten in einem winzigen Dorf in Niedersachsen. Mein Vater war Landarzt. Ein angesehener, stiller Mann. Er sprach selten von seinem Beruf und nur ab und an, wenn ihn die Bauern wieder mit Hasenfleisch statt mit Geld bezahlten, beklagte er sich: »Wenn der Krieg doch bald vorüber wäre.« Meine Mutter verfolgte die Angriffe im Radio, schälte dabei wortlos Kartoffeln und schüttelte verdrossen den Kopf. Hedwig, Maria und ich kannten es nicht anders. Wir waren mit dem Krieg aufgewachsen und hatten uns an diese gewisse Düsternis über allem gewöhnt. Und als die Waffen offiziell niedergelegt wurden, machte es für uns keinen großen Unterschied. Das klingt naiv? Nun, das waren wir auch. Wir waren ja noch halbe Kinder. Hedwig war mit 18 die Älteste von uns. Sie hatte drahtiges, aschblondes Haar, das sich auf Ohrenhöhe

»Ich war wohl auf eine eher ungewöhnliche Art hübsch. Meine Eltern nannten mich jedenfalls »Anni Außergewöhnlich.«

kräuselte, einen schmalen, langen Oberkörper, kurze, wuchtige Beine und ihre Haut hatte einen gräulichen Schimmer. Es stört sie nicht, wenn ich das verrate, denn Hedwig weilt nicht mehr unter uns. Man hörte die Leute Dinge sagen wie: »Anni ist bezaubernd. Und Maria erst! Aber Hedwig … nun, das Kind ist etwas herb geraten.« Hedwig war nie die Schönste. Damals nicht und später, in der Residenz, in der sie zuletzt lebte, auch nicht. Doch sie war immer sehr beliebt. Und ich liebte sie besonders! Maria war »die Kleene«. Alles an Maria war winzig … die Nase, der Mund, der Busen, die Füße. Sie trug Schuhgröße 35 und musste Blusen in der Kinderabteilung kaufen. Was für ein Glück! Denn so blieb ihr das Schicksal der ewig schlammfarbenen Oma erspart. Nur dass Sie nichts Falsches von mir denken: So eine bin ich auch nicht!

Meine Schwestern sind vor mir gegangen, die Fotos auf meinem Nachttisch zeigen sie als Jugendliche. Auch ich bin auf den Bildern zu sehen, ich war wohl auf eine eher ungewöhnliche Art hübsch. Meine Eltern nannten mich jedenfalls »Anni Außergewöhnlich«. Ich ließ mir mein kräftiges hellblondes Haar damals wie heute zu einem strengen kinnlangen Pagenkopf frisieren. Ich war blass, hatte viel zu dunkle, kräftige Augenbrauen und eine auffällige sommersprossige Nase. Mein Körper war so athletisch wie der einer Bodenturnerin und ich hatte einen üppigen Busen. Da unser Vater uns immer wieder in gewichtigem Ton daran erinnerte, dass man »nur für Dinge, die von Händen oder Hirn geschaffen wurden, Lob verdient«, verschwendete ich nie einen Gedanken an mein Aussehen. Zumindest, bis die Engländer kamen.

»Wozu die gut sein sollen, ist mir schleierhaft«, brummte mein Vater. »Ich weiß nur, dass wir sie bei uns wohnen lassen müssen.« England hatte Soldaten geschickt, die Deutschland beim »Aufbau und der Friedenssicherung« helfen sollten.

An einem Sonntag im Herbst hörten meine Schwestern und ich, wie ein Wagen vor unserem Haus hielt. Autos waren damals eine Seltenheit. Außer unserem Vater, der als einziger Arzt im Ort zu den wenigen motorisierten Einwohnern der Gegend gehörte, kannten wir niemanden, der ein Auto besaß. Wir sprangen auf und rannten zum Fenster. Es regnete Bindfäden und Nebel kroch um unser Haus. Wir konnten ein schlammfarbenes Militärfahrzeug erkennen, das regungslos und mit brennenden Scheinwerfern auf unserem Vorhof stand. Nach einigen Augenblicken öffnete sich eine Tür und eine Gestalt stieg aus. Sie trug einen bodenlangen braunen Grabenmantel, den sie bis zu den Ohren hochgezogen hatte. Als sie eine Hand zum Abschied hob, entfernte sich der Wagen unter lauten Motorengeräuschen von unserem Grundstück. Die Gestalt schlang ihren Mantel enger um sich, griff nach ihrem Gepäck – eine Art Seesack –, drehte sich um und blickte direkt in unsere Richtung! Durch das verkratzte, nasse Fensterglas und den dichten Regenvorhang konnte ich nicht viel erkennen, außer dass er jung war. Mein Herz fing an zu klopfen. Als mir bewusst wurde, dass seine Augen mich fixierten, erschrak ich so sehr, dass ich rückwärts vom Fenstersims fiel und plump auf dem Boden landete. Meine Schwestern hielten sich vor Lachen die Bäuche. Wir stürzten aus dem Zimmer und knieten uns möglichst geräuschlos vor die oberste Treppenstufe im Korridor. Von hier oben hatten wir die Haustür im Blick und konnten trotzdem unsichtbar bleiben. Es schellte. Unsere Eltern liefen zur Tür, blickten sich noch einmal wortlos an und öffneten.

»Hello Sir! Good Evening Ma'am.«

»Guten Tag. Kommen Sie rein.«

Die Freundlichkeit meines Vaters hielt sich wie gewöhnlich in Grenzen. Meine Mutter nickte nur höflich und sagte nichts.

Als der Fremde unser Haus betrat, lehnte ich mich ein bisschen vor, um ihn besser erkennen zu können. Er war groß, schlank, hatte dunkelblondes zurückgekämmtes Haar und unfassbar blaue Augen.

»Legen Sie doch bitte ab.«

Meine Mutter nahm dem fremden Besucher den Mantel ab.

»Wie heißen Sie überhaupt? ... Äh, name? Oder wie sagt man?«

»Ick bin James, Ma'am.« James sprach deutsch. Mit einem unverkennbaren britischen Akzent.

Meine Schwestern und ich kicherten. Die drei bemerkten uns und wandten gleichzeitig ihre Köpfe in unsere Richtung.

»Ah, meine Töchter«, brummte mein Vater. »Herkommen!«

Wir liefen puterrot an, fassten uns bei den Händen und gehorchten.

»Das sind Hedwig, meine Älteste, Anni und die kleine Maria. Das ist Herr James.«

James lächelte und reichte jeder von uns die Hand, bei mir – das bemerkte ich gleich – hielt er etwas länger inne. Jetzt, als ich ihm so nahe war, schlug mir das Herz bis zum Hals. Mein Mund wurde trocken und ich bekam kein ordentliches Wort mehr heraus. James war gut aussehend und roch wunderbar. Heute weiß ich, dass er nach Verbene und Amber duftete. Damals, als ich meinen Schwestern von seinem Duft vorschwärmte, fiel mir keine bessere Beschreibung als »sauber« ein. Mein Vater räusperte sich und bedeutete uns, zu verschwinden. Wir liefen die Treppe hinauf. Meine Schwestern verkrochen sich in unserem Zimmer, aber ich konnte nicht anders, als James weiter heimlich zu beobachten. Ich versteckte mich also wieder an der obersten Treppenstufe und gab keinen Mucks von mir.

»Sie wohnen im Fremdenzimmer, Herr James.« Meine Mutter zeigte mit ihrem Kinn auf die entsprechende Tür.

»Danke Ma'am. Thank you very much.«

»Um sechs essen wir zu Abend.«

Dann verschwand sie mit unserem Vater in der Wohnstube.

James sah sich suchend um. Er wirkte verloren.

»Links!«, entfuhr es mir plötzlich. Vor Schreck schlug ich mir die Hand vor den Mund.

»Danke sehr.« James trat an die Treppe heran und grinste mich an.

»Anni, right?«

Ich nickte verschämt.

»Wie alt bist du?«

»Sechzehn.«

Es wurde still. Unangenehm still. So still, dass ich mich zu irgendeiner Antwort genötigt fühlte.

»Und du? Äh, Sie? Sir.«

»Achtzehn.«

»Aha.«

Wieder Stille.

James nickte lächelnd, warf sich den Seesack über die Schulter und verschwand im Fremdenzimmer. Ich blieb wie angewurzelt sitzen und starrte auf die Tür, die hinter ihm ins Schloss fiel. Ich war verliebt.

Da ich nicht mehr klar denken, geschweige denn sprechen konnte, legte ich mich rücklings aufs Bett und starrte den Rest des Nachmittags die Decke an.

Hedwig und Maria kannten mich gut genug, um zu wissen, was los war. Natürlich machten sie sich über mich lustig. »Anni plus Jaames, Anni plus Jaames!«

Schließlich rief uns unsere Mutter zum Abendessen. Als wir die Küche betraten, saß James schon am Tisch. Meine Schwestern kamen mir natürlich zuvor, setzten sich auf einen Stuhl möglichst weit von ihm weg, sodass ich mich auf den Platz neben ihm setzen musste.

»Nun guck nicht so dumm und setz dich, Kind.« Meine Mutter blickte streng und deutete mit einem schwingenden Holzlöffel auf den freien Stuhl. Was blieb mir anderes übrig? Ich setzte mich neben James und hatte das Gefühl, vor Aufregung jeden Moment vom Stuhl zu rutschen.

Das ganze Abendessen über schwiegen wir uns an. Niemand sprach. Meine Eltern nicht, weil sie nicht wussten, ob James eigentlich Deutsch verstand, James nicht, weil er nicht wusste, ob meine Eltern sein Deutsch verstanden, meine Schwestern, weil sie viel zu sehr damit beschäftigt waren, James und mich zu beobachten und ich nicht, weil ich mich schämte. Erst als der letzte Teller leer war, ergriff James das Wort.

»Ich bedanke mich! Für das gute Essen und Ihre Gastfreundschaft. Ich erwarte nicht viel, würde aber gerne die Gegend kennenlernen. Ob Sie oder eine Ihrer Töchter mich morgen herumführen würden?«

Natürlich hatten meine Eltern keine Lust.

»Herr James, das dürfte schwierig werden. Ich habe morgen Haustermine und meine Frau muss auf den Markt.«

»Vielleicht hat Anni Zeit?«

Ich riss unwillkürlich die Augen auf und schluckte schwer.

Mein Vater hob eine Augenbraue und dachte offensichtlich angestrengt nach.

»Also gut. Aber erst nach der Schule. Und die Hausarbeiten müssen bis fünf erledigt sein.«

*Ich blieb wie angewurzelt sitzen und starrte auf die Tür, die hinter ihm ins Schloss fiel. Ich war verliebt.*

Ich war mir nicht sicher, ob ich Angst hatte oder mich freute. Es war wohl eine Mischung aus beidem.

»Schön. Ich werde Ihre Tochter morgen von der Schule abholen.«

Ich schlief an diesem Abend erst weit nach Mitternacht ein und träumte ununterbrochen von James.

Der Montagvormittag rauschte nur so an mir vorüber. Ich konnte der Lehrerin nicht folgen und malte mir immer wieder aus, was James wohl gerade tat. Als um zwölf die Klingel läutete, sprang ich von meinem Stuhl auf und rannte auf den Schulhof.

James wartete bereits.

»Hallo Anni. Schön, dass du Zeit hast.« Er überreichte mir eine weiße Nelke. Nie zuvor hatte mir ein Mann Blumen geschenkt.

James und ich schlenderten stundenlang durchs Dorf. Er erzählte mir von seinem Leben in England, von seiner Familie und seiner Reise nach Deutschland. Ab und zu blieb er stehen, steckte sich eine Zigarette an und fuhr sich gedankenverloren durchs Haar. Dieses Bild, James mit der Zigarette im Mundwinkel und einer Hand an der Schläfe, hat sich in mein Gedächtnis eingebrannt. Mich reizte seine Männlichkeit, und dass er so selbstbetimmt war, so frei.

Von meinen Eltern wurde James nur geduldet, keineswegs respektiert. Das machte ihn für mich aber nur noch aufregender. Überhaupt: Er hatte etwas Verbotenes an sich! Während mich andere Männer siezten, war ich für James schon am ersten Tag »Du, Anni«. Er spielte mir Benny Goodman und Glenn Miller – die Musik des Feindes – vor und brachte mir bei, auf Lunge zu rauchen. Wir verbrachten von da an jeden Tag miteinander. Er holte mich von der Schule ab, schenkte mir Nelken, stellte mich seinen englischen Kumpels vor und tanzte zu Jazzmusik mit mir. Die Wochen mit James waren die schönsten meines Lebens. Noch bevor wir uns überhaupt nähergekommen waren, planten wir schon ein gemeinsames Leben in England. Ich war fest entschlossen, das Dorf und meine Eltern für James zu verlassen. Ich wollte ihn heiraten, lernen, englische Scones zu backen, und sechs Kinder mit ihm haben. Doch ich hatte die Rechnung ohne den Wirt gemacht.

Als mein alter Herr bemerkte, wie viel Zeit ich mit James verbrachte, fing er an, mich zu maßregeln. Er befahl mir immer öfter, die Nachmittage zu Hause zu verbringen, ließ mich meine Hausaufgaben zwei oder drei Mal machen und sorgte dafür, dass ich immer etwas im Haushalt zu tun hatte. Eines Abends hörte ich meinen Vater am Telefon flüsternd und verschwörerisch über »den Engländer« sprechen, da war mir klar, dass unsere Uhr tickte. Und mein größter Albtraum wurde Wirklichkeit: Mein Vater hatte irgendwie dafür gesorgt, dass James zu einer anderen Familie in eine andere Stadt zog. Und um sicherzugehen, dass er ihn ein für alle Mal los war, fand er für James eine Familie, die natürlich nicht in Niedersachsen, sondern in Süddeutschland wohnte. An einem Donnerstag holte James mich zum letzten Mal von der Schule ab. Er hielt seinen Kopf gesenkt und konnte mir kaum in die Augen sehen.

»Ich muss heute abreisen.«

»Ich weiß.«

Wir wussten, dass wir daran nichts ändern konnten. Wir mussten uns unserem Schicksal fügen, und mich gegen meinen Vater aufzulehnen, dazu fehlte mir schlicht der Mut.

Also schwiegen wir und liefen Händchen haltend ziellos umher. Als es dämmerte, blieben wir stehen. James drehte sich zu mir, nahm meine Hand, streichelte sie sekundenlang, küsste mich auf die Stirn und schließlich auf den Mund. Ich konnte die Tränen nicht mehr zurückhalten.

»Nicht weinen, Anni. Wir werden uns wiedersehen.«

Natürlich sahen wir uns nicht wieder.

Als James an jenem Abend ging, verschwand er für immer aus meinem Leben. Ich weiß nicht, ob ihm etwas zugestoßen ist, ob er mir doch geschrieben und mein Vater seine Briefe versteckt hat, ob er eine andere Frau im Süden kennengelernt oder mich einfach vergessen hat. Hunderte, nein Tausende Male habe ich mich gefragt, was aus ihm geworden ist, was aus uns hätte werden können. Auch heute noch frage ich mich das manchmal.

Ich habe einen anderen Mann geheiratet. Einen lieben Mann. Aber eben nicht James. Außer einem Foto, das versteckt hinter dem Bild von meinen Schwestern und mir klemmt, ist mir nichts von ihm geblieben. Manchmal träume ich davon, mit ihm und unseren sechs Kindern in einem Feld aus weißen Nelken zu liegen, hinter dem unser Steinhäuschen steht. Und an unserer Haustür hängt ein Schild: »Mr. & Mrs. Right«.

# 16

# Aussicht: wechselhaft

Linn (30), Redakteurin, Bochum,
über
Tobias (32), Ingenieur, Duisburg

Lust auf ein Bier?« Eigentlich war ich schon im Schlafanzug. Aber Tobias, meine neueste Internet-Bekanntschaft, brachte meine Pläne – Samstagabend, Sofa, Serien – gehörig durcheinander. Ich fand ihn interessant. Und immerhin war er entschlossener als all die anderen virtuellen Männer, die zwar fleißig schrieben, sich aber nie zu einem Anruf, geschweige denn zu einem Treffen hinreißen lassen wollten. Ob sie mich für eine Perverse hielten oder einfach nur an einem unverbindlichen Flirt interessiert waren – dass keiner von ihnen je real werden wollte, frustrierte mich.

Tobias war anders. Er rief an und schlug nach einem einstündigen Telefonat ein Treffen vor. Dafür lohnte es sich, die ausgebeulte Jogginghose gegen etwas Schickeres, Unbequemeres zu tauschen.

Ein paar Stunden später trafen wir uns. Ich erwartete ihn in meiner Stammkneipe und staunte nicht schlecht, als ein groß gewachsener Blonder mit breiten Schultern und einem umwerfenden Lächeln vor mir stand. Ich war erleichtert, dass der einzige Web-Flirt, der mich je treffen wollte, sich nicht als Mogelpackung entpuppte, sondern sogar besser aussah als auf seinem Profilfoto. Doch nicht nur das Aussehen stimmte – wir hatten tatsächlich einen Draht zueinander! Auf ein stundenlanges Gespräch folgten zig weitere Treffen mit stundenlangen Gesprächen, vielen, sehr vielen Flaschen Bier, aber es blieb unverbindlich und am Ende des Abends hieß es: »Kommst du mit zu mir?« – »Klar, aber lass es uns locker angehen. Ich will nichts Festes.«

Wir hatten eine sonderbare Beziehung. Waren wie beste Freunde, die nicht nur zusammen ins Kino, sondern auch ins Bett gingen. Wir berieten uns gegenseitig in Frauen- und Männerfragen, erzählten uns von Dates mit potenziellen neuen »besten Freunden«, beglückwünschten und trösteten uns.

Eines Tages lernte Tobias eine Frau kennen, für die er bereit war, unsere regelmäßigen Treffen aufzugeben. Ich freute mich für ihn, war aber auch traurig, dass dieser Mann von heute auf morgen aus meinem Leben verschwinden sollte. Mir war klar, dass eine Freundschaft – ohne sexuelle Zugaben – weder für ihn noch für mich funktionieren würde. Also brachen wir den Kontakt ab. Auch wenn ich mir sicher war, dass er mir eines Tages wieder über den Weg laufen würde, fehlte er mir jetzt schon. Solange das mit uns eine Selbstverständlichkeit war, verschwendete ich wenige Gedanken an ihn. Doch als eine neue Frau ins Spiel kam, fiel es mir schwer, an etwas anderes zu denken.

Einige Monate später war Tobias tatsächlich wieder Single – und unser altes Arrangement lebte auf. Wir waren immer noch ein eingespieltes Team und das erste Treffen nach langer Zeit fühlte sich intensiver an als alle zuvor. Wir redeten wie Seelenverwandte und hatten immer noch die gleichen Wünsche und Vorstellungen von Ungebundenheit, Sexualität und Lebensplanung. Unsere ehrlicherweise etwas merkwürdige Beziehung basierte auf gleichberechtigtem Geben und Nehmen. Ich gab ihm Körper, Kuscheleinheiten und Krisentipps und bekam von ihm Hilfestellung, Hundeblicke und heiße Nächte. Ob unser System optimierungsbedürftig oder gar falsch war, stand nie zur Debatte. Es gab zwar Augenblicke, in denen ich mich fragte, ob ich je *die* Frau für ihn sein könnte. Aber die Vorstellung, dass er dann auch *der* Mann für mich wäre, erschien mir skurriler als unser Status quo: eine platonische Freundschaft mit Sex.

Doch dann, eines Abends, fiel ein Satz, der alles veränderte: »Ich habe mich in dich verliebt. Ich möchte mit dir zusammen sein.« Und er kam nicht von mir. Das warf mich völlig aus der Bahn, wir mussten unsere Beziehung überdenken. Ich konnte Tobias immer geben, was er sich wünschte. Aber an dieser Stelle musste ich passen. Ich horchte in mich hinein – und stellte fest, dass ich nicht verliebt war. Zu meiner Erleichterung beschloss Tobias, lieber das zu nehmen, was ich ihm geben konnte, als gar nichts. Wir blieben Freunde.

Wenn ich krank wurde, saß er an meinem Bett und reichte mir Taschentücher. Wenn ich traurig war, kümmerte er sich um mich und munterte mich auf. Er brachte mich zum Lachen. Ich spürte, dass er mir mehr als Medizin und Lachen geben wollte, sich aber mir zuliebe zurückhielt. Sein Durchhaltevermögen zahlte sich aus: Je länger er es aushielt, nur ein Freund zu sein, desto stärker veränderten sich meine Gefühle. Ich hatte kaum noch Interesse an anderen Männern, verliebte mich nicht mehr und grübelte andauernd, ob sich Tobias noch mit anderen Frauen traf. Seine Sturheit siegte. Ich beschloss, mich auf eine Beziehung mit ihm einzulassen. Auch wenn wir noch die Alten waren: Getriebene.

Nach einigen Monaten offenbarte Tobias mir, dass

*Ich war erleichtert, dass der einzige Web-Flirt, der mich je treffen wollte, sich nicht als Mogelpackung entpuppte, sondern sogar besser aussah als auf seinem Profilfoto.*

er davon träumte, nach Australien auszuwandern. Unsere gemeinsame Zeit, eine einzige emotionale Karussellfahrt, hatte uns unzertrennlich gemacht. Dennoch fragte ich mich: Will ich meine Familie und Freunde zurücklassen? Will ich alles aufgeben? Für den Mann, den ich liebe? Und für den ich schon meine Prinzipien über Bord geworfen habe?

Ich wollte es mir zumindest anschauen, wollte Australien kennen- und hoffentlich lieben lernen. Aber so sehr ich Veränderungen mochte, so wenig konnte ich meine Wurzeln aufgeben. Wir diskutierten, schmiedeten Ausweichpläne, überlegten, innerhalb Europas auszuwandern, versuchten dies, testeten das, fanden aber keine Lösung. Er wollte weit weg, ich wollte bleiben. Wir steckten fest. Wenn unsere Lebenspläne so unterschiedlich waren, wenn wir uns ständig in Komplikationen verstrickten, hatte diese Beziehung keine Zukunft. Doch bevor ich aussprechen konnte, was ich dachte, kam schon wieder alles anders. Tobias stand vor meiner Tür und sah mich mit einem entschlossenen Blick an, den ich so noch nicht von ihm kannte.

> *Der Mann, mit dem ich alt werden wollte, mein Mr. Right, hatte letzte Nacht beschlossen, dass ich nicht mehr seine Traumfrau war.*

»Ich weiß gar nicht, was ich hier mache. Bin ich denn bescheuert? Du bist meine Traumfrau! Und jetzt soll ich dich einfach zurücklassen? Dich aufgeben, nur weil ich die Welt sehen will? Ich bleibe. Wir finden eine Lösung.« Das hatte ich nicht erwartet. Tobias traf Entscheidungen und blieb dabei. Nie wankte er, nie entschied er sich um. Ich weinte vor Glück und brauchte noch Wochen, um wirklich zu begreifen, dass Tobias und ich eine Zukunft hatten. Dass wir gemeinsam versuchen würden, unsere Wünsche zu erfüllen. Wir fanden tatsächlich eine Lösung: eine Weltreise. Um Geld dafür zu sparen, zogen wir Hals über Kopf zusammen. Von da an teilten wir uns eine kleine Wohnung, die kaum etwas kostete, verzichteten auf vieles und standen die zermürbende Vorbereitungsphase gemeinsam durch. Über ein Jahr lang planten und sparten wir, telefonierten mit Versicherungen und Möbeleinlagerungsfirmen, kauften einen Camper, buchten Flüge, verschlangen Reiseführer, verglichen Schlafsackpreise, schulterten Rucksäcke, feierten Abschiedspartys und fingen an zu packen. Schließlich kündigten wir unsere Jobs und die Wohnung, lagerten unsere

Möbel ein und fuhren los. Wir reisten quer durch Europa, folgten dem Jakobsweg, erklommen riesige Gebirge in Skandinavien und stellten uns in die Schlange vor der Alhambra. Wir reisten, waren zusammen und glücklich und ich sagte immer wieder: »Egal, was kommt, solange du da bist, ist alles zu ertragen.« Wie klebrig das klang. Aber es war die Wahrheit! Tobias war der erste Mann, den ich nicht nur 24 Stunden am Tag ertrug, sondern mit dem ich mein ganzes Leben lang zusammenbleiben wollte. Unsere Freunde teilten uns ihre Zweifel mit: »Ob ihr das überstehen werdet? So eine Reise ist eine Beziehungsprobe. Überlegt euch das gut, ihr riskiert viel!« Wir waren davon überzeugt, dass uns nichts mehr entzweien konnte. Und um auf Nummer sicher zu gehen, hatten wir Notausgänge eingeplant. Sollte es einem von uns zu viel werden, wollten wir getrennte Zimmer nehmen, zeitweise getrennt reisen, Freiheiten nehmen und gönnen. Der erste Teil der Reise war vorbei und ich glaubte, dass es uns gut ging. Wir tauschten den Camper gegen Linienflüge und freuten uns auf Thailand, Laos, Kambodscha und Vietnam. Wir wanderten Strände entlang, erkundeten kleine Dörfer, begegneten Elefanten und bestaunten Tempel. Immer wieder sprachen wir über die Zukunft, in welche Stadt wir ziehen würden, wenn wir zurückkehrten, was wir von dieser Reise mitnehmen, was wir arbeiten und wie wir leben würden. In weniger als zwei Monaten würden wir zurück sein. Und ich freute mich auf unsere gemeinsame Zukunft!

Nach den Sagen und Legenden des Angkor-Reiches saßen wir wieder in einem stickigen kambodschanischen Bus und beschlossen, uns in Phnom Penh eine Nacht in einem richtigen Hotel zu gönnen.

Wir genossen den Abend auf der Dachterrasse des Hotels, ließen unsere Blicke über die Stadt schweifen, tranken kambodschanisches Bier und planten den nächsten Tag.

Müde und zufrieden ging ich ins Bett. »Schlaf gut«, sagte ich. Wie immer.

Als am nächsten Morgen der Wecker klingelte, drehte ich mich zu Tobias um. Er war schon wach und sah mich an. »Wir müssen reden. Ich bin nicht mehr glücklich. Ich liebe dich nicht mehr.« Kein Reden, keine Krisengespräche, keine Rettungsversuche mehr. Für Tobias war die Sache klar. Es war aus. Er wollte nicht mehr mit mir zusammen sein. Der Mann, mit dem ich alt werden wollte, mein Mr. Right, hatte letzte Nacht beschlossen, dass ich nicht mehr seine Traumfrau war. Wie hatte er es geschafft, sich nichts anmerken zu lassen? Sich so zu verhalten wie immer? Ich war schockiert, dass ich diesen Mann, mit dem ich so lange zusammen war, anscheinend kaum kannte. Ich konnte es mir nicht erklären. Kein Streit, keine Vorwürfe, keine Distanz. Er machte einfach Schluss! Auf eine Art, die man nicht mal seinem schlimmsten Feind wünschen würde. Schon wieder war er von heute auf morgen verschwunden. Aber dieses Mal würde er nicht zurückkommen. Denn ich würde ihn nicht mehr lassen.

Ich wollte nur weg. Ich fühlte mich so allein in diesem fremden Land. Die Rückreise dauerte zwei Tage. Zwei Tage, die ich mit Tobias im Flugzeug verbringen musste. Wir saßen nicht zusammen, aber ich wusste, dass er da war. Dieses Gefühl, als das Flugzeug in Bangkok abhob, werde ich nie vergessen. Ich schaute aus dem Fenster und sah die Stadt unter mir immer kleiner werden. Ich hatte das Gefühl, dass ein Teil von mir für immer dort unten bleiben würde. Mit meinem Leben, das sich in rasantem Tempo von jetzt auf gleich veränderte, konnte ich nicht mehr Schritt halten. Alles brach über mir zusammen und ich weinte.

Ich weiß bis heute nicht, warum Tobias mich an diesem Morgen in Phnom Penh verlassen hat. Aber ich mache mir keine Vorwürfe. Ich hätte nichts anders oder besser machen können. Ich war nicht vorgewarnt. Ich glaube, dass unsere Beziehung zu launisch war, um ewig zu halten. Ich weiß, dass Tobias inzwischen am Meer lebt. Einer seiner Träume ist damit in Erfüllung gegangen. Mein größter Traum, ein Leben mit Tobias, ist zerplatzt. Trotzdem:

Als er mich verließ, die Hotelzimmertür hinter sich zuzog, um den Gang hinab und für immer davonzulaufen, wusste ich, dass sich diese Tür schließen, sich aber irgendwann eine andere öffnen würde. Das kannte ich schon.

# 17

# Einsame Wölfe mit langen Wimpern

Bea (28), Steuerfachangestellte, Frankfurt,
über
Nico (30), Schreiner, Nienberge

Manchmal sind es gar nicht die Männer, an die man sich ein Leben lang erinnern will, sondern die Gefühle, die sie in einem wachgeküsst haben. In Nicos Fall war es Euphorie – und Verzweiflung.

Ich war 14 und mein Universum winzig. Ich ging in die achte Klasse, kratzte leidenschaftlich gern Pferdehufe aus und verbrachte die Abende mit Andrea Zuckerman, David Silver und Brenda Walsh. Wenn ich groß war, sollte mein Leben so sein wie das der Stars aus *Beverly Hills 90210*. Und mein Mann wie Dylan McKay! Ein geheimnisvoller Einzelgänger mit vollem Haar, meinem Typ blieb ich treu. Mit *Willkommen im Leben* und Jordan Catalano trat der nächste zuckersüße Rebell in mein Leben. Wenn Claire Danes und Jared Leto im Heizungskeller knutschten und sich so nahekamen, dass er »War das dein Magen oder meiner?« fragte, stellte ich mir vor, an ihrer Stelle zu sein. Wenn er sie danach vor seinen Kumpels verleugnete, litt ich mit ihr. Und wenn er nägelkauend zugab, nicht lesen zu können, wünschte ich mir mit jeder Faser meines Körpers, seine Nachhilfelehrerin zu sein. Ich hatte eine Schwäche für Steppenwölfe, für die Unnahbaren mit langen Wimpern.

Auf einer Party im Vereinsheim begegnete ich meinem ersten Traummann aus Fleisch und Blut. Ich war mit meiner drei Jahre älteren Cousine da und unglaublich stolz darauf, dass mich der Typ an der Kasse für 16 gehalten hatte. Wir tanzten und quiekten zu *Barbie Girl*, teilten uns einen Plastikbecher Pils-Cola und glühten vor Glückseligkeit. Anders als heute konzentrierte ich mich damals nur auf die Leute um mich herum. Ich beobachtete jeden Einzelnen, überlegte, ob mich dieses oder jenes Mädchen gerade gemein angeguckt hatte, verglich meine Doc Martens mit all den anderen Modellen in meiner Umgebung und gab den Jungs Attraktivitätspunkte. *Vier ... höchstens sechs ... iiihhh! Nicht mal einer!* Doch urplötzlich blieb meine kleine Welt stehen. Zwischen all den mittelmäßig niedlichen bis ekligen Typen tauchte ein Gott auf. Er lehnte an der Wand und hatte schönere Haare als Dylan und Jordan zusammen! Seine aschblonde Mähne kringelte sich wie Engelslöckchen und passte toll zu diesem grob gestrickten Norwegerpulli und seiner Cordhose. Ein Norwegerpulli! Eine Cordhose! Wie sexy! Ich grabschte hektisch nach meiner Cousine und zischte ihr hysterisch zu: »Wer ist das?!« – »Wer? Der?« Dann legte sie einen grausamen Vergiss-es-Gesichtsausdruck auf und schüttelte strafend ihren Kopf. »Wer ist das?!«, kreischte ich jetzt fast verzweifelt. »Das ist Nico. Ich weiß. Süß. Aber schlag ihn dir aus dem Kopf. Der hatte sie schon alle.« Egal! Ich war mir sicher, dass ich ihn verändern, die Einzige für ihn sein konnte! Ich musste ihn nur küssen. Am besten in einem schummrigen Heizungskeller. Ich versuchte meiner Cousine jede noch so kleine Information über ihn abzuleiern ... und inhalierte jedes winzige Detail. Ich fand heraus, dass Nico zwei Jahre älter war als ich und am Ortsrand wohnte. Seine Eltern hatten eine Metzgerei und er züchtete Kaninchen. Er ging auf die Hauptschule und hatte eine Clique, die sich »die Scheunis« nannte. Keine Frage! Für mich klang das nach einem Leben, das ich teilen wollte. Von diesem Abend an kreisten meine Gedanken nur noch um Nico. Ich lebte für die wenigen Wochenenden, an denen im Dorf die nächste Party stieg. Schon Tage vorher zermarterte ich mir das Hirn darüber, ob ER da sein würde. Ich stellte mir vor, wie ich ihn ansprechen und ihm erzählen würde, dass ich zwar Vegetarierin, aber ein großer Fan von Landfleischereien war. Dass ich eigentlich erst 14 war, aber ständig für sehr viel älter gehalten wurde. Dass ich auch eine Clique hatte und wir uns beim nächsten Karnevalsumzug als Kaninchen verkleiden wollten – natürlich weil ich, als größte Kaninchenliebhaberin von allen, die Idee dazu hatte.

*Urplötzlich blieb meine kleine Welt stehen. Zwischen all den mittelmäßig niedlichen bis ekligen Typen tauchte ein Gott auf.*

Doch es kam alles anders. Nach vielen furchtbaren Partys, auf denen Nico nie auftauchte und die mich mit dem Gefühl nach Hause gehen ließen, eine sinnlose Existenz zu fristen, tauchte er eines Abends auf. Als sein Lockenkopf in der Menge erschien, wollte ich vor Glück schreien! Ich durfte keine Zeit mehr verlieren und so schickte ich meine entnervte Cousine vor. Sie sollte ihn fragen, wie er mich fand. Die Sekunden, in denen sie neben ihm stand, auf ihn einredete und immer wieder auf mich zeigte, fühlten sich wie Stunden an. Ich zitterte. Als sie sich endlich umdrehte und zu mir zurückkam, versuchte ich ihren Gesichtsausdruck zu deuten. Sah sie zufrieden aus? Oder zerknirscht? »UND???«, platzte es aus mir heraus. »Er findet dich süß, aber zu jung.« Ich war fassungslos. Erschüttert. Am Boden zerstört. »Er will mich nicht mal kennenlernen?« – »Nein. Tut mir leid.« Ich stürzte nach draußen und weinte bitterlich.

Zwei Jahre Altersunterschied wären heute unbedeutend. Damals waren 24 Monate fundamental. Ich wusste, dass ich mich mit meinem Schicksal würde abfinden müssen.

Jahre vergingen und das Drama um Nico geriet in Vergessenheit. Mein Beuteschema hatte sich verändert: Ich traf mich lieber mit geselligen, angepassten Typen. Und der eine oder andere wurde sogar zu meinem Freund. Eines Tages, ich muss 17 gewesen sein, klingelte das Telefon.

»Ich muss dir was erzählen!«, begann meine Cousine aufgeregt.

»Schieß los.«

»Ich bin mit Benny abgestürzt!«

Ich kramte in meiner Erinnerung.

»Benny?«

»Benjamin! Beenjaamiin!«

Da klingelte es: Benjamin war einer von den Scheunis, ein Kumpel von Nico.

»Wir wollen heute Abend essen gehen. Nico ist auch dabei … und sucht eine weibliche Begleitung.«

Natürlich hatte ich Nico seit jenem Abend mehr als ein Mal wiedergesehen. Wir lebten in einem 9000-Seelen-Dorf, so lief man sich zwangsläufig über den Weg. In der Schlange an der Supermarktkasse, im Karnevalsgedränge … dann und wann tauchte sein Lockenkopf vor mir auf und ich ertappte mich selbst Jahre später dabei, wie ich mir wünschte, dass er mich endlich zur Kenntnis nehmen würde.

»Heute Abend also.«

»Ja, und du kommst mit.«

Ich beschloss, mich von dieser Aussicht nicht weiter beirren zu lassen. Ich war 17, fast 18! Erwachsen genug, um ihm die kalte Schulter zu zeigen. Doch je näher der Abend rückte, desto aufgewühlter war ich. Und die Tatsache, dass ich mir die Bikinizone rasierte und das schärfste H&M-Dessous-Ensemble, das ich besaß, drunter zog, verdeutlichte mir: *Er irritiert dich immer noch!* Ich erinnerte mich an diese Sehnsucht nach ihm. An das Fieber, wenn ich an einem dieser verdammtem Samstagabende Ausschau nach ihm hielt. Irgendwie wünschte ich mir, dass es immer noch so sein würde, nur dieses Mal mit einem Happy End.

Es schellte. Mein Herz raste. Ich rückte mein Kleid zurecht und öffnete die Haustür. Da standen sie: meine übers ganze Gesicht grinsende Cousine, Benjamin, der immer noch so trist aussah wie vor drei Jahren, und Nico. Er war älter geworden, hatte sich die Haare raspelkurz abgeschnitten und trug jetzt Jeans und Hemd statt Cord und Grobstrick.

Ich umarmte meine Cousine, gab Benjamin die Hand und zögerte, als ich Nico gegenüberstand.

»Hi.«

Er kam mir zuvor. Beugte sich vor und küsste mich links und rechts auf die Wange. Ich hätte innerlich jubeln sollen. Doch stattdessen fiel mir nur auf, dass er zu stark parfümiert war.

Wir stiegen in Benjamins Wagen und fuhren los. Während sich Benjamin und meine Cousine vorne ununterbrochen befummelten, versuchten Nico und ich, eine Unterhaltung auf die Beine zu stellen.

»Lange nicht gesehen.«

»Stimmt.«

»Was machst du so?«

»Abi. Und du?«

»Letztes Lehrjahr. Schreiner.«

»Ah, cool.«

Stille.

Ich bemühte mich wirklich, ihn weiterhin toll zu finden. Es konnte, nein, es durfte nicht sein, dass ich so lange alles für jemanden gegeben hätte, der nicht mehr zu sagen hatte als das. *Er sieht immerhin noch ziemlich gut aus,* versuchte ich mich zu motivieren.

Doch im Restaurant wuchsen die Zweifel. Ich war immer noch überzeugte Vegetarierin, er anscheinend immer noch überzeugter Fleischer-Sohn.

»Das Steak mit Kartoffelecken, bitte. Blutig.«

Ich konnte es mir nicht verkneifen, ihm einen vernichtenden Blick zuzuwerfen.

Nico erzählte, dass er nach wie vor bei seinen Eltern wohnte und nicht vorhatte, daran so bald etwas zu ändern. Er plante, neben ihrem Haus zu bauen, ihnen weiterhin im Betrieb zu helfen und vielleicht irgendwann eine Schreinerei zu eröffnen. Er sprach über seine Kaninchen und die Scheunis. Und es machte tatsächlich den Anschein, als wolle er mich damit beeindrucken. Nico, erkannte ich, hatte sich nicht verändert. Aber ich, wie mir jetzt klar wurde, schon. Ich brachte den Abend höflich, aber schweigsam hinter mich und ließ mich nach Hause fahren. Meine Cousine und Benjamin blieben knutschend im Auto sitzen, Nico brachte mich zur Tür.

»Hat mich gefreut.«

»Mmh.«

»Hast du nächstes Wochenende schon was vor?«

Ich brauchte nicht lange zu überlegen.

»Ja, leider.«

»Und wie sieht's mit übernächstem Samstag aus?«

»Hat dir meine Cousine nichts erzählt?«

»Was meinst du?«

»Ich hab einen Freund.«

Er blickte mich fast entsetzt an.

»Einen Freund? Wen denn?«

»Kennst du nicht. Er heißt Dylan. Dylan Jordan.«

»Amerikaner?«

»Genau.«

# 18

# Farbenrausch

Tamara (34), Einkäuferin für Möbelunternehmen,
und
Raphael (46), Hotelier

Es war ein Spiel, das ich seit einigen Wochen täglich nach dem Aufwachen spielte und auf das ich mich schon beim Zubettgehen freute: Nachdem ich die Augen geöffnet hatte, schloss ich sie noch einmal ganz bewusst. Dann hörte ich für einige Sekunden dem Rauschen des Meeres zu und öffnete die Augen einen klitzekleinen Spalt, sodass mir nur das goldgelbe Sonnenlicht ins Auge stach. Wenn ich sie dann noch ein Stückchen weiter öffnete, konnte ich schon das Meer in tiefem Blau schimmern sehen. *Das perfekte Farbenspiel*, dachte ich nur jeden Morgen und: *Ich bin im Paradies.*

Die Suche nach dem Paradies ist wohl so alt wie die Menschheit selbst. Dabei bedeutet »Paradies« doch für jeden Menschen etwas anderes. Für den einen ist es der weiße Sandstrand mit meterhohen Palmen und türkisblauem Wasser. Für den anderen ist es das heimische Wohnzimmer mit Breitbildfernseher und Dolby-Surround-System. Einige Menschen haben ihr Paradies also schon gefunden, wissen es nur nicht und sind schon auf der Suche nach der nächsten Paradies-Stufe. *The next level.* Ob es dabei ein Ziel gibt? Keine Ahnung. Ein *Game over* aber ganz bestimmt!

Es gibt andererseits auch Menschen, die nicht bewusst nach dem Paradies suchen. Vielleicht weil sie nicht daran glauben, vielleicht aber auch, weil nach dem Paradies zu suchen bedeutet, nach dem Glück suchen. Und nicht jeder Mensch sucht nach dem Glück, einige haben es schon gefunden – ganz ohne wirklich gesucht zu haben. Zu diesen Menschen zähle ich mich, denn wenn man eines über mich sagen kann, dann, dass ich ein zufriedener Mensch bin. Meine Mutter erzählt mir immer, dass ich schon als Baby große Glückseligkeit ausgestrahlt habe. Ich hätte kaum geweint und viel gelächelt – was wiederum meine Eltern sehr zu schätzen wussten. Ich muss wohl schon früh gelernt haben, dass sich die eigene Zufriedenheit schnell auf andere überträgt und wie ein Bumerang wieder zurückkommt. Mit dieser Erkenntnis habe ich mein bisheriges Leben also ganz gut auf die Reihe bekommen. Ich habe eine große Schar sehr guter Freunde, habe niemals Streit innerhalb meiner Familie erlebt und mein Job erfüllt mich – wie viel schöner könnte das Paradies sein?

Ich bin Einkäuferin für ein mittelgroßes Möbelunternehmen, das vor allem exotische Möbel aus ganz Asien und Südamerika verkauft. Der Stil gefällt mir sehr gut und ich habe auch meine Wohnung mit viel Holz, klaren Linien und einigen exotischen Details eingerichtet. Nur bekomme ich diese schöne Einrichtung fast nie zu Gesicht, da ich den Großteil meines Lebens unterwegs bin. Und damit meine ich nicht im Auto von Hannover nach Frankfurt, sondern im Flieger von San Juan nach Manila. Die vielen Bekanntschaften mit den unterschiedlichsten Menschen sind mir das Wichtigste an meinen Reisen – von millionenschweren Möbelproduzenten mit mehreren Fabrikhallen bis hin zu armen Bauern, die nebenher etwas Kunsthandwerk betreiben. Ich habe über den gesamten Kontinent verteilt viele Bekannte und auch Freunde, die mich oft zu sich nach Hause einladen, wenn ich bei ihnen im Lande bin. So schlafe ich fast nie in irgendeinem anonymen Hotel, sondern bin immer mittendrin. Mal in einer Bambushütte, dann wieder in einem Luxus-Apartment. Ich fühle mich überall wohl und lerne die fremden Kulturen und Gebräuche kennen. Lange Zeit habe ich gedacht, mein Leben wäre wunderbar und mir würde es an nichts fehlen. Natürlich war es immer schwierig für mich, einen Partner zu haben, da ich ja nie zu Hause war. Und in meinem Alter musste ich natürlich auch daran denken, dass es langsam Zeit für Kinder wurde. Aber das schob ich immer vor mir her – schließlich war ich in der Welt zu Hause. Was konnte mich da glücklicher machen? Zum Beispiel das, was vor genau zwei Jahren passierte:

Mein kleines Flugzeug landete ziemlich holprig auf der unebenen Landebahn. Obwohl ich so viel im Flieger unterwegs war, hatte ich ab und zu noch immer ein mulmiges Gefühl über den Wolken. Vor allem, wenn ich mich in eine so kleine Maschine setzen musste. Den Rost, der sich um die Tragflächen gebildet hatte, versuchte ich zu übersehen und schlug innerlich dreimal das Kreuz, als wir heil landeten. Der Flughafen bestand aus nicht mehr als einer schiefen Bambushütte. Ich war auf einer kleinen Insel im Südosten von Malaysia gelandet, die für ihre wilden Schildkröten bekannt ist. Tiere, die ich über alles liebe, sie haben diese ruhige, gelassene – manchmal auch schwerfällige – Art, die ich von mir selbst so gut kenne. Außerdem werden Schildkröten uralt, was die für Geschichten erzählen könnten! Auf die Schildkröteninsel hatte mich mein Freund Ray

*Ich muss wohl schon früh gelernt haben, dass sich die eigene Zufriedenheit schnell auf andere überträgt und wie ein Bumerang wieder zurückkommt.*

aus Kuala Lumpur aufmerksam gemacht. Ein Bekannter von ihm führte auf der Insel ein kleines, aber hochfeines Resort. Sein Hobby war die Inneneinrichtung und er selbst beschäftigte einige Kunsthandwerker, die Möbel und Dekorationen für die verschiedenen Resorts anfertigten. Das gefiel mir gut, denn dadurch unterstützte er die regionalen Traditionen und Handwerker. Und

Ray hatte auch nicht übertrieben, was das Resort anging. Es war nicht sehr groß, hatte gerade einmal fünf Apartments, die vereinzelt am Hang eines Hügels standen. Jedes Apartment war vom Dschungel umgeben und lag somit schattig und versteckt, es gab sogar einen Außendusche zum Dschungel hin. Neben den Apartments befanden sich dort noch vereinzelte kleine, offene Hütten, die Rezeption, Restaurant und einen exklusiven Spa beherbergten. Einen Pool gab es nicht, denn das größte Schwimmbecken lag direkt am Fuße des Resorts: das himmelblau gefärbte Meer.

Ich stand in der Rezeption und genoss die leichte Brise, die mir vom Meer entgegenwehte und eine wohltuende Erholung von der tropischen Hitze war. Mein Blick schweifte über die cremefarbenen Leinentücher, die rundum das Resort aufgespannt waren und Schatten spendeten. In den einzelnen Hütten erblickte ich einige holzgeschnitzte Figuren und Möbelstücke. Das Interieur war geschmackvoll, dezent, modern und passte perfekt in die Umgebung. »Wunderschön«, murmelte ich leise. »Vielen Dank«, hörte ich hinter mir jemanden sagen und drehte mich um.

Raphael war fast zwei Meter groß und sah aus tiefblauen Augen zu mir herunter. Sein Gesicht war auf eine außergewöhnliche Art schön. Seine Nase war eigentlich etwas zu groß, sein voller Mund leicht schief und in seinen Augen lag ein leichter Silberblick. Aber sein Gesichtsausdruck hatte etwas Sinnliches und Geheimnisvolles, das mich sofort in seinen Bann zog. Er beugte sich zu mir hinunter und küsste mich links und rechts auf die Wange, als würden wir uns schon seit Ewigkeiten kennen. Er roch nach einer Mischung aus Meersalz und Lackfarbe. »Verzeihen Sie meinen Aufzug, ich komme gerade aus der Werkstatt.« Raphael blickte entschuldigend an sich hinunter. Er steckte in einem Overall, der wohl früher mal weiß gewesen, jetzt aber mit vielen kleinen und großen Farbklecksen versehen war. Ein paar davon hatte er auch am Kinn. »Ein schönes Muster«, sagte ich und lächelte. »Ich bin Tamara. Wollen wir uns nicht duzen, wo wir schon einen gemeinsamen Freund haben?« – »Gern«, sagte Raphael. »Und jetzt führe ich dich durch mein kleines Paradies ...«

Raphael zeigte mir das gesamte Resort und auch mein Apartment, das ich für eine Woche angemietet hatte. Ich wollte meinen Aufenthalt auf der Schildkröteninsel direkt mit ein paar Urlaubstagen verbinden. Das tat ich eigentlich so gut wie nie, aber in letzter Zeit hatte ich mich öfter kraftlos und müde gefühlt. Obwohl ich immer an den schönsten Orten dieser Welt war, blieb mir doch wenig Zeit für Entspannung und Erholung. *Ein paar Tage Urlaub werden dir guttun und vielleicht findest du auch gleichzeitig noch ein paar schöne Möbelstücke.* Mit diesen Aussichten konnte ich den Rundgang durch das Resort nun noch mehr genießen. Während des Rundgangs merkte ich, wie meine Schultern sich allmählich entspannten und ich sogar hier und da die Augen schloss, um die Stimmung in mich aufzusaugen. »Das ist also dein kleines Paradies? Nicht schlecht«, gab ich zu. »Danke. Wenn du Lust hast, zeige ich dir aber, wo ich wirklich mein Glück finde!«, sagte Raphael geheimnisvoll. Ich konnte mir kaum vorstellen, dass es einen noch schöneren Ort geben konnte als dieses kleine Resort mitten im Dschungel mit Blick auf türkisblaues Wasser. Grün, Blau und Weiß waren die Farben, die hier alles dominierten. »Kommen Sie ... ähm ... ich meine du«, sagte Raphael und führte mich auf einen kleinen Pfad in den Dschungel hinein. »Ich weiß nicht, ob ich dafür das passende Schuhwerk anhabe«, meinte ich nach ein paar rutschigen Metern und einem Blick auf meine Sandalen. »Es ist nicht mehr weit, wir sind gleich da«, sagte Raphael ruhig. Ich kam mir ziemlich oberflächlich vor – da lief ich mit einem so tollen Mann durch den Dschungel und konnte nur an meine Schuhe denken. »Die Schuhe sind aber wirklich sehr schön«, sagte Raphael, als hätte er meine Gedanken gelesen. »Danke«, murmelte ich nur. *Warum war es mir eigentlich so wichtig, was dieser Mann von mir hielt?* Wir bogen auf einen noch kleineren Weg ein und ich merkte, dass wir uns Richtung Wasser bewegten, ich konnte schon das

Rauschen der Wellen hören. Auf einmal tat sich das Blätterdach auf und wir standen an einem kleinen Strand. Raphael führte mich zu einer kleinen Hütte, die geschützt am Dschungelrand lag. »Das hier ist mein ganz privates Paradies – meine Werkstatt«, sagte er und stieß die Tür zur Hütte auf. Es roch nach Lackfarbe und Holz, an den Wänden hing Werkzeug. Durch ein großes Fenster, das keine Glasscheibe mehr hatte, konnte man direkt aufs Wasser schauen. »Das nenne ich mal einen Arbeitsplatz«, staunte ich und begutachtete eine Kommode, die mitten im Raum stand. »Das gute Stück arbeite ich gerade auf«, sagte Raphael und strich so liebevoll über die alte Kommode, als wäre

*Ich kam mir ziemlich oberflächlich vor – da lief ich mit einem so tollen Mann durch den Dschungel und konnte nur an meine Schuhe denken.*

es der weiche Rücken einer Geliebten, »ich habe sie bei einem alten Händler entdeckt. Er wollte sie mir erst gar nicht verkaufen, was ich gut verstehen kann. Ich habe ihm aber einen guten Preis gemacht.« Seine Augen glänzten.

Im Nachhinein, glaube ich, war das der Moment, in dem ich mich in Raphael verliebte. Zumindest war es der Moment, in dem ich merkte, dass mein Herz ganz warm wurde. Er teilte meine Leidenschaft für Möbelstücke, auch für ihn hatten sie eine Seele, eine Geschichte.

Wir verbrachten den ganzen restlichen Tag an dem kleinen Strand und ich sah Raphael dabei zu, wie er die Kommode restaurierte. »Möbel sind wirklich mein Leben, aber ich habe noch nie selbst etwas restauriert«, sagte ich nach einer Weile. »Dabei stelle ich es mir toll vor, einem Stück seine eigene Handschrift zu geben und es wieder ganz neu aufleben zu lassen.« – »Wenn du willst, zeige ich dir, wie es geht«, sagte Raphael. »Ich will dich aber nicht von deiner Arbeit abhalten. Du hast doch sicher viel zu tun in deinem Hotel.« – »Ach Quatsch. Das Resort läuft fast von alleine. Ich habe gute Mitarbeiter, auf die ich mich verlassen kann. Die sind ganz froh, wenn ich mich wieder in meine Werkstatt zurückziehe und sie in Ruhe arbeiten lasse.« Raphael zwinkerte mir zu. »Außerdem möchte ich, dass du ein Stückchen von hier mit nach Hause nimmst!« – »Das würde ich sehr gerne – aber ich fürchte, dieser Strand passt nicht ganz in meinen Koffer.« Raphael musste lachen. »Okay, das wird natürlich schwierig. Aber du könntest vielleicht etwas Sand hier drin mitnehmen …« Auf einmal zog er etwas unter dem Tisch hervor. Es war eine kleine Holzschatulle mit ziemlich verrosteten Scharnieren und verschmutztem Dekor. Aber darunter erkannte ich eine zauberhafte Schnitzerei. »Wow, die ist wunderschön«, sagte ich zu Raphael. »Na dann warte erst mal ab, wie sie aussieht, wenn du sie restauriert hast.« Ich sah ihn an und grinste bis über beide Ohren.

Für viele klingt es verrückt, seine Zeit auf einer Trauminsel in einer kleinen Werkstatt zu verbringen, anstatt am Strand zu liegen und sich mit Massagen und Cocktails verwöhnen zu lassen. Für mich aber war genau diese Beschäftigung das Schönste, was ich seit Langem erlebt hatte. Raphael und ich verbrachten die Tage in seiner kleinen Werkstatt, die wir zum Teil mit lebhaftem Austausch über unser Leben verbrachten, zum Teil aber auch mit langem Schweigen, wenn wir gerade konzentriert an etwas herumwerkelten. Raphael zeigte mir, wie ich aus der alten Schatulle ein wahres Schmuckstück zaubern konnte. Ich war ziemlich stolz, als ich mein Werk in den Händen hielt. »Hier«, sagte ich zu Raphael, »bitte schön.« – »Nein, nein, du musst sie behalten. Ohne dich wäre sie nie wieder in solchem Glanz erstrahlt.« – »Wirklich«, rief ich und fiel Raphael in die Arme. »Dankeschön, für alles«, sagte ich, als ich ihn wieder losließ. Unsere Gesichter waren sich auf einmal ganz nah und Raphael beugte sich zu mir und küsste mich auf den Mundwinkel. Ich hielt den Atem an. Als er spürte, dass ich nicht vorhatte, Widerstand zu leisten, küsste er mich direkt auf den Mund.

Ich saß im kleinen Flugzeug und hatte einen unglaublich dicken Kloß im Hals. So dick, dass ich kaum schlucken konnte. Raphael und ich hatten uns verabschiedet und ich hatte gegen Tränen ankämpfen müssen. Ich hätte eine Ewigkeit hierbleiben können. Jeden Tag mit Raphael in der kleinen Werkstatt herumwerkeln, alten Schätzen zu neuem Glanz verhelfen und ab und zu nackt mit Raphael ins Meer springen. Das Glück hatte sich in großem Schwall über mich ergossen und ich hatte nur zu gerne darin gebadet. Jetzt saß ich im Flugzeug und fühlte mich so unglücklich wie nie zuvor in meinem Leben.

Zu Hause in meiner Wohnung fühlte ich mich nicht besser. Verlassen saß ich auf meiner Couch. Mein Koffer war noch immer nicht ausgepackt, seit Tagen stand er da wie bestellt und nicht abgeholt. Allein die Schatulle hatte ich herausgenommen. Sie stand vor mir auf dem Tisch und ich starrte sie an, während meine Gedanken nur um Raphael und die kleine Werkstatt kreisten.

Eine Woche war seit meiner Rückkehr vergangen, mein Herz war vor Sehnsucht und Fernweh immer schwerer geworden. Aber war es überhaupt Fernweh? Vielmehr fühlte es sich nach Heimweh an. War die kleine Werkstatt am Strand so schnell zu meiner Heimat geworden? Ich stand in der Küche und öffnete die Post, als auf einmal eine Karte zu Boden fiel. Ich hob sie vom Küchenboden auf. Eine schlichte weiße Karte aus dickem Karton, nur am Rand war ein Fingerabdruck mit blauer Farbe hinterlassen worden. Ich drehte sie um und las die wenigen Worte:

*Komm zurück zu mir. Sofort. R.*

# 19

# Umwege

Lori (26), Volontärin, München,
über
Bo (32), Anwalt, München

Ich dachte immer, dass nur Neues aufregend sein kann. Ich verwechselte Männer mit Kleidern, von denen ich Dutzende besaß. Ein bisschen zu kurze, bodenlange, enge, formlose, glitzernde, unifarbene, trägerlose, kitschige und teuer aussehende. Weil sich jedes neue wie ein kleines Abenteuer anfühlte. Wenn der Stolz, etwas gefunden zu haben, um das mich meine Freundinnen beneiden würden, in Vergessenheit geriet, wenn das Herzklopfen verstummte und das Verliebtsein aufhörte, hatte ich Langeweile. So wie mich das Ziegelrot des Hippie-Hängerchens irgendwann anödete, ermüdete mich eines Tages die Art meines Freundes. Zwangsläufig.

Ich kannte viele Frauen, die häufig ihre Liebhaber wechselten, aber keine andere ging dabei so männlich vor wie ich. Wenn ich einen Mann loswerden wollte, machte ich nicht einfach Schluss. Erst meldete ich mich nur noch jeden dritten Tag. Dann hörte ich auf, seine SMS und E-Mails zu beantworten und zuletzt betrog ich ihn. Schlimmer noch: Ich sorgte dafür, dass er es herausfand – und die undankbare Rolle des Beziehungsbeenders für mich übernahm.

Bei Thomas, meinem letzten Freund, machte ich keine Ausnahme. Am Anfang begeisterte, nein berauschte, er mich! Wir verbrachten jeden Abend miteinander, fielen übereinander her, sobald wir uns gegenüberstanden, tranken Wein, bis die Sonne aufging, verabschiedeten uns mit blutenden Herzen, um uns wenige Minuten später Geld verschwendende Nachrichten wie: *Schläfst du schon? ... Nein. Du?* zu schicken.

Wie bei allen anderen Männern verlor ich den Verstand und jedes Mindestmaß an Vernunft. »Na wenn das kein gutes Zeichen ist!«, quiekte meine beste Freundin Yvonne. Sie klang ein bisschen verzweifelt.

»Jetzt mal ehrlich! Ich finde Thomas bezaubernd! Und ihr wirkt soo verliebt! Seid ihr doch, oder?!« Lauter nette Dinge, die sie mir entgegenbrüllte. Eigentlich wollte sie sagen: »Lori, werd endlich erwachsen. Es gibt keinen Traummann, also gib dich um Gottes willen endlich mit irgendwem zufrieden. Und belästige mich nicht mehr mit deinen Geschichten. Ich kann mir die Namen deiner Kerle eh nicht mehr merken.«

Ihr Reden half nichts. Nach ein paar Wochen fand ich Thomas nur noch langweilig. Ich erfand Ausreden, um ihn nicht mehr treffen zu müssen, erzählte, dass ich müde oder anderweitig verabredet sei, stellte mein Handy auf lautlos oder ganz aus. Und zog um die Häuser, um einen anderen kennenzulernen. In meinem Stammclub wurde ich fündig.

»Die Ladys, die hier sonst abhängen, bestellen Aperol Sprizz, Wodka Lemon oder irgendeinen anderen Quatsch und ficken danach Kerle, die Jan-Henrik oder Max-Leon heißen.«

Während der DJ *Sky and Sand* aufdrehte, die Nebelmaschine rauschte, die Laserlichter zuckten und die Tanzenden um mich herum verschwammen, sah ich einen Menschen völlig scharf. Er tanzte wie in Ekstase. Wie ein Gott. Sein kaffeefarbenes, gewelltes Haar fiel ihm ins Gesicht und er wippte im Einklang mit dem Beat. Wie in Zeitlupe strich er es sich immer wieder aus der verschwitzten Stirn, legte den Kopf langsam in den Nacken und schloss wiegend die Augen. Er schien alles um sich herum vergessen zu haben, konzentrierte sich nur auf sich und scherte sich einen Dreck um den Rest. Das beeindruckte mich. Ich merkte gar nicht, dass ich nicht mehr tanzte. Ich stand mitten auf der Tanzfläche und starrte ihn an.

Als der Song verstummte, lief der Typ direkt an mir vorbei. Ich glotzte ihn immer noch an, berührte ihn beinahe, aber er nahm mich gar nicht wahr. Ich konnte nicht anders, als ihm zu folgen. Um ihn nicht wieder aus den Augen zu verlieren, fixierte ich seinen dunklen Wuschelkopf und drängelte mich hinter ihm durch die Masse. Ich befürchtete, er würde auf der Toilette und damit aus meinem Sichtfeld verschwinden, doch er steuerte die Bar an.

»Gin, bitte!«

Ich kam ihm so nah, dass ich ihn verstehen konnte. Er beugte seinen sehnigen, verschwitzten Oberkörper über die Theke und sprach mit einer Kellnerin. Mit einer verdammt hübschen Kellnerin! *Miststück*, dachte ich. Miststück? Was war denn jetzt los? Ich war eifersüchtig wegen einem Typen, den ich überhaupt nicht kannte, der genausogut ein kompletter Vollidiot oder sogar ein Triebtäter sein konnte. Ich stellte mich direkt neben ihn. »Ich nehm auch einen.« Die Kellnerin würdigte ich keines Blickes.

»Guter Geschmack ... für eine Frau.«

»Für eine Frau? Wie darf man das verstehen?«

»Die Ladys, die hier sonst abhängen, bestellen Aperol Sprizz, Wodka Lemon oder irgendeinen anderen Quatsch und ficken danach Kerle, die Jan-Henrik oder Max-Leon heißen. Doppelnamen gehen gar nicht. Auch nicht bei Alkohol.«

Der Mann hatte Eier.

»Also kann ich davon ausgehen, dass du nur einen Namen hast?«

»Bo.«

Er reichte mir die Hand.

»Bo? Das war's?«

»Bo. Das war's.«

»Also gut Bo. Ich heiße Lori.«

Ich griff nach seiner Hand.

»Lori. Kurz und unkompliziert. Darauf steh ich.«

Wir hatten kaum drei Sätze gewechselt und er versuchte schon, mich ins Bett zu kriegen.

Doch anstatt kopfschüttelnd oder fluchend davonzulaufen, wuchs meine Bo-Begeisterung mit jeder Sekunde.

»Bist du immer so ehrlich?«

»Wie gesagt, ich mag's unkompliziert.«

»Ich auch.«

Und das war nicht gelogen.

»Wunderbar. Dann passen wir ja perfekt zueinander.«

Bis zu diesem Augenblick hielt er immer noch meine Hand. Als er sie losließ, um sich eine Zigarette anzuzünden, spürte ich, dass ich ihn wollte.

Bo blies mir dichten Qualm ins Gesicht und blinzelte mich durch die graue Rauchwolke an.

»Ich fasse zusammen … Du und ich mögen keine Umwege. Warum also Zeit vergeuden?«

Bisher war ich immer diejenige gewesen, die die Männer so unverfroren anmachte. Noch nie war es umgekehrt gewesen. Und noch nie war ich willenloser als bei Bo.

»Okay.«

Bo nahm mir das Glas, das mir die Kellnerin inzwischen mit einem vernichtenden Gesichtsausdruck zugeschoben hatte, aus der Hand und küsste mich. Alles begann sich zu drehen. Ich taumelte vor Lust, verlor fast das Gleichgewicht und versank in seinen Armen. Der Gin an unseren Lippen brannte, Bo presste sich an mich und drängte förmlich seine Zunge in meinen Mund. Sie bewegte sich so fordernd und pulsierend wie er, fühlte sich heiß, feucht und maßlos an.

Minuten später hielt er inne.

»Komm.«

Bo nahm meine Hand und zog mich hinter sich durch den Club. Ich dachte kurz an meinen Trenchcoat, den ich an der Garderobe abgegeben hatte. Bei meinen Klamotten verstand ich normalerweise keinen Spaß.

»Mein Mantel ...«

»Ach, den kannst du doch nächstes Wochenende abholen. Ich wärm dich.«

»Na gut.«

Bo relativierte sogar Burberry.

Wir traten Arm in Arm in die schwarze Nacht, von der Kälte und meinen Plateaus merkte ich nichts, ich war betäubt. Ich weiß nicht mehr, wie lange wir unterwegs waren, ich erinnere mich nur an den Moment, als wir endlich in seiner Wohnung standen. Bo schloss die Haustür hinter uns und machte keine Anstalten, das Licht anzuschalten. Er zog mich im Dunkeln an sich. Er küsste mich wieder, leckte sich von meinem Hals bis zu meinem Dekolleté hinab und fummelte mir mit einer Hand mein Kleid vom Körper. Jetzt stand ich nur noch in Slip und Schuhen da. Bo kniete sich vor mich und biss ganz sanft in meinen Schritt. Dann schob er mein von seinem Speichel und meinem Saft durchnässtes Höschen zur Seite und lutschte an meinen Schamlippen. Ich hatte das Gefühl, aus jeder Körperöffnung Lava zu speien. Meine Wangen waren glutheiß. Ich stöhnte laut auf und ließ mich wie gezähmt auf den Boden sinken. Bo zog sich aus und folgte mir. Als er sich auf mich legte, spürte ich, wie sein harter Schwanz gegen mein Schambein drückte.

»Keine Umwege, Lori«, flüsterte er und drang schwer atmend in mich ein.

Wir liebten uns die ganze Nacht. Krabbelten vom Fußboden auf Bos Schreibtisch, von seinem Schreibtisch auf die Couch und von der Couch ins Bett.

Als ich dort am nächsten Morgen erwachte, war Bo verschwunden. Ich rieb mir noch völlig benebelt die Augen und rief nach ihm.

»Bo? Boo? Bist du da?«

Keine Antwort.

Ich wickelte mich in seine Decke und suchte die Wohnung nach ihm ab. In der Küche fand ich einen Zettel.

*Liebe Lori,*
*was für eine Nacht! Die Versuchung, einfach neben dir liegen zu bleiben, war groß. Aber du weißt ja: Ich mag's unkompliziert. Brötchen sind im Kühlschrank, Kaffee ist gekocht. Lass dir Zeit. Vielleicht sieht man sich …*
*Bo*

Ich war fassungslos. Las seinen Brief wieder und wieder. Erst still, dann flüsternd, am Ende laut.

»Vielleicht sieht man sich? Vielleicht sieht man sich?! Vielleicht?!«

Dieser Mann hatte mich ausgeknockt, willen- und geistlos gemacht! Diese Nacht war die intensivste meines Lebens! Und jetzt speiste er mich mit Aufbackbrötchen und Filterkaffee ab? Nicht mal Croissants und einen Latte im Pappbecher war ich ihm wert? Ich tobte vor Wut, zerknüllte den Brief und schleuderte ihn mit einem verzweifelten »Arschloch!« gegen den Kühlschrank. Als ich schon im Begriff war zu gehen, überlegte ich es mir anders und bückte mich nach dem Brief. Ich faltete das Papierknäuel wieder auseinander, griff mir einen Stift und antwortete.

*Mir ist völlig schleierhaft, wie ich dich meinem Mantel vorziehen konnte. Du schuldest mir 790 Euro. Meine Bankverbindung lautet …*

Dann schmiss ich seine Bettdecke auf den Küchenboden, suchte meine Sachen zusammen, zog mich an und ging, ohne mich auch nur ein Mal umzudrehen. Auf dem Heimweg verknoteten sich meine Gehirnwindungen. Eine alberne Rachefantasie jagte die nächste. Ich überlegte, wie ich an seine Facebook-Zugangsdaten kommen könnte, um mich in sein Profil einzuloggen und Dinge wie »Ich bin ein Schwein« oder »Ich habe Filzläuse« auf seiner Pinnwand zu posten. Ich stellte mir vor, wie ich in seine Wohnung eindrang, um ihm seine ach so schönen Locken abzuschneiden, und fantasierte, alte Fischsuppe in die Lüftungsanlage seines Wagens zu kippen. Doch weder die eine noch die andere Vorstellung stimmten mich zufriedener. Im Gegenteil: Je länger ich darüber nachdachte, desto trauriger wurde ich. Meine Wut wich purer Enttäuschung und ich vergoss zum ersten Mal in meinem Leben Tränen für einen Mann.

> Ich überlegte, wie ich an seine Facebook-Zugangsdaten kommen könnte, um mich in sein Profil einzuloggen und Dinge wie »Ich bin ein Schwein« oder »Ich habe Filzläuse« auf seiner Pinnwand zu posten.

Ich hoffte inständig, dass mich neun Stunden Schlaf zur Vernunft bringen würden. Doch am nächsten Morgen erwachte ich mit gebrochenem Herzen. Ich heulte laut und hemmungslos in mein Kopfkissen und blieb anderthalb Tage lang liegen. Erst Sonntagabend, vierzig Stunden, nachdem ich Bo zum letzten Mal gesehen hatte, fühlte ich mich imstande, auf mein Handy zu schauen. Als ich den kleinen roten Hörer, das Symbol für verpasste Anrufe, aufleuchten sah, machte mein Herz einen Hopser. Aber Augenblicke später wurde mir bewusst, dass er es nicht gewesen sein konnte. Ich hatte ihm schließlich nicht meine Handy-, sondern meine Kontonummer hinterlassen! Meine Kontonummer. Ich schälte mich aus dem Bett und lief zu meinem Schreibtisch. Dann startete ich meinen Computer, tippte die URL meiner Bank ein, loggte mich schläfrig ein und wartete, bis mein Finanzstatus auf dem Bildschirm auftauchte. Es war tatsächlich eine Überweisung eingegangen, 1 Euro. Mein Hals wurde schlagartig trocken, als ich den Namen des Übermittlers sah: BO! Im Feld für den Verwendungszweck stand:

BITTE VERZEIH MIR! DEIN MANTEL IST BEI MIR.

In der letzten Zeile flimmerte eine Handynummer.

Ich hätte mich ärgern sollen. Darüber, dass er glaubte, mich mit einem Stück Stoff locken zu können. Darüber, dass er mir nicht einfach den Betrag überwies und mich für immer und ewig in Ruhe ließ. Doch stattdessen war ich glücklich! So glücklich wie noch nie. Die alte Lori zeterte: *Lass ihn bloß zappeln!* Aber die neue Lori säuselte: *Ruf ihn an. Schnell.* Ich erinnerte mich an meine Freundin Yvonne, an ihren hoffnungslosen Gesichtsausdruck, an all die Strapazen, die ich einzig und allein meinem übergroßen Ego zu verdanken hatte, an diese wundervolle letzte Nacht ... und griff nach meinem Handy.

Ich lauschte atemlos in den Hörer.

»Hallo?«

Als Bo sich meldete, bekam ich kein Wort heraus.

»Lori? Lori, bist du das?«

Er hatte auf meinen Anruf gewartet!

»Ja, ich bin's. Hallo.«

»Lori, du glaubst gar nicht, wie froh ich bin, von dir zu hören! Ich hab mir Sorgen gemacht! Du, ich glaub, ich hab mich danebenbenommen. Gib mir noch eine Chance, ich mach es wieder gut.«

Jenes Wochenende liegt inzwischen drei Jahre zurück. Bo und ich sind vor einigen Monaten zusammengezogen. Den Trenchcoat habe ich in einen Altkleidersack geworfen. Ich fand, er passte einfach nicht mehr zu mir.

# 20

# Sandkasten

Sabine (28), Erzieherin,
über
Chris (28), Tontechniker

Ich hatte schon viele Männer. Einige davon habe ich ziemlich hinters Licht geführt, aber die meisten haben dann doch mich verarscht. Jede Beziehung wurde dadurch für mich zu einem Spiel. Die Regeln des Spiels waren immer schnell klar: Es gab keine. Fasziniert wartete ich nur ab, wie es ausgehen, wer als Gewinner und wer als Verlierer den Platz verlassen würde. Ich hatte keine Partner, ich hatte Gegner. Es lief immer nach dem gleichen Muster ab. In den ersten Wochen war ich bis über beide Ohren verliebt, war bereit, für den neuen Mann an meiner Seite alles aufzugeben. Einschließlich mich selbst. Wenn er in einer anderen Stadt wohnte, dann zog ich zu ihm. Wenn er einen anderen Klamottenstil vorzog, dann schmiss ich meinen gesamten Kleiderschrank in die Tonne und kleidete mich völlig neu ein. Wenn er meine Freunde nicht mochte, dann meldete ich mich nicht mehr bei ihnen. Das Ganze ging so lange, bis mir jemand die Augen öffnete (meistens mein bester Freund Chris), oder ich selbst merkte, dass es so nicht ging. Ich verbog mich für jeden meiner Freunde, versuchte es jedem recht zu machen. Die wahre Sabine kannten sie nicht. Ich versuchte, sie vor ihnen zu verstecken, denn seltsamerweise ging ich immer davon aus, dass die echte Sabine nicht interessant, nicht intelligent, nicht reizend genug war.

Natürlich ging das nicht lange gut. Niemand kann über Monate hinweg jemand anderen spielen. Aber ich versuchte es krampfhaft und erkannte mich nach einiger Zeit im Spiegel selbst nicht wieder. Für Karl hatte ich meine Haare schwarz gefärbt und trug nur noch düstere Farben. Für Fabian hatte ich sie dann kurz geschnitten und mir eine dickrandige Nerd-Brille gekauft. Für Sebastian ließ ich sie mir wieder blond färben und zog nur noch Miniröcke, Schlauchkleider und extra hohe High Heels an.

»Du bist wie ein Chamäleon«, pflegte mein bester Kumpel Chris zu sagen. »Wenn ich dich mal ein paar Wochen nicht sehe, würde ich dich auf der Straße wahrscheinlich nicht wiedererkennen.« Und dann fügte er glücklicherweise immer noch hinzu: »Zum Glück bleibst du aber im Innern immer die Sabine, die ich kenne.«

Ich war auf der Suche nach einer festen Beziehung, die mich glücklich machte, und im Grunde wollte ich, dass ein Mann mich so nahm, wie ich war. Und trotzdem – sobald ich dann einen Typen kennenlernte, spielte ich schon wieder eine meiner Rollen und versuchte, mein wahres Ich vor ihm zu verstecken. Vielleicht wollte ich auch gar nicht, dass er es kennenlernte. Denn so wurde ich nur noch verletzlicher. Eigentlich verarschte also ich die Typen, weil ich ihnen dauerhaft etwas vorspielte. Warum ich mit Männern so schlecht klarkam, lag auf der Hand, wenn man meine Familienverhältnisse betrachtete: Meine Mum kam fast jeden Monat mit einem anderen Mann nach Hause. Der war dann jedes Mal die »ganz große Liebe, ganz sicher«. Nach wenigen Wochen flüchtete die große Liebe nach einem großen Krach entweder durch die Hintertür, kam vom Zigarettenholen nie zurück oder wurde fluchtartig in einer Nacht-und-Nebel-Aktion von meiner Mum verlassen. Und ich immer hinterher. Nur einmal, da hatte meine Mutter einen richtig guten Griff gemacht, und zwar mit Ralf. Ralf strahlte unglaubliche Ruhe aus. Er hatte immer ein

Lächeln auf den Lippen, hörte einem zu und war überhaupt der gelassenste Mensch, den ich je kennengelernt hatte. Er war der erste Mann, dem die Nervenzusammenbrüche und Heulattacken meiner Mutter nicht auf die Nerven gingen. Und noch etwas war toll an Ralf: Er hatte einen Sohn, der in meinem Alter war – Chris. Wir zwei lernten uns kennen, als meine Mutter und Ralf kurz davor

> Wenn er in einer anderen Stadt wohnte, dann zog ich zu ihm. Wenn er einen anderen Klamottenstil vorzog, dann schmiss ich meinen gesamten Kleiderschrank in die Tonne und kleidete mich völlig neu ein.

waren, zusammenzuziehen. Ich war gerade acht geworden und hatte mir geschworen, meinen neuen Stiefbruder unter allen Umständen zu hassen. In Wirklichkeit dauerte es keine halbe Stunde, da waren Chris und ich schon wie Pech und Schwefel – zur großen Freude aller Beteiligten.

Das mit Ralf hielt zwar länger als die anderen Beziehungen meiner Mum – immerhin dreieinhalb Jahre –, aber trotzdem zog Ralf am Ende aus. »Ich habe es versucht«, flüsterte er mir zum Abschied traurig ins Ohr und streichelte mir dabei langsam übers Haar. Der schmerzlichste Verlust bei dieser Trennung war für mich allerdings Chris, der mit Ralf ging. Jetzt sahen wir uns nicht mehr jeden Tag, sondern nur noch jeden zweiten. Wir machten einfach so weiter wie vorher, waren beste Freunde, lachten und quatschten stundenlang. Bis heute. Dass unsere Eltern nicht mehr zusammen waren, kümmerte uns nicht. Wir würden immer füreinander da sein, das war uns klar.

In meiner Teeniezeit hatten viele Leute gedacht, Chris wäre mein Freund. »So ein Quatsch,« sagte ich dann immer, »Chris ist gar nicht mein Typ.« Das stimmte zwar nicht so ganz, denn Chris hatte blonde Haare, blaue Augen und eine sehr sportliche Figur. Er sah aus wie ein Surfer. Aber mit »nicht mein Typ« meinte ich auch eher, dass Chris für mich immer noch der kleine Junge war, den ich mit acht kennengelernt und in mein Herz geschlossen hatte – freundschaftlich. Wie sollte ich denn mit so jemandem zusammen sein? Chris war wie ein Bruder für mich.

In dieser Zeit interessierte ich mich sowieso nur für die älteren Kandidaten aus der Oberstufe, so wie jedes Mädchen in meinem Alter das wahrscheinlich tut. Sie beeindruckten mich mit ihren Autos und Motorrädern. Sie durften schon in die großen Diskotheken und nicht wie wir nur in die kleinen Kneipen mit Tanzfläche in der hintersten Ecke. Aber genau diese Kneipen waren es, in denen ich meine ersten lehrreichen Erfahrungen machte, auch in der hintersten Ecke.

Mit Chris konnte ich zwar feiern, doch er war immer der Vernünftige von uns beiden und kam ganz nach seinem Papa. Er stand mit beiden Füßen auf dem Boden und bremste mich dadurch glücklicherweise bei dem einen oder anderen Höhenflug. Ich war eher die Träumerin und Abenteurerin von uns beiden. Mit diesen Eigenschaften gesegnet, verliebte ich mich auch direkt Hals über Kopf in jeden Typen, der dahergetrottet kam – nur um ihn schlussendlich als Arschloch zu enttarnen. Chris erkannte schon auf zehn Meter Entfernung, um was für einen Typen es sich handelte, und gab mir dann deutlich zu verstehen, dass ich doch diesmal die Finger von ihm lassen sollte. Ich wollte natürlich nicht auf ihn hören und sagte: »Ja, du hast vielleicht recht. Aber ich kann ihn ja ändern.« – »Ja, sicher«, sagte Chris nur noch, denn er kannte mich gut und wusste, dass mir nicht mehr zu helfen war, wenn ich dieses Glitzern in den Augen hatte. Ich lehnte mich dann an seine Schulter und grinste in mich hinein.

Heute wundert es mich, dass er nicht irgendwann die Nerven verlor. Ich rannte immer wieder in die gleiche Falle, Chris warnte mich und ich wollte nicht hören. Und keine fünf Monate später stand ich wieder einmal mit tränenüberströmtem Gesicht vor seiner Haustür. Chris rührte seelenruhig den Honig in meine heiße Milch, während ich ihm mein Leid klagte. Doch dieses Mal kam alles anders.

Ich hatte mich gerade wieder von meinem aktuellen Liebhaber getrennt (Freund will ich ihn von meinem heutigen Standpunkt aus nicht mehr nennen) und klingelte bei Chris Sturm. Er öffnete mit einem verärgerten Gesichtsausdruck die Tür, der sich allerdings aufhellte, als er mich erblickte. »Na, wieder mal Liebeskummer?«, fragte er tonlos. Ich wunderte mich ein wenig über seinen Tonfall, bejahte aber brav und schlüpfte durch seine Tür. Als ich gerade mit meiner Story anfangen wollte, kam Chris mir zuvor: »Komm, lass uns feiern gehen. Da hab ich jetzt irgendwie total Lust zu.« Ich sah ihn verwundert an. »So ein Satz aus deinem Mund? Dass ich das noch erleben darf!« Seltsamerweise ging es mir aber bei der Vorstellung, mit Chris die Nacht durchzutanzen, schon viel besser. Ein wenig Nachtleben schnuppern, genau das Richtige. Wir machten uns also fertig und Chris zog ein Hemd an, das ich ihm zu seinem letzten Geburtstag geschenkt hatte. »Das steht dir so gut«, schwärmte ich bei seinem Anblick. Mir wurde klar, wie attraktiv Chris war. Doch trotz seines guten Aussehens war Chris alles andere als ein Frauenheld. Er hatte erst zwei Beziehungen gehabt, beide sehr lang (für meine Verhältnisse zumindest) und beide Male hatte er die Frau wirklich von Herzen geliebt.

Wir begannen die Nacht in unserer Lieblingskneipe mit Bier, irgendwann landeten wir in einem Club und tranken Tequila. Chris und ich feierten, als gäbe es kein Morgen, und tanzten wie wild. Ich fühlte, wie der Groll über meinen Ex immer mehr in Vergessenheit geriet. An seine Stelle trat ein überwältigendes Gefühl von Freiheit. Erst gegen halb sieben verließen wir als letzte Gäste den Club und liefen nach Hause. Es war ein wunderbarer Sommermorgen und über der Stadt, die sonst so lebhaft war, lag die Ruhe des frisch angebrochenen Tages. Ich zog meine Schuhe aus, um besser laufen zu können. Wir waren beide ziemlich betrunken, fühlten uns aber wunderbar leicht und jung in unserem Rausch. Lachend und gackernd schafften wir es zu Chris' Haustür. Ich stand hinter ihm, als er aufschloss, und auf einmal verspürte ich das Bedürfnis, ihn zu umarmen und fest an mich zu drücken. Ich legte meinen Kopf zwischen seine breiten Schultern. »Hey, was machst du denn?«, fragte Chris leise und wir stolperten in seine Wohnung. Ich hielt ihn immer noch fest umklammert, wollte ihn nicht loslassen. Chris nahm langsam meine Arme, befreite sich aus meinem Griff und drehte sich zu mir um. Mein Gesicht war auf einmal ganz dicht vor seinem – wie schon so oft zuvor. Doch dieses Mal lag etwas in der Luft. Ich schloss die Augen, spürte, wie mir schwindelig wurde. Ob vom Alkohol oder von Chris – ich vermochte es nicht zu sagen. Mir war alles egal. Dann spürte ich seine Lippen auf meinen. Ich ließ meine Schuhe fallen und verspürte den Drang, Chris nackt an mir zu spüren. Ich riss sein Hemd auf und Chris tat es mir mit meinem Kleid gleich. Mich packte eine Leidenschaft, wie ich sie noch nie zuvor gekannt hatte. Und auch Chris' Küsse wurden immer heißer und heftiger. Ich wollte ihn nur noch spüren. Diesen Menschen, den ich schon so lange kannte und der mich so gut kannte – es fühlte sich einfach richtig an, ihm jetzt auch so nahe zu sein.

Chris zog mich ins Schlafzimmer und wir schmissen uns aufs Bett. Keiner wollte den anderen auch nur für einen Moment loslassen. Ich schlang Arme und Beine um seinen warmen Körper und bebte vor Erregung, als ich mein Becken hochdrückte und seinen harten Schwanz an mir spürte. »Komm rein, komm endlich rein«, hörte ich mich sagen. Chris stöhnte mir ins Ohr, als er langsam in mich eindrang. »Gott, fühlt sich das geil an.«

*Ich war eher die Träumerin und Abenteurerin. Mit diesen Eigenschaften gesegnet, verliebte ich mich auch direkt Hals über Kopf in jeden Typen, der dahergetrottet kam*

Wir wachten erst gegen Nachmittag ineinander verschlungen auf. Ich hatte so gut geschlafen wie seit Jahren nicht mehr. Ein Gefühl der Geborgenheit hatte mich die ganze Nacht begleitet. Als ich aufwachte, drehte ich mich zu Chris und konnte kaum glauben, dass er tatsächlich hier neben mir lag. Ich streichelte ihm übers Haar und küsste ihn sanft wach. Chris öffnete verschlafen die Augen und wir schauten uns lange nur an. Keiner wusste so genau, was er sagen sollte. »Was haben wir nur gemacht?«, fragte Chris, konnte sich aber ein Schmunzeln nicht verkneifen. »Hm, soll ich dir das erklären oder lieber noch mal zeigen?«

Wir machten es noch ein paar Mal – diesmal nüchterner, langsamer, liebevoller und uns wurde klar, dass unsere neu entdeckte Zuneigung nicht auf dem Alkoholpegel der gestrigen Nacht basierte. Bis zum nächsten Tag lagen wir im Bett, schliefen immer wieder zusammen ein, erwachten und begannen unser Spiel von vorne. Wir redeten an diesem Tag nicht über das, was hier passiert war. Wir genossen es beide so sehr, dass keiner etwas mit einer Frage zerstören wollte.

Erst am Sonntagabend, als ich mich fertigmachte, um nach Hause zu gehen, traute sich Chris, es laut auszusprechen: »Was sind wir jetzt? Freunde? Ein Paar?« Ich drehte mich zu ihm um und sah ihm direkt ins Gesicht. »Ich weiß nicht, was wir sind. Ich weiß nur, dass es sich vom ersten Moment an richtig angefühlt hat«, sagte ich leise und Chris zog mich am Arm zurück in seine Wohnung.

# 21

# Anders als man denkt

Natascha (35), Anwältin, Stade,
über
Stefan (42), Tai-Chi-Trainer, Hamburg

Ich habe mit meinem Tai-Chi-Trainer geschlafen«, platzte ich mit meiner Neuigkeit heraus.

»Endlich passiert mal was!«, kreischte meine Freundin und klatschte sich begeistert auf die Schenkel. Ich fand ihre Reaktion dämlich, aber sie überraschte mich nicht weiter. Seit Monaten lag ich ihr mit meiner unglücklichen Beziehung zu Sabine in den Ohren. Sabine und ich waren schon einige Jahre lang zusammen und die Luft war raus. Wir stritten ständig, gingen meist getrennt aus und es war eigentlich nur noch eine Frage der Zeit, bis eine von uns den Schlussstrich ziehen würde. Sabine war meine zweite Freundin – meine zweite Freundin nach meinem ersten Freund. Torsten hatte mich während meiner Schulzeit begleitet, mit ihm erlebte ich den ersten Kuss und die ersten Fummeleien. Wir hatten eine gute Zeit, aber irgendwann traf ich Juliane. Und, ob ich wollte oder nicht, ich verliebte mich in sie. Natürlich war ich verwirrt, darüber, dass Juliane eine Frau war und ich rein gar nichts gegen meine Gefühle tun konnte. Juliane war meine Traumfrau und ich merkte, dass meine Beziehung zu Torsten zwar ein guter Anfang, aber mitnichten das war, was für mich Erfüllung bedeutete.

»Ich bin lesbisch«, outete ich mich damals vor meinen Freundinnen. Die gackerten nur und sagten: »Na und? Wir dachten schon, es wäre was Ernstes!« Auch meine Familie stand auf meiner Seite, wobei ich aber ahnte, dass es meiner Mutter schwerfiel, auf Enkelkinder zu verzichten.

Wo die Liebe hinfällt ... Bei mir fiel sie eben vor die Füße einer Frau. Mit Juliane erlebte ich mein erstes Mal. Bei ihr war ich mir sicher, angekommen zu sein – in einer Beziehung ohne Kinder und ohne Heirat. Ich empfand das nie als Verzicht und war sowieso nicht der Typ, der mit Kind und Mann in einem eigenen Haus glücklich werden wollte. Selbst wenn der Mann eine Frau gewesen wäre – ein durchstrukturiertes Leben konnte ich mir einfach nicht vorstellen. Wenn Freundinnen mir von ihrem Traum von der niedlichen Kleinfamilie erzählten, rollte ich nur mit den Augen und ergriff die Flucht. Bei Peter Fox' *Haus am See* stellte ich regelmäßig das Radio ab. Wie spießig! Mein Leben sollte sich in einer Stadtwohnung abspielen, im Zentrum vom Zentrum. Und ich hatte alles, wovon ich träumte: die Wohnung und die Frau.

Bis wir uns trennten.

Liebe kommt und geht. Jeder Versuch, unsere festzuhalten, scheiterte. Und irgendwann schaffte es eine andere, mein Herz zu erobern: Sabine. Als ich sie traf, war ich zwar immer noch in den Irrungen und Wirrungen der Beziehung zu Juliane verstrickt, aber ich konnte und wollte sie nicht weiterziehen lassen. Sabine gab mir genau

*Meine Gefühle fuhren Achterbahn und ich hatte nicht die leiseste Ahnung, wie ich mit dieser Situation umgehen sollte.*

das, was ich bei Juliane vermisst hatte: Sie war verrückt nach mir, umgarnte mich und machte mir den Hof. Ich war gefesselt von ihrer Art und gab mich hin, sogar der Idee, zusammenzuziehen. Spätestens seit meiner Beziehung zu Sabine wusste jeder, dass ich lesbisch war. Die Szene war mein Zuhause. Und den Christopher Street Day feierte ich sogar mit meinen Hetero-Freundinnen.

Wenn andere ihre Kerle zu Partys mitbrachten, tauchte ich mit Sabine auf. Das war mein Leben. Und mein Leben war unkompliziert.

Der Tag, an dem ich mit etwas so Harmlosem wie Tai-Chi begann, sollte mein Leben verändern. Ich suchte nach einem neuen Hobby, das mich von meiner Beziehung, die mehr und mehr zerfiel, ablenken sollte. Das Ende unserer Liebe erschien mir wie ein Déjà vu. Ich war mal wieder nicht in der Lage, sie zu retten. Sabine distanzierte sich immer mehr von mir und als Reaktion darauf flüchtete ich so oft wie möglich ins Training. Dort feierte ich Erfolge, wurde anerkannt und konnte die Probleme mit Sabine ausblenden. Doch irgendwann merkte ich, dass ich mich nicht mehr nur auf meine Leistung, sondern vor allem auf meinen Trainer Stefan konzentrierte. Ich war verwirrt! Wenn ich in der Umkleide wieder spürte, wie Vorfreude in mir aufkam, versuchte ich mich zur Raison zu bringen. Erstens: Ich war nur zum Trainieren hier! Zweitens: Ich stand auf Frauen! Und drittens: Alles andere konnte nur Einbildung sein! Aber Stefan, der anscheinend auch ein Auge auf mich geworfen hatte, machte es mir unmöglich, mich selbst zu überzeugen.

Wie auch immer er es organisierte – ständig waren wir allein. Und wenn doch andere mit uns im Raum waren, führte er ausgerechnet an mir neue Techniken vor. Wir wussten nicht viel voneinander. Nur, dass wir beide vergeben waren und dass unsere Beziehungen kriselten.

Wir schlichen also wochenlang umeinander herum, berührten den anderen erst zufällig, dann bewusst, und als wir uns eines Abends vor den Umkleidekabinen in die Arme liefen, passierte es.

Wir sahen uns an, ich lächelte. Und als ich ihm schon einen schönen Abend wünschen und gehen wollte, hielt er mich am Arm fest. Ich blickte ihm in die Augen und merkte, dass ich zitterte. Vor mir stand ein Mann, der mich ganz offensichtlich küssen wollte. Ich hatte seit Jahren keinen Mann mehr geküsst, nicht mal darüber nachgedacht. Aber als er sich zu mir vorbeugte, verlor ich die Kontrolle. Wir küssten uns leidenschaftlich und ich ließ meine Sporttasche willenlos auf den Boden fallen. Er umarmte mich fest und flüsterte mir ins Ohr: »Das habe ich mir schon so lange ausgemalt ...« *Und ich erst!*, dachte ich. Aber heute, vorerst, musste mein Gewissen siegen! Ich stammelte, dass ich nach Hause müsse und wir uns ja in zwei Tagen zum Training wiedersehen würden. »Wir kriegen das hin!«, rief er mir noch hinterher, ich hatte fluchtartig den Raum verlassen.

Meine Gefühle fuhren Achterbahn und ich hatte nicht die leiseste Ahnung, wie ich mit dieser Situation umgehen sollte.

Als ich nach Hause kam, war Sabine mal wieder nicht da. Wir sahen uns in letzter Zeit selten. Jede von uns vermied es, der anderen über den Weg zu laufen. So mussten wir uns wenigstens nicht mit uns auseinandersetzen. Ich beschloss, den Vorfall zu vergessen und den Abend so unaufgeregt wie möglich zu Ende zu bringen. Um mich zu beruhigen, trank ich eine Tasse Tee, bevor ich ins Bett ging. Doch meine Gedanken kreisten ununterbrochen um Stefan. Ich hatte Gewissensbisse, freute mich aber auch wie ein Kleinkind auf unser nächstes Wiedersehen. Ich hatte Angst. Wir kriegen das hin?! Was würden wir hinkriegen? Worauf sollte ich warten? Ich grübelte, bis mir endlich die Augen zufielen.

Das nächste Training kam — und endete genauso, wie ich es gleichzeitig befürchtet und erhofft hatte: Wir waren wieder die Letzten, die aus der Umkleidekabine kamen. Und so würde es nach jedem verdammten Training in den nächsten Wochen auch sein. Irgendwann hielten wir es nicht mehr aus, die Frage, wo wir endlich eine Nacht gemeinsam verbringen konnten, stand unweigerlich im Raum. Zu mir konnten wir natürlich nicht und zu ihm genauso wenig. Also blieb uns eigentlich nur noch eine Lösung: das Tai-Chi-Center.

Eines Abends trauten wir uns endlich und bauten ein großes Mattenlager in der Trainingshalle auf. Ich hatte mein zweites erstes Mal und genoss es in vollen Zügen. Sex mit einem Mann war anders. Schön. Und ich merkte, dass das Geschlecht dabei keine Rolle mehr spielte. Ich hatte mich in Stefan verliebt. Nicht in die Tatsache, dass er ein Mann war. Sabine war einmal meine Traumfrau gewesen. Sabine, der Mensch. Nicht die Frau.

Einige Zeit später erfuhr ich, dass Sabine mich seit Monaten mit einer anderen hinterging. Obwohl ich nicht weniger schuldig war, verletzte sie mich damit zutiefst. Ich betrog sie und sie betrog mich. Trotzdem fühlte sich nichts davon gerecht an. Nach der Nacht auf den Matten war abzusehen, dass Stefan und ich uns von unseren Partnern trennen würden. Es war klar, dass wir zusammengehörten. Natürlich fiel uns diese Entscheidung nicht leicht, aber wir konnten nicht mehr ignorieren, dass wir uns ineinander verliebt hatten. Nicht mal ein Jahr später zogen wir in eine gemeinsame Wohnung.

Und noch einmal zwei Jahre später stand ich vor einer Standesbeamtin. Neben mir Stefan, meine lächelnde Trauzeugin und sein Trauzeuge. Hinter uns saß meine strahlende Mutter mit unserer fast einjährigen Tochter Luise auf dem Schoß. Ich hatte Angst und war unglaublich aufgeregt. Die Standesbeamtin redete, aber ich hörte nicht, was sie sagte. Ich dachte an die vergangene Zeit, an das Auf und Ab in meinem Leben und an Stefan, der inzwischen genauso angespannt aussah wie ich. Ich hatte lange an eine »Mrs. Right« geglaubt. Aber Stefan war der Richtige. Der richtige Vater für mein Kind und der richtige Mann für mich. »Ihr solltet heiraten«, sagte zuerst unsere Steuerberaterin. Wir lachten nur über diesen unromantischen Zug und schoben den Gedanken sofort wieder beiseite. Doch die Idee war von da an in unseren Köpfen. Wir liebten uns und wollten zusammenbleiben. Daran bestand kein Zweifel. Warum also nicht? Eines Abends kniete Stefan vor mir nieder, lachte und fragte: »Willst du mich heiraten?« An jenem Tag vor der Standesbeamtin und den zwei schlichten Ringen, die wir vorher ausgesucht hatten, hörte ich mich sagen: »Ja, ich will!«

# 22

# Die Zwischenlandung

Theresa (35), Controllerin,
und
Luca (32 ), Controller

Ich habe nicht damit gerechnet«, log ich ihm mitten ins Gesicht. Das war einfach falsch. Ich hatte nicht nur damit gerechnet, sondern ich wusste sogar ganz genau, dass es jetzt passieren würde. An diesem Tag, in dieser Nacht. Denn ich war gut im Rechnen und ich wurde noch besser dafür bezahlt. Er lächelte mich an. Natürlich wusste auch er ganz genau, dass dies eine Lüge war. Doch das spielte keine Rolle. Anstatt etwas zu sagen, zog er meinen nackten Körper auf sich und drückte mit seinem Knie meine blanken Schenkel auseinander. Ich stöhnte leise auf.

Natürlich hatte es jetzt passieren müssen. Ich hatte es sozusagen bis jetzt hinausgezögert. Länger hätte es nicht mehr funktioniert. Seit fünf Wochen arbeiteten wir nun zusammen. Luca und ich. Er wurde mir als einer der Besten vorgestellt und ich wollte ihn in meinem Team haben. Schon als er mir zum ersten Mal die Hand reichte und wir uns berührten, wusste ich, dass ich diese Nacht mehr wollte als alles andere.

Wir arbeiteten an einem aufwendigen Projekt und ich war schon nach wenigen Tagen froh, dass Luca in unserem Team war, was ich ihn zunächst aber natürlich nicht spüren ließ. Als Teamleiterin hatte ich die Verantwortung, das Projekt zu einem guten Abschluss zu bringen, und darauf bestand ich. Dafür arbeitete ich Tag und Nacht und die gleiche Leistungsbereitschaft verlangte ich auch von meinem Team. Luca liebte seine Arbeit ebenso. Im Gegensatz zu mir schaffte er es jedoch, diese Leidenschaft mühelos auf das Team zu übertragen. Die ersten Tage versuchte ich, mich seinem Enthusiasmus zu entziehen und fuhr ihn dafür sogar ein paar Mal regelrecht an. Luca überging meine Spitzen jedoch immer mit einem lockeren Schulterzucken. Er trieb mich damit in den Wahnsinn. Nicht nur, weil ich ihn durch meine gemeinen Spitzen nicht bremsen konnte, sondern auch weil er mich als Frau allem Anschein nach nicht wahrnahm.

Für gewöhnlich hatte ich einen Mann wie Luca nach nur wenigen Stunden an meiner Angel. Doch ihn schien mein gutes Aussehen nicht zu beeindrucken. Ich versuchte es sogar mit meinem Spezialkostüm, das ich sonst nur für bestimmte Geschäftsessen einsetzte: ein Rock, nicht sehr kurz, aber dafür umso figurbetonter, und eine Armanibluse, die aus meiner Oberweite ein Prachtexemplar zauberte. Aber Luca hatte meinen Ausschnitt nicht eines Blickes gewürdigt. Am Ende des Tages landete die Bluse im Müll und meine Laune war im Keller. *Mein Appeal geht flöten*, dachte ich in der einen Sekunde, *ach, der ist doch schwul* in der nächsten und kramte die Bluse wieder aus dem Papierkorb. *Warum bringt dich dieser Kerl eigentlich so aus der Fassung?* Gut – das lag auf der Hand. Luca sah umwerfend aus. Unter seinen perfekt sitzenden Anzügen zeichnete sich eine sportliche Figur ab. *Genau wie ich es mag.* Breite Schultern und ein schöner Knackpo. Seine Haare waren ein wenig zu lang, was seinem Aussehen jedoch etwas Lässiges und Jungenhaftes gab. Wenn er im Team einen Vortrag hielt, glänzten seine dunklen Augen, und wenn er lächelte, kamen auf seinen Wangen kleine Grübchen zum Vorschein. *Dieses Grübchen*, wenn ich daran dachte, musste ich leise stöhnen. Zwischen meinen Beinen fing es mächtig an zu kribbeln. Schnell schlug ich sie übereinander und versuchte mich wieder auf die Arbeit zu konzentrieren.

Wir hatten drei Wochen zusammengearbeitet und in unserem Projekt traten verschiedene Probleme auf, für die ich eine Lösung finden musste. Wir hatten nicht mehr viel Zeit bis zur Vorstandspräsentation. Ich saß noch sehr lange über den Papieren und es war bereits nach elf, als Luca auf einmal mit zwei Bechern in der Tür stand. »Kaffee?« Er sah mich fragend an und ich war einfach nur froh, ihn da im Türrahmen zu sehen. »Gerne«, sagte ich lächelnd. »Ach, sieh mal einer an. Die eiserne Lady kann lächeln.« Ich zog eine Grimasse. »Hilf mir mal lieber, anstatt Sprüche zu klopfen«, bellte ich ihn an und es tat mir im selben Moment leid. »Komm«, sagte ich versöhnlich und zog einen Stuhl neben mich, damit Luca besser in die Papiere schauen konnte. Ich hatte unwillkürlich das Bedürfnis, mich wie eine Katze an ihn zu schmiegen und mir schnurrend von ihm den Kopf kraulen zu lassen. Doch er war plötzlich sehr ernst und ganz bei der Sache, sodass ich meine Gedanken mit einem schnellen Kopfschütteln verscheuchte. Lange studierte er die Zahlen. »Das sieht nicht gut aus«, sagte er. Ich legte die Stirn in Falten und sah ihn aus großen Augen an. *Miau,* ging es mir nur durch den Kopf. »Aber wir kriegen das schon hin«, meinte er auf einmal selbstsicher und das war besser als jedes Köpfchenkraulen. Irgendwie wusste ich, dass es

*Zwischen meinen Beinen fing es mächtig an zu kribbeln. Schnell schlug ich sie übereinander und versuchte mich wieder auf die Arbeit zu konzentrieren.*

stimmte. Wir arbeiteten die ganze Nacht. Mehr als einmal kam mir in den Sinn, dass ich mit ihm um diese Uhrzeit eigentlich gerne was ganz anderes gemacht hätte. Doch von Lucas Seite kamen keinerlei Annäherungsversuche. Keine Hand auf meinem Knie, nicht einmal eine kurze Schulterberührung. Ich resignierte. *Doch schwul? Wirklich schade.*

Ich hatte meinen heißen Körper zwar nicht an Lucas reiben können, dafür waren wir am kommenden Morgen mit unserem Projekt aber ein ganzes Stück weitergekommen. Ich war vollkommen übermüdet, aber ziemlich happy. »Ich danke dir. Ohne dich hätte ich das so nicht hinbekommen. Du bist wirklich gut.« Ich meinte es nicht höflich oder nett, sondern einfach nur ehrlich. Längst hatte ich es aufgegeben, mich zu verstellen und so zu tun, als könnte ich ihn nicht leiden. Er hatte mir sehr geholfen, er verstand sich auf seine Arbeit und er baggerte mich nicht an. Das imponierte mir. »Wir sind echt ein gutes Team, was!«, sagte Luca nur. »Zusammen schaffen wir das schon. Jetzt muss ich aber nach Hause und unter die Dusche springen. Wir sehen uns später.« So plötzlich, wie er vor Stunden in meinem Büro aufgetaucht war, verschwand er auch wieder. Und ich ertappte mich dabei, wie ich pfeifend nach Hause fuhr und dabei an den nackten Luca-Po unter der Dusche dachte.

Es sollte nicht die letzte Nacht gewesen sein, die wir zusammen durchmachten. Mal allein, mal mit anderen Teamkollegen. Die Zeit war knapp, aber wir schafften es rechtzeitig und erzielten ein richtig gutes Ergebnis. Nicht zuletzt durch Lucas fantastische Arbeit. Er war derjenige, der uns auch noch viele Stunden nach Mitternacht bei Laune hielt. Er war hoch konzentriert, aber nicht verbissen und motivierte mich und die anderen, weiterzumachen und einige Gedankenansätze noch einmal vollkommen neu anzugehen. Er faszinierte mich. In der ganzen Zeit musste ich mich mehr als einmal zurückhalten, nicht zu offensiv mit ihm zu flirten. Wir verstanden uns gut, immer besser sogar und ich wollte ihn von Tag zu Tag mehr. Aber ich hatte keine Ahnung, wie er über die Sache dachte, und das brachte mich ganz schön durcheinander. Daher

*Es muss wohl am Alkohol gelegen haben, vielleicht auch an meinem tief ausgeschnittenen Kleid und Lucas unverschämt gut sitzendem Smoking, dass wir uns auf einmal in den Armen lagen.*

beschloss ich, alles Weitere auf die Zeit nach der Präsentation zu schieben. Sie stand jetzt im Fokus, wir mussten einfach überzeugen – und das taten wir auch. Normalerweise präsentierte immer nur die Teamleiterin die Ergebnisse und Ideen. Doch ich entschied mich dafür, Luca mitzunehmen. »Du hast es dir verdient«, antwortete ich auf seine Frage, warum ich ihn mit dabeihaben wollte. Das stimmte, war jedoch längst nicht der einzige Grund, weshalb ich ihn dabeihaben wollte. Ich fühlte mich sicher und stark in seiner Gegenwart. Gemeinsam würden wir die Herren vom Vorstand von unseren Ideen nicht nur überzeugen, sondern sie sogar dafür begeistern. Dessen war ich mir sicher.

Ich hatte bereits mein drittes Glas Champagner in der Hand, obwohl ich jegliche sprudelnde Getränke eigentlich nicht vertrage. Doch heute war mir alles egal. Selbst, dass ich am Morgen mit einem Riesenkater aufwachen würde. Vielleicht ja sogar mit einem sexy Kater im Arm? Ich hatte das Gefühl, als wäre ein zehn Tonnen schwerer Findling von mir gefallen. Jetzt schwebte ich wenige Zentimeter über der Erde. Die Präsentation war besser gelaufen, als wir es uns je hätten träumen lassen. Wir waren extra nach London gereist, da dort ein mehrtägiges Vorstandstreffen stattfand. Im Landeanflug auf Heathrow hatte ich reflexartig nach Lucas Hand gegriffen, als die Maschine zu ruckeln begann. Ich ließ sie sofort wieder los, als hätte ich mich verbrannt. Luca lächelte nur in sich hinein und sagte glücklicherweise nichts. Aber den ganzen Tag über spürte ich diese Berührung wie ein warmes Kribbeln auf meiner Hand. Nach der Präsentation breitete sich das Kribbeln in meinem gesamten Körper aus. Ich fühlte mich so gut, als wäre ich auf Drogen. Unsere Firma hatte in unserem Hotel zu einer Party eingeladen und Luca und mir war auch richtig zum Feiern zumute. Immer wieder stießen wir auf unseren Erfolg an, es war ein wundervoller Abend. Zu diesem Anlass hatte ich extra mein kleines Schwarzes gewählt. *Wenn nicht in diesem Kleid, dann gar nicht*, hatte ich mir gedacht, als ich das Kleid akkurat in meinem

Koffer zusammenlegte. Dabei hatte ich natürlich an Luca gedacht. Und wie sich nach dem fünften Glas Champagner herausstellte: Es verfehlte seine Wirkung nicht.

»Danke, dass du mich mitgenommen hast. Das ist wirklich nicht selbstverständlich.« Luca war mir auf einmal ganz nahe gekommen. »Du meinst, dass Frauen in meiner Position normalerweise die Lorbeeren alleine ernten? Das ist nicht meine Art«, gab ich zurück und berührte mit meinen Lippen kurz sein Ohrläppchen. »Wir sind ein starkes Team, was? Wir haben es ihnen heute richtig gezeigt!« Luca grinste. »Auf jeden Fall!«, rief ich und erhob zum dreißigsten Mal mein Glas. »Auf uns«, sagte ich ein wenig zu laut, sodass die zwei Kollegen neben uns rüberschauten. »Auf uns«, sagte Luca nicht weniger laut und wir prosteten uns zu. Es muss wohl am Alkohol gelegen haben, vielleicht auch an meinem tief ausgeschnittenen Kleid und Lucas unverschämt gut sitzendem Smoking, dass wir uns auf einmal in den Armen lagen. »Ich will mit dir allein sein«, flüsterte Luca mir plötzlich ins Ohr. Mir wurde heiß und kalt und ich spürte ein unglaubliches Verlangen nach ihm. »Komm«, sagte ich nur und nahm ihn an der Hand. Ich war total überrascht von Lucas plötzlicher Leidenschaft für mich. »Ich dachte die ganze Zeit, du stehst nicht auf mich«, sagte ich leise, als wir im Fahrstuhl standen und er gerade dabei war, mit seinen Fingern nach meinem Reißverschluss zu tasten. »Machst du Witze?«, stöhnte Luca. »Ich wollte dich die ganze Zeit. Seit der ersten Sekunde. Dein Anblick. Wow. Aber ich hab mich zurückgehalten, du bist schließlich meine Vorgesetzte.« – »Oh ja, das bin ich. Und deshalb sage ich dir jetzt auch, was du zu tun hast«, flüsterte ich ihm ins Ohr. »Du bringst mich jetzt sofort auf dein Zimmer und ziehst mir mein Höschen runter.« – »Oh Gott«, stöhnte Luca auf und trug mich halb durch den Hotelflur in sein Zimmer.

Wir schliefen in dieser Nacht nicht eine Sekunde und ich fühlte mich am Morgen trotzdem seltsam wach. »Gut, ich habe gelogen«, gab ich grinsend zu. »Ich habe damit gerechnet. Denn wie du weißt, im Rechnen bin ich ganz gut.« – »Das bist du«, sagte Luca. »Und jetzt weiß ich, worin du noch ganz gut bist.« – »Ganz gut?«, sagte ich gespielt beleidigt und verschränkte meine Arme vor der nackten Brust. »Ich meinte natürlich – unglaublich«, sagte Luca schnell und zog meinen Kopf zu sich heran, um mich zu küssen. »Wenn es dir so unglaublich gut gefallen hat, dann können wir es gern mal wiederholen«, wagte ich mich ganz vorsichtig einen Schritt vor. Luca ließ meinen Kopf los und wurde auf einmal ganz ernst. Er atmete tief ein, auf seiner Stirn bildeten sich Falten. »Ich bin ab nächster Woche für zwei Jahre in Boston. Es tut mir leid, ich wollte es dir eigentlich direkt nach der Präsentation sagen, aber ...« Luca sah mir direkt ins Gesicht. Ich versuchte mir nicht anmerken zu lassen, dass mein Herz aussetzte, auf einmal wurde ich furchtbar wütend. Auf ihn, aber vor allem auf mich. Warum hatte ich mich überhaupt auf ihn eingelassen? Klar – wir hatten nur eine Nacht miteinander verbracht. Aber in den intensiven Wochen voller Arbeit hatte ich das Gefühl, dass wir uns sehr gut kennengelernt hatten. Ich mochte Luca, sehr sogar. Diese Nacht war einfach der Wahnsinn. Und jetzt sollte ich ihn schon wieder verlieren. Ich hatte einen Kloß im Hals, drehte mich schnell von ihm weg und stand auf, um ins Bad zu gehen. »Es tut mir sehr leid«, hörte ich Luca sagen, als ich in die Dusche stieg. Und ich spürte, dass er es auch wirklich so meinte.

# 23

# Barbie trifft Holzpuppe

Celine (25), Studentin, Starnberg,
über
Florian (28), Student, München

---

Was, Celine, das ist dein Freund? Wie, Florian, das ist deine Freundin? Diese Fragen müssen mein Freund und ich uns oft anhören. Früher hat es genervt, jetzt können wir darüber lachen, meistens jedenfalls. Andererseits muss ich auch zugeben: Abgesehen davon, dass es eine schlechte Erziehung offenbart, haben die Fragen schon ihre Gründe. Denn mein Freund und ich könnten unterschiedlicher nicht sein.

Ich bin ein Luxusmädchen – böse Zungen würden mich auch als Luxustussi beschimpfen. Es gibt viele Faktoren, die diese Behauptung belegen: Ich kann an nichts vorbeigehen, das entweder pink ist oder glitzert, das im besten Fall pink ist *und* glitzert. Ich fahre einen Mini in Babyblau, den mir mein Vater zum Abitur geschenkt hat. Ein fahrendes Klischee. Na und? Ich gehe einmal in der Woche zur Maniküre, alle zwei Wochen zum Friseur. Mein Badezimmerschrank ist mit Tausenden von Dingen gefüllt, die ich tatsächlich alle brauche. Ich verwende viel Zeit darauf, in Sachen Modetrends, Lifestyle-Accessoires, Gossip (am liebsten über unbekannte It-Girls aus LA, ohne je dahinterzukommen, warum ich ein so großes Interesse für sie hege) immer auf dem neusten Stand zu sein. Aber das, was mich wohl am offensichtlichsten als »Luxusgöre« enttarnt, sind die neuesten Täschchen und Mäntelchen für meine Chihuahua-Dame Shisha. Ja, ich habe einen Chihuahua. Wieder so ein Klischee, das ich bestens bediene: Mit meiner Hundedame in der Tasche bummle ich durch die Maximilianstraße. Aber nein, ich habe mir Shisha nicht zugelegt, weil es »trendy« ist, sondern weil ich Hunde wirklich liebe und diese kleinen Zwerge äußerst praktisch sind, wenn man in einer Großstadt einen Hund halten möchte.

Und um jetzt einmal direkt mit einem Klischee aufzuräumen: Chihuahuas sind keine Mischung aus Hund und Ratte und sie sind auch keine neumodische Rasse, die gezüchtet wurde, damit Frauen wie ich sie in der Handtasche herumtragen können. Was ich im Übrigen aber sehr gern tue, Shisha ist der beste Handwärmer im Winter. Chihuahuas gibt es seit langer, langer Zeit. Schon die alten Azteken hielten Chihuahuas und verehrten sie als Führer toter Seelen in das Reich des Jenseits. Sie zählten außerdem zu den Lieblingshunden aztekischer Prinzessinnen und waren daher auch schon vor Tausenden von Jahren die Begleiter wunderschöner, anbetungswürdiger und mächtiger Frauen. Daran hat sich bis heute offenbar nichts geändert. Dieses Wissen habe ich nicht selbst recherchiert, das hat alles mein wunderbarer Freund herausgefunden. Seit er die Geschichtsträchtigkeit dieser Rasse kennt, vergöttert auch er meine kleine Shisha. Und genau das ist typisch für unsere Beziehung: Unsere Wege sind sehr unterschiedlich, doch das Ziel ist dabei das gleiche. So kommen wir immer wieder auf einen Nenner.

Ich kannte meinen Freund schon lange bevor es bei mir Klick gemacht hat. Wie in diesem alten Schlager *Tausend Mal berührt ... und es hat Zoom gemacht*. Gut, tausend Mal berührt haben wir uns vorher eher nicht. Im Gegenteil, wir sind uns aus dem Weg gegangen. Denn jeder von uns hatte den anderen schon nach dem ersten Kennenlernen in eine Schublade gesteckt. Und diese

Schubladen gehörten zu der Sorte, die sich fies verklemmen und nur mit viel Wohlwollen wieder öffnen lassen. Bei uns funktionierte es dank eines langen Gesprächs. Gut, ein bisschen Alkohol war auch im Spiel.

Mein Freund Florian und ich haben uns auf einer Studentenparty kennengelernt und dabei herausgefunden, dass wir mehrere Kurse gemeinsam belegten. Ich konnte mich beim besten Willen nicht daran erinnern, ihn jemals dort gesehen zu haben. Später fanden wir heraus, woran das lag: Ich saß gerne in einer der ersten Reihen. Das hängt weniger mit meinem Strebertum zusammen als damit, dass ich kurzsichtig bin, allerdings zu eitel für eine Brille. Mein Florian hingegen saß im Audimax immer hinten, weil er gern alles im Blick hatte. Auch er ist kurzsichtig, trägt aber eine Brille und wird nervös, wenn er nicht weiß, was hinter seinem Rücken passiert. Kein Wunder also, dass wir uns nicht kannten.

Vielleicht fiel mir Florian aber auch deswegen kein bisschen auf, weil ich zu der Zeit mit Konstantin zusammen war.

Oh je, Konstantin. Wenn ich heute daran zurückdenke, kommt es mir vor, als wäre ich damals eine andere Person gewesen. Die jetzige Celine, deren Spiegelbild mir in jedem Schuhschaufenster entgegenblickt, würde sich nicht einmal mehr nach einem Mann wie Konstantin umdrehen. Doch damals dachte ich, wir würden perfekt zusammenpassen. Und für jeden Außenstehenden, bzw. für jeden außer mir, muss es auch so *Ja, ich habe einen Chihuahua. Wieder so ein Klischee, das ich bestens bediene: Mit meiner Hundedame in der Tasche bummle ich durch die Maximilianstraße.*

ausgesehen haben. Konstantin kommt wie ich aus gutem Hause. Schlimmer. Seine Eltern sind mit meinen befreundet und spielen zweimal die Woche gemeinsam Tennis. Eigentlich waren wir dazu verdammt, zusammenzukommen, und unsere beiden Eltern waren darüber natürlich überglücklich. Alles passte so gut. Auch Konstantin ist eines dieser Kinder, die zum Abitur entweder ein teures Auto oder eine noch teurere Uhr geschenkt bekommen. In Konstantins Fall war es übrigens beides. Früher, als ich noch die kleine naive Celine war, himmelte ich ihn wegen solcher Dinge an. Im Nachhinein fällt mir auf, dass ich mehr Zeit mit ihm in irgendwelchen In-Lokalen und Szeneclubs verbracht habe als bei einem wirklich guten Glas Wein und einem noch besseren Gespräch. Kurz gesagt: Unsere Beziehung hatte null Tiefgang. Doch wenn man es nicht besser weiß, gibt man sich damit zufrieden. Schließlich konnte ich mir fast jeden Samstag etwas Nettes auf der Maximillianstraße aussuchen – da verdrängt man gerne ein nie stattgefundenes gutes Gespräch.

Es passte damals nicht in mein Konzept, dass ein Mann auch dazu da sein konnte, dass ich meine Gefühle mit ihm teilte. Er sollte sich mit Motoren und Uhrwerken auskennen, nicht aber mit dem Innenleben einer Frau.

Wie sehr ich mich getäuscht hatte, merkte ich erst, als ich Florian kennenlernte. Wie schon erwähnt, hegten wir füreinander zunächst nicht das kleinste Interesse, obwohl wir uns immer öfter auf Studentenpartys über den Weg liefen. Ich fing an, diese Partys zu lieben, und kehrte den hippen Szeneläden, in denen ich sonst rumgehangen hatte, nach und nach den Rücken. Hier war alles echt: die Menschen, das Bier, die Musik, die Gespräche. Und in der einen oder anderen Nacht auch die Polizei, die wegen Lärmbelästigung an die Tür klopfte. Keine teuren Cocktails, keine Markengarderobe, kein gekünsteltes Lächeln, das zu hell gebleachte Zähne offenbarte. Man stand in der schmutzigen Küche, blickte beim Rauchen mit fremden Menschen auf zu kleinen Balkons in den Sternenhimmel und fachsimpelte vor dem Damenklo, das bei Hauspartys auch gleichzeitig das Herrenklo war, woran sich aber niemand störte. Gut, abgesehen von mir, besonders zu später Stunde.

Auf einer dieser Partys, zu denen ich eigentlich fast immer allein ging, da Konstantin dafür nichts übrig hatte, lernte ich Florian kennen. Es war die Zeit, in der Konstantin und ich langsam begriffen, dass uns nichts mehr wirklich zusammenhielt. Vielleicht hatte auch nur ich es begriffen und entfernte mich daher immer mehr von ihm – was ihn allerdings nicht sonderlich zu stören schien. Irgendwie waren wir die ganze Zeit nur oberflächlich befreundet gewesen. Ich hatte nie gewusst, was Konstantin eigentlich denkt. Über mich, über sich, über diese Welt.

Ich war schon leicht bis mittelstark angeschwipst, lehnte am Türrahmen und betrachtete die muntere Szene im Wohnzimmer. Mein Herz war warm und ich war in diesem Moment glücklich darüber, mit all diesen lieben Menschen das Leid über die anstehenden Prüfungen teilen zu können. Genau wie ich nutzten auch sie diesen Freitag, um sich wenigstens für ein paar Stunden vom Prüfungsstress zu befreien. Ich grinste also glücklich durch die Gegend und mein Blick fiel dabei auf den gegenüberliegenden Türrahmen, in dem Florian stand und ebenfalls gedankenverloren durch den Raum blickte. In diesem Moment trafen sich unsere Blicke und wir mussten beide lachen, weil wir für wenige Sekunden genau wussten, was der andere denkt und wie er sich fühlt. Wir hatten noch keine fünf Minuten am Stück miteinander gesprochen, doch in diesem Moment war mir Florian schon näher, als Konstantin es in den letzten zweieinhalb Jahren gewesen war.

Ich merkte, wie sich Florian einen Ruck gab und zu mir rüberkam. Ich hätte im Traum nicht daran gedacht, dass er vorhatte, mit mir zu flirten. Dafür ist Florian nicht der Typ. Doch als er so durch den Raum schritt, bemerkte ich auf einmal, wie gut er aussah. Mit seinen 1,90 Metern schien er alle zu überragen. Er trug eine Jeans und ein einfaches schwarzes Shirt. *Passt gut zu seinen dunklen Haaren*, dachte ich mir. Da wurde mir klar, dass ich Lust hatte, mit ihm zu flirten. Er kam also rüber und stellte sich so vor mich, dass ich leicht nach oben schauen musste, um ihm ins Gesicht zu blicken. »Hey«, sagte er und lächelte. Ich wunderte mich darüber, dass mir zuvor nie aufgefallen war, dass er mitten in einer Reihe aus perfekten Zähnen eine kleine Zahnlücke hatte. Warum nur klopfte mein Herz auf einmal so? Das war Florian, der Typ aus der Uni. Der Typ, den ich sonst nie eines Blickes gewürdigt hatte. Doch warum, das wollte mir in den kommenden drei Stunden partout nicht mehr einfallen. Mir fehlte auch die Zeit, darüber nachzudenken, denn Florian und ich waren in ein interessantes Gespräch vertieft. Ich weiß nicht mehr ganz genau, worum es ging. Es war wohl eines dieser Gespräche über Sinn und Unsinn, über Gott und die Welt und viel über die Gesellschaft.

Florian ist der Typ, der sich nicht für Mode interessiert und seit drei Jahren in denselben Laden geht, um die gleiche Jeans zu kaufen. Was sich bei ihm einmal bewährt, hat gute Chancen auf seine lebenslange Treue. Florian weiß nicht, wer Lindsay Lohan ist oder warum Kim Kardashian eine eigene Show hat. (Halt! Um ehrlich zu sein, so genau weiß ich das auch nicht.) Florian macht sich zwar Gedanken, warum das Dschungel-Camp in den verschiedenen Gesellschaftsschichten gleichermaßen erfolgreich ist, doch er hat noch nie eine Folge davon gesehen. Er trinkt lieber Tee als Kaffee und hört manchmal lieber Schubert als Black Eyed Peas.

Gegensätze ziehen sich an, sagt man. Das mag vielleicht stimmen, doch ich finde nicht, dass Florian und ich gegensätzlich sind. Wir interessieren uns beide für Trends. Ich für modische, er für gesellschaftliche. Aber muss das immer unbedingt so weit voneinander entfernt sein? Durch unsere unterschiedlichen Interessen ergänzen wir uns ja auch. Wir genießen es dann, ein Stück gemeinsam zu gehen, bevor sich unser Interessensweg wieder trennt. Und wir staunen über die Welt des anderen, in die wir wie durch einen kleinen Türspalt hineinblicken dürfen, der nach und nach immer größer wird. Nie haben wir etwas als oberflächlich oder altmodisch verurteilt, was der andere tut oder denkt. Manchmal sitzt Florian in seinem Oh-

*Wir interessieren uns beide für Trends. Ich für modische, er für gesellschaftliche.*

rensessel und ist ganz vertieft in meine aktuelle *Grazia*-Ausgabe. Und ich lese dann den Artikel in der *GEO*, den er mir wärmstens empfohlen hat. Danach tauschen wir uns natürlich über das Gelesene aus: »Ich finde, Megan Fox sollte sich weniger bemühen, Angelina Jolie nachzueifern. Sie ist ein schöne Frau, sie sollte ihren eigenen Weg gehen«, erzählt mir mein Freund dann. Und ich gebe meine Einschätzung zur neuen Präsidentin in Brasilien ab.

Ab und zu blicke ich heimlich über meine Zeitung und beobachte Florian, wie er in seinem alten Sessel sitzt, die Haare ganz verwuschelt und in einem T-Shirt, von dem er drei gleiche im Schrank hängen hat. Und in dem Moment weiß ich, dass ich ihn gefunden habe. Den Menschen, mit dem ich immer zusammen sein will und mit dem ich bis ins hohe Alter die Sonntagnachmittage genau so verbringen möchte.

Dann steht Florian auf, küsst mich auf die Stirn, geht in die Küche und macht eine Kanne grünen Tee. Und ich rufe ihm hinterher: »Für mich lieber einen Caffè latte, bitte!«

# 24

# Einmal London und zurück

Mia (26), Veranstaltungskauffrau, Hamburg,
über
Filippo (32), Musikproduzent, London

Australien. Riesengroß, warm und unbezwingbar. Selbst für mich, eine überzeugte Globetrotterin und Alleinreisende, eine echte Herausforderung! Ich liebte es, mich treiben zu lassen, nur das zu tun, wonach mir der Sinn stand, und alles dem Zufall zu überlassen. Heute zu entscheiden, was ich morgen machen würde, um meine Pläne dann doch wieder zu ändern. Australien, ein Kontinent voller entspannter Rucksacktouristen und Gleichgesinnter, rief förmlich nach mir!

Und jetzt war ich hier. Ich wollte es langsam angehen lassen, warf einen Abenteuerroman, meinen Bikini und ein Handtuch in meine Tasche und machte mich auf ans Meer. Als ich den endlosen weißen Strand und den schimmernden Ozean vor mir liegen sah, hopste ich vor Freude. Ich schüttelte meine Flipflops von den Füßen und stapfte durch den heißen Sand. Das Meer vor der Nase, die brodelnde Metropole Sydney im Rücken – gab es einen schöneren Ort auf Erden?

Ich sprang ins Wasser, genoss diesen klitzekleinen, kurzen Kälteschock und machte es mir dann mit meinem Buch im Sand gemütlich. Ich las zwei Sätze, beobachtete, wie die Wassertropfen an meinem Bauch hinabrannen, lächelte und begann von vorn. Kaum hatte ich mit dem dritten Satz begonnen, schweifte ich wieder ab. Diese Szenerie war viel zu aufregend, um mich von einem Abenteuerroman ablenken zu lassen! Ich beobachtete die Sonnenbadenden um mich herum und bemerkte zwei Typen, die nicht weit von mir in der Sonne saßen. Der eine war ganz okay, der andere sehr süß! Sie unterhielten sich auf Englisch, über Sidney. Ich gab auf, legte das Buch zur Seite und streckte mich auf meinem Handtuch aus. Ich versuchte zu entspannen, zu dösen. Aber stattdessen belauschte ich ununterbrochen die Gespräche der Jungs. Ich verstand, dass der eine, der sehr Süße, Filippo hieß, aus Italien kam und mittlerweile in England wohnte. Der andere, der mittelmäßig Süße, quatschte ununterbrochen, interessierte mich aber nicht die Bohne.

Als mir der Schweiß auf der Stirn stand und ich nur noch grelle, diffuse Flecken sah, setzte ich mich auf. Es war zwei Uhr, die Sonne stand hoch am Himmel und die Hitze war gnadenlos. Ich stand auf und wollte zum Wasser laufen. Dann hielt ich inne. Das war meine Gelegenheit! Ich ging zu den beiden Typen hinüber und bat sie, auf meine Sachen aufzupassen.

»Yes, why not?« Schon wieder quatschte der mittelmäßig Gutaussehende. Filippo lächelte nur. »I'm David.« Aha. Nachdem David mich gefragt hatte, woher ich kam, was ich in Australien machte, wie lange ich noch dort bleiben würde und ob mir der Strand gefiel, bot er mir auch noch an, meinen Rücken einzucremen. *Oh Mann*, dachte ich, willigte dann aber – aus rein dermatologischem Interesse – ein. Ich reichte David die Sonnencreme und zog mit meinen Sachen zu den Jungs rüber. Wir unterhielten uns eine ganze Weile und stellten fest, dass wir uns eine ähnliche Route vorgenommen hatten. Wir wollten die Ostküste entlangreisen, um dann auf »Fraser Island« mit seinen legendären langen, kalkweißen Sandstränden den Urlaub ausklingen zu lassen. Da ich die beiden, na ja, vor allem den einen, nett fand und mir fest vorgenommen hatte, wild und ungehemmt zu sein, entschieden wir, den Rest des Urlaubs gemeinsam zu verbringen. Wir verabredeten uns für den Nachmittag in einem Reisebüro und buchten eine Tour, die schon am nächsten Tag beginnen sollte. Abends trafen wir uns in meinem Hostel und kochten gemeinsam. David wich mir nicht von der Seite, erkundigte sich nach jedem Gemüse, das ich zerteilte, und berührte mich immer wieder »zufällig«. Filippo war immer noch hübsch, aber schweigsam. *Na wunderbar!* Worauf hatte ich mich da nur eingelassen?

Zu meiner Erleichterung entpuppte sich zumindest die Tour als Volltreffer! Und die atemberaubende Natur brachte sogar Filippo zum Auftauen. Er fing an, mit mir zu scherzen! Wir grinsten uns immer wieder an, stießen uns in die Seite und prusteten los. Ich suchte Filippos Nähe und genoss jede seiner noch so kindlich-naiven Berührungen. David, das merkte ich, beobachtete uns mit Argusaugen. Und ich pfiff drauf! Ich hatte mich in Filippo verguckt und hatte nicht das Bedürfnis, es vor David oder sonst irgendjemandem zu verbergen.

Eines Abends zogen die Jungs allein los und ich verabredete mich mit Elin, einer Schwedin, die wir unterwegs kennengelernt hatten. Wir trafen uns in einem netten kleinen Restaurant und hatten Spaß. Bis David betrunken auftauchte und mir eine riesige Szene machte! Er lallte irgendetwas von mir und Filippo, nannte ihn einen Verräter und mich ein leichtes Mädchen. Dann stampfte er davon und ließ mich sprachlos sitzen. Was auch immer hier los war, ich verstand es nicht! Kaum hatte ich mich wieder berappelt und wollte Elin, die genauso verdattert aus der Wäsche schaute wie ich, die Lage erklären, da stürmte Filippo herein. »Habt ihr David gesehen?«, polterte er auf Englisch los. »Was für ein Spinner! Macht mich blöd an und verkündet dann, dass er von jetzt an allein weiterreist.«

»Was hast du denn zu ihm gesagt?«, fragte ich. »Er flippt doch nicht grundlos aus.« – »Nichts. Eigentlich.« Filippo wirkte plötzlich peinlich berührt. Er kratzte sich am Nacken und blickte Hilfe suchend zur Tür. »Filippo?« – »Na ja.« Dann sah er zu Elin und wieder zu mir. Ich verstand und bat Elin, uns kurz allein zu lassen.

»Also, schieß los.«

Plötzlich griff er nach meiner Hand.

»Ich hab ihm nur erzählt, dass wir zwei uns gut verstehen.«

»Okay?«

»Sehr gut sogar. Und dass ich gerne mal einen Abend allein mit dir verbringen würde.«

*Wohoooo!*, schrie meine Herz. Ich lief knallrot an und wusste plötzlich selbst nicht mehr, wo ich hinschauen sollte. Filippo fasste mir sanft unters Kinn und zog mein Gesicht ganz nah an seines heran. Dann berührten sich unsere Lippen und wir küssten uns.

»Äh, ich will ja nicht stören, aber ...« Elin hatten wir völlig vergessen.

»Sorry!« Wir mussten lachen.

»Also«, setzte Filippo wieder an. »Habt ihr David nun gesehen?«

»Ja, kann man sagen. Aber wo er jetzt ist, weiß ich auch nicht.«

David tauchte nicht mehr auf. Er war offenbar wirklich allein weitergereist. Ich fühlte mich schuldig, freute mich aber auch über die Zweisamkeit mit Filippo. Als der mir erzählte, dass er David eh erst vor ein paar Wochen kennengelernt hatte, und ich wusste, dass ich keine jahrelange Freundschaft ruiniert hatte, ging es mir wieder rundum gut!

Am Ende unserer Reise erreichten wir Fraser Island. Filippo und ich lagen stundenlang am Strand, ließen uns die warmen weißen Sandkörner über unsere Körper rieseln, streichelten und küssten uns. Wenn wir uns im kristallklaren Wasser umarmten und ich seine warmen Hände an meinem nassen Po spürte, wollte ich nur noch eins: ihn! In diesem tropischen Idyll verdoppelte, nein, verdreifachte sich meine Verliebtheit und ich wünschte mir, wir wären hier für immer gestrandet. Schon in der ersten Nacht auf Fraser Island schliefen wir miteinander. Über uns summte der Ventilator, neben uns raschelte das Moskitonetz. Aber das störte uns nicht, wir hatten nur noch Augen füreinander! Mit Filippo hatte ich den besten Sex meines Lebens. Kein anderer war gleichzeitig so leidenschaftlich und so liebevoll wie er. Seine Berührungen waren butterweich, seine Küsse warm und süß.

Die Reise näherte sich dem Ende und wir wussten, dass wir mehr füreinander waren als ein Urlaubsflirt. Ich war todtraurig und der Abschied schmerzte. Als wir uns am Flughafen zum vorerst letzten Mal in die Arme nahmen, rannen mir heiße Tränen über die Wangen. Sogar Filippos Augen glänzten feucht, als er mich küsste und mir »Wir sehen uns bald« ins Ohr flüsterte. Er sollte recht behalten!

Kaum zu Hause angekommen, buchte ich den nächstmöglichen Flug nach London. Drei Wochen später saß ich im Flieger.

Filippo fiel mir um den Hals, hob mich in die Luft und wirbelte mich ein Mal um sich herum. Ich konnte mich nicht erinnern, mich je so über ein Wiedersehen gefreut zu haben. Oder dass sich irgendwer je so gefreut hatte, mich wiederzusehen! Wir verbrachten ein wundervolles Wochenende in London. Es regnete ununterbrochen, aber unter den Kapuzen unserer neongelben Regencapes strahlten wir wie der Sonnenschein. Wir schlenderten durch die Stadt, hielten an jeder zweiten Ecke an, um uns zu küssen, lachten viel und waren glücklich.

> Ich suchte Filippos Nähe und genoss jede seiner noch so kindlich-naiven Berührungen. David, das merkte ich, beobachtete uns mit Argusaugen.

Filippo war ein Gentleman: Er lud mich zum Essen ein, massierte mir nach dem Sightseeing die Füße und machte mir Frühstück. Wir hatten uns Hals über Kopf ineinander verliebt und glaubten daran, dass es ewig so bleiben würde.

Die Distanz spielte keine Rolle. Ich studierte noch, aber Filippo hatte einen gut bezahlten Job. Er spendierte mir die Flüge und ließ mich jedes zweite, spätestens jedes dritte Wochenende einfliegen. Wenn das Wetter wieder schlecht war und wir Lust auf Sonnenschein hatten, reisten wir an die Côte d'Azur. Als Filippo Lust hatte, mich seinen Eltern vorzustellen, entführte er mich nach Italien. Ich beschwerte mich nicht. Ich liebte es zu reisen. Und das Leben mit diesem Mann war zu schön, um wahr zu sein.

Und tatsächlich: Die Idylle bekam Risse. Wir telefonierten viel, aber ich spürte, dass ihm die Telefonate und die Wochenenden nicht reichten. Es fiel uns plötzlich schwer, über Gefühle zu sprechen, und ich spürte, dass er sich von mir distanzierte. Ich musste ihn zur Rede stellen, flog nach London und erzählte ihm alles, was mir auf dem Herzen lag. Dass es sich so anfühlte, als sei er mir fremd geworden, dass wir uns irgendwie auseinandergelebt hatten, dass ich das Gefühl hatte, er wolle mich nicht mehr sehen.

Er sagte nicht viel. Nur eins: »Ich habe eine andere Frau kennengelernt.« Ich war erschüttert. Sie lebte in London, sie arbeiteten zusammen, könnten sich öfter sehen – wie unkompliziert! Ich konnte nicht glauben, was er mir da erzählte. Ich war so verletzt, dass ich nichts mehr erwidern konnte. Er hatte mich hintergangen und besaß nicht mal die Courage, es mir früh genug zu sagen. Ich schüttelte ungläubig den Kopf, nahm meine Jacke und ging.

Seither sind Jahre vergangen. Ich habe versucht, Filippo und London hinter mir zu lassen. Aber wenn mein Blick im Buchhandel an einem England-Führer hängen bleibt, versetzt mir die Erinnerung immer noch einen Stich. Und wenn es im Fernsehen um London geht, schalte ich schnell weg. Selbst die Lust aufs Reisen verging mir für einige Jahre.

Doch dann sah ich ein, dass ich neu anfangen musste, und begab mich endlich wieder ins Reisebüro. In ein paar Wochen fliege ich nach Island. Klein, kühl und berechenbar. Nur eins mache ich wie damals: Ich reise allein.

# 25

# Zurück zum Wesentlichen

Nola (33), Redakteurin, Tresco,
über
Riley (38), Gärtner, Tresco

W er heutzutage kein Burn-out hat, ist ein Schlappschwanz.«
Mein Chef hielt das Titelblatt eines konkurrierenden Nach-
richtenmagazins in die Luft – »AUSGEBRANNT: DAS ÜBER-
FORDERTE ICH«. Die Kollegen lachten. Sie blökten geradezu.
Ich lächelte nur leise. Das Burn-out-Heft lag längst auf meinem
Küchentisch. Ich hatte den Leitartikel herausgerissen, jedes Wort
verschlungen, Experten-Statements mit einem gelben Marker
gekennzeichnet und die Adresse einer Spezialklinik auf eine Serviette gekritzelt. Die Serviette lag in diesem Augenblick in meiner
Handtasche und die Handtasche unter meinem Stuhl. Ich warf
einen hastigen Blick nach unten, versicherte mich, dass die Tasche
geschlossen war, und bugsierte sie mit dem Fuß unter den Kon-
ferenztisch. Ob ich wirklich ausgebrannt war, wusste ich nicht,
nur, dass ich müde war. Wenn morgens der Wecker klingelte, hatte
ich schon einen Kloß im Hals. Ich war wie gelähmt, lag manchmal
zwanzig Minuten bewegungslos da, bevor ich aufstehen konnte.
Ich hatte mir angewöhnt, jeden Morgen kalt zu duschen, statt
einer Tasse Kaffee drei zu trinken und mir auf dem Weg ins Büro
eine Baldrian- und eine Koffein-Tablette einzuwerfen. Doch schon

in der U-Bahn wurden meine Augen wieder schwer. Wenn ich an meinem Schreibtisch saß und einen Artikel schreiben sollte, fiel mir nichts ein. Ich tippte ein Wort, löschte es wieder und starrte minutenlang auf das flimmernde Weiß des Monitors. Manchmal wünschte ich mir, dass nicht nur mein Bein, sondern mein ganzer Körper und vor allem mein Kopf einschlafen könnten. Ich sehnte mich nach einem einzigen großen Taubheitsgefühl. Die Konferenz war zu Ende. Ich ging zurück in mein Büro, schloss die Tür hinter mir und ließ mich auf meinen Schreibtischstuhl fallen. Ich fragte mich, ob meine Kollegen koksten oder einfach nur besser waren als ich. Unser Arbeitspensum war im letzten Jahr konstant gestiegen. Die Zeitschrift, für die ich arbeitete, hatte viele Anzeigenkunden verloren. Stellen wurden gekürzt und Ressorts zusammengelegt.

»Raus aus der Komfortzone, mehr Effizienz, wir müssen alle an einem Strang ziehen.«

»Pah!« Ich erinnerte mich an die letzte Vorstandsrede. Damals war ich noch guter Dinge gewesen. Motiviert, hellwach und optimistisch. Jetzt sprach ich immer öfter mit mir selbst. Bei wem sonst hätte ich mich auskotzen können? Meine Kollegen hetzten schon wieder wie gehirnamputierte Ameisen über den Flur.

»Sie haben Post.« Ich atmete tief durch und rückte näher an meinen Schreibtisch heran. Die eine, klitzekleine Mail strengte mich schon an, bevor ich sie überhaupt gelesen hatte. Sicher wollte irgendeine PR-Agentur wissen, was aus dem Artikel mit der Erwähnung ihres Kunden geworden war. Oder es war ein Kollege, der meine Hilfe bei einer Recherche brauchte. Doch der Absender ließ etwas völlig anderes vermuten: jodie@romanticcottage.com. Ich doppelklickte auf die Nachricht.

*Liebe Nola,*
*wann haben wir uns zuletzt gesprochen? An Brittas dreißigstem Geburtstag? So viel Limoncello! Es wird wieder Zeit für ein Glas. Komm mich doch mal besuchen!*

*Hugs and kisses*
*Jodie*
*PS: Ich lebe jetzt in England.*

Jodie. Halbbritin, die hübscheste Rothaarige, die ich je gesehen hatte, und die entspannteste Mitbewohnerin aller Zeiten. Wir hatten uns während des Studiums kennengelernt, jede zweite Nacht zum Tag gemacht und uns doch irgendwann aus den Augen verloren. Ich kopierte die Adresse aus ihrer E-Mail-Signatur und fügte sie ins Google-Suchfeld ein. Der erste Eintrag: eine Kartenansicht bei Maps. Der zweite: eine Website. Ich klickte zuerst auf die Karte und fand heraus, dass Jodie offenbar auf den Scilly-Inseln im Süden Englands lebte. Die Startseite der Website zierte die Aufnahme eines klitzekleinen, windschiefen Steinhäuschens. Darüber leuchteten die rosafarbenen Letter: *For rent*. Ich klickte mich durch die Fotogalerie, sah weiße Gitterbetten, krumme Holzbalken, einen brennenden Kamin und einen verwilderten Garten, aus dem mir Jodie mit einem flatternden Blümchen-Kleid entgegenlächelte.

Mein Entschluss war gefasst. Ich schrieb zurück: *Liebe Jodie, wann kann ich kommen? Nola*

Bis zu ihrer Antwort verging nicht mal eine Minute.

*Morgen! Wenn du willst.*

Ich hatte noch Resturlaub vom letzten Jahr, den ich dringend abbauen musste. Und einen guten Zeitpunkt für eine Auszeit gab es in der Redaktion eh nie. Ich antwortete:

*Ich fragte mich, ob meine Kollegen koksten oder einfach nur besser waren als ich. Unser Arbeitspensum war im letzten Jahr konstant gestiegen.*

*Morgen. Ich bring Limoncello mit.*

Ob mein Chef einverstanden sein würde, war mir egal. Ich brauchte eine Pause.

»Chef, kann ich Urlaub nehmen?«

Zuversichtlich lächelnd lief ich auf seinen Schreibtisch zu.

»Wann?«

»Ab morgen. Eine Woche?«

»Morgen? Das fällt Ihnen aber früh ein! Nächsten Dienstag ist Druckunterlagenschluss. Und liegt Ihr Japan-Artikel überhaupt schon in der Schlussredaktion?«

»Ich habe noch Resturlaub. Außerdem brauche ich dringend eine Pause. Sie haben doch selbst gesagt – wer heutzutage kein Burn-out hat, ist ein Weichei.«

Seine Augenbrauen verzogen sich zu einem grimmigen, buschigen V.

»Sie schlagen mich mit meinen eigenen Waffen. Also gut. Aber wenn Japan vorher nicht fertig wird, gibt's Ärger!«

Ich fand einen Flug, der mich am nächsten Vormittag nach England bringen würde. Je früher, desto besser. Die letzten Zeilen meines Artikels tippte ich wie eine Gejagte.

»Letzter dringender Aufruf für alle Fluggäste nach St. Mary's. Ihre Maschine steht an Gate A20 für Sie bereit.«

Die Müdigkeit war immer noch da. Ich hatte verschlafen und war schon wieder zu spät dran. Und kaum an meinem Platz angekommen, fielen mir die Augen zu. Ich versank in einen komaartigen Schlaf, träumte von leeren Seiten, verpassten Abgabeterminen und Redaktionskonferenzen. In meinen Träumen irrte ich über die Verlagsflure und schrie Kollegen an. Sie hatten Fühler wie Ameisen. Und mein Büro hatte sich in eine dunkle, klamme Zelle verwandelt.

»Breakfast?«

Eine warme Stimme riss mich aus dem Schlaf.

»Yes, thanks.«

Ich rieb mir die Augen, gähnte und suchte nach einem Monitor. Uns trennten nur noch vierzig Minuten vom Flughafen St. Mary's. Eine blonde Stewardess mit Swimmingpool-blauem Lidschatten und künstlichen Wimpern reichte mir eine Plastikschale, aus der ein herb riechender Dampf emporstieg. Bohnen, Kartoffeln und

Würstchen. Auf der Serviette daneben stand: » *Welcome to Great Britain!* «

Die Landung war holprig. Als das Flugzeug zum Stehen kam, sprangen alle um mich herum auf und grapschten ungeduldig nach ihrem Handgepäck. Ich unterdrückte den Impuls, es ihnen gleichzutun. *Langsam. Du bist völlig entspannt.*

»Goodbye! See you soon!«

Die Stewardess von vorhin stand jetzt am Ausgang, schlug die falschen Wimpern nieder und reichte mir einen Keks, den ich mir in den Mund schob, sobald ich aus ihrer Sichtweite war. Ich konnte mich nicht erinnern, wann ich zuletzt etwas Süßes gegessen hatte, ohne mich dabei schuldig zu fühlen. Ich trug Kleidergröße 40 – und war damit die Dickste in der Redaktion. Meine Kolleginnen, die Ameisen, saßen mittags vor ihren Rechnern und pickten gelangweilt in Wokgemüse oder Rucolasalat herum. Die Verlagsarbeit hatte mir wirklich den Appetit verdorben. Ich war festen Willens: Die nächsten sieben Tage würde ich essen, worauf ich Lust hatte. Zum Beispiel Scones mit Marmelade und Schlagsahne! Der Gedanke daran zauberte mir ein Lächeln aufs Gesicht. Und dieses Lächeln sollte lange anhalten.

»Nooola!«

Jodies britischer Singsang war unverkennbar. Zuerst sah ich nur einen überdimensionalen Strauß gelber Rosen auf mich zusausen.

»Aus meinem Garten!«

Jodie hatte sich nicht verändert: Sie trug immer noch die gleiche feuerrote Turmfrisur, blassen Lippenstift und so viel Eyeliner, dass kaum noch was von ihren Lidern sichtbar war.

»Wie schön dich zu sehen!« Ich fiel Jodie glücklich um den Hals.

»Finde ich auch. Du siehst müde aus. Come on, lass uns zum Cottage fahren.«

Sie drückte mir den duftenden Blumenstrauß in die Hand, nahm mir meinen Koffer ab und stöckelte voraus. Zur Uni war sie stets mit einem minzgrünen Retro-Rad gefahren. Jetzt steuerten wir einen forstgrünen staubigen Jeep an.

»Etwas Niedlicheres wäre mir lieber gewesen. Aber hier, my dear, brauchst du viele Pferdestärken.«

Als der Wagen vom Flughafengelände rollte, sah ich mich zum ersten Mal wirklich um. Die Scilly-Inseln waren nicht nur wärmer, sie sahen auch danach aus! Der milde Golfstrom, so viel hatte ich auf Jodies Website gelesen, ließ tropische Pflanzen wuchern. Nickende Palmen wechselten sich mit bunt gepunkteten Blumenwiesen und grauen Steinhäuschen ab. Hinter windschiefen Holztörchen wehten Bettlaken und kläfften Hunde. »So schön hier.« Der Blick aus dem schmutzigen Autofenster verschlug mir die Sprache. Ich kurbelte die Scheibe runter, schloss die Augen und atmete tief ein.

»Look! Wir sind fast da.«

Jodie bremste hart ab und bog in einen schmalen Schotterweg ein. Unser Jeep hopste dabei heftig über Schlaglöcher und Gras.

»Das Auto freut sich genauso sehr wie wir!« Jodie lachte und stieß immer wieder mit dem roten Dutt gegen das Autodach. Nach ein paar hundert Metern erreichten wir ihr Haus. Es sah genauso aus wie auf dem Bild: winzig und wild. Ich stieg aus und lief zum Kofferraum. Doch bevor ich die Klappe öffnen konnte, kam mir jemand zuvor.

»May I? Darf ich?«

Vor mir baute sich plötzlich ein Zwei-Meter-Mann auf. Die Sonne blendete, sodass ich erst nur seine Umrisse wahrnahm.

»Vielen Dank.«

Ich legte meine Hände wie einen Schirm über meine Stirn und sah noch einmal genauer hin. Ganz genau. Denn es war nicht nur das Licht, das mich blendete.

»Darf ich vorstellen, Riley!«

Jodie tauchte am Kofferraum auf, tätschelte meinem Helfer die starke Schulter und deutete auf den Wildwuchs neben ihrem Haus.

»Er ist Gärtner. Hilft mir bei meinem messy Garten.«

Riley war riesig. Er trug löchrige Jeans und ein schmutziges kariertes Flanellhemd.

»Bitte sehr.«

Als er sich zu mir umdrehte und meinen Koffer neben mir abstellte, bekam ich kein Wort mehr heraus. Ich konnte mich nicht erinnern, je einen heißeren Mann gesehen zu haben.

*Ich konnte mich nicht erinnern, wann ich zuletzt etwas Süßes gegessen hatte, ohne mich dabei schuldig zu fühlen. Ich trug Kleidergröße 40 – und war damit die Dickste in der Redaktion.*

Riley lächelte breit, kämmte sich das widerspenstige blonde Haar aus dem Gesicht und rieb sich mit der anderen Hand verlegen über die unrasierten Schläfen. Obwohl er offensichtlich keine dreißig mehr war, den Körper eines Mannes und ein paar von der Sonne gegerbte Fältchen hatte, wirkte er jungenhaft.

Jodie schien bemerkt zu haben, dass ich Riley seit mindestens zwei Minuten wortlos anstarrte.

»Riley, my dear, könntest du uns mit dem Koffer helfen?« Er griff unbeeindruckt nach meinem XL-Gepäck und lief mit gemächlichen, ausladenden Schritten zur Haustür. Jodie grinste mich währenddessen selbstzufrieden an und flüsterte: »Sweet, isn't he? Ihr solltet euch besser kennenlernen.«

Ich schluckte und folgte Riley und Jodie ins Haus. Mein Koffer lag schon auf einem Schrank im Flur, als hätte Riley ihn eben mal so im Vorbeigehen darauf abgelegt. Während ich mir noch den Kopf über seine Bärenkräfte zerbrach, tippte Riley mir auf die Schulter.

»Durst?« Er hielt zwei Flaschen Bier in der Hand.

»Und wie.«

»Gute Idee!« Jodie, die sich ebenfalls eine Flasche genommen hatte, deutete uns, am Küchentisch Platz zu nehmen. Die Nachmittagssonne, die inzwischen nicht mehr gleißend gelb, sondern orangerot durch die Fenster schien, ließ den kleinen, niedrigen Raum mit seinen alten Holzmöbeln und jeder Menge kitschigbritisch angehauchtem Krimskrams noch zauberhafter wirken. Jodie erzählte laut und schnell von Männerbekanntschaften, ihrer wüsten Zeit in London, die sie längst hinter sich gelassen hatte, und von diesem »unbelievably« günstigen Häuschen, das sie gekauft hatte, um es zu renovieren, gewinnbringend zu vermieten und um selbst ein bisschen zur Ruhe zu kommen. Wir erinnerten uns lachend an unsere Studienzeiten, an all die Idioten, die wir damals gedatet hatten, und rätselten, was aus dieser und jener Kommilitonin geworden war. Riley nippte währenddessen nur schweigsam an seinem Bier.

»Und du? Was bringt dich an so einen idyllischen Ort? Und was hat es mit deinem makellosen Deutsch auf sich?«

»Eigentlich bringt mich gar nichts hierher. Ich bin schon mein ganzes Leben auf Tresco.«

»Rileys Dad ist Deutscher!«, krähte Jodie dazwischen. »Und seine Mum, Lizzy, ist eine waschechte Insulanerin.«

»London ist nichts für mich. Zu groß, zu laut.« Riley lehnte sich bedächtig zurück, legte seinen Kopf auf die Seite und lächelte mich wieder wortlos an. Mein Herz machte einen Hopser. Seine unaufgeregte Art imponierte mir. Er war so anders als all die geleckten, neurotischen Sakkoträger aus dem Verlag. Er wirkte unverdorben und alles, was er sagte, erschien mir wesentlich. Kein Blabla, kein Gehabe. Jodie, grinsend und das Kinn auf eine Hand gestützt, beobachtete uns anscheinend genau. Sie gähnte auffallend laut.

»Wisst ihr was? Ich bin sooo müde. Was dagegen, wenn ich mich ein bisschen aufs Ohr haue?«

Riley schüttelte bedächtig den Kopf. »Nein. Wir kommen allein klar.« Dann stand er auf und holte zwei neue Flaschen Bier aus dem Kühlschrank. Bevor er sich setzte, schob er seinen Stuhl ein bisschen näher an meinen.

»Lovely! Ach, Nola … hast du Limoncello dabei? Den sollte Riley unbedingt probieren!« Dann verschwand Jodie durch die Küchentür.

»Sie hat vollkommen recht. Wir sollten uns ein Glas genehmigen.« Ich griff in meine Handtasche und stellte den italienischen Likör auf den Tisch.

»Gläser? Auf Tresco trinken wir aus der Flasche.« Riley ließ sich nicht lange bitten und schraubte den Deckel ab. Dann, ganz Gentleman, reichte er mir die Flasche und sah mich auffordernd an.

»Warum eigentlich nicht?« Ich nahm einen großen Schluck.

»Jetzt du.« Riley setzte die Flasche an – und leerte sie fast zu einem Drittel! Wie liebenswert, so gefiel mir das!

»Aaahhh! Delicious.«

Wir lachten uns schlapp, reichten den Likör hin und her und erzählten uns gegenseitig aus unserem Leben. Ich holte aus, er fasste sich kurz. Irgendwann war die Sonne untergegangen. Und wir waren betrunken. Jodie hatte offensichtlich nicht vor, sich noch mal zu uns zu gesellen. Was für ein Glück!

Als wir die letzten beiden Flaschen aus Jodies Biervorrat geleert und uns unsere Kurz-Biografien zu Ende erzählt hatten, wurde es still. Ich fingerte nervös an der Tischkante herum und merkte, dass ich rot wurde. Riley wirkte immer noch unverwüstlich. »Lust auf eine Beachparty?«

»Okay.«

»Dann komm.«

Er erhob sich und reichte mir seine große, kräftige Hand. Sie fühlte sich rau und warm an.

Draußen war es inzwischen stockfinster, aber in Rileys Gesellschaft hätte ich mich jetzt selbst an einer Felskante sicher gefühlt. Wir ließen Jodies Haus hinter uns und liefen auf seinen Wagen, einen dunklen Pick-up, zu. Doch anstatt einzusteigen, trottete Riley daran vorbei. »Warte eine Sekunde.« Als er meine Hand losließ und in der Dunkelheit verschwand, war ich fast traurig. Grundlos! Denn wenige Sekunden später tauchte er wieder auf – und schob ein Fahrrad neben sich her. *Unverdorben.* Niemals hätte er sich betrunken ans Steuer gesetzt.

»Spring auf!« Riley schwang sich aufs Rad und trat in die Pedale. Ich nahm Schwung und hopste auf seinen Gepäckträger. Er fuhr uns zielsicher durch Jodies Gartentor, den Schotterweg hinauf und ein paar Landsträßchen hinab. Wenn er besonders beschäftigt wirkte, ließ ich meine Stirn auf seinen Rücken sinken und schloss lächelnd die Augen. Dieser Moment sollte ewig dauern!

Er hielt immerhin zehn Minuten, dann erreichten wir den Strand.

»Uuund … abgestiegen!«

Riley trat auf die Bremse, ich sprang ab. Er lehnte das Fahrrad an eine Palme und rieb sich die Oberarme.

»Windig hier. Frierst du?«

Mir war heiß.

»Ja, ein bisschen.«

Er nahm mich in den Arm.

Während wir Händchen haltend über die Dünen kletterten, hielt ich nach Lagerfeuer, Menschenmengen und DJ-Pult Ausschau. Doch ich sah nichts als das schäumende Meer, das im Mondlicht glitzerte.

»Wo sind denn die Leute?«

»Hier. Du und ich. Reicht das nicht für eine Strandparty?«

Er blieb stehen, wandte sich mir zu und umfasste meine Taille.

*Seine unaufgeregte Art imponierte mir. Er war so anders als all die geleckten, neurotischen Sakkoträger aus dem Verlag.*

Dann zog er mich ganz nah an sich heran und küsste meinen Hals. Er flüsterte: »Ich war schon Hunderte Male am Meer, aber nie mit einem Menschen wie dir.« Seine Hände glitten über meinen Po und meine Oberschenkel, um gleich danach wieder hochzurutschen und auf Taillenhöhe haltzumachen. Ich zog den Bauch ein. »Nicht. Alles an dir ist schön.« Riley streichelte sich zu meinen Brüsten hinauf und küsste mein Dekolleté. Mit so viel Zärtlichkeit hatte ich nicht gerechnet. Vor ein paar Stunden quälten mich noch Albträume, jetzt schien alles wie ein einziger wunderbarer Traum. Ich schob zwei Finger unter Rileys Kinn und zog sanft seinen Kopf hoch. Wir schauten uns sekundenlang in die Augen, bis wir uns endlich küssten. Auch wenn alles an ihm irgendwie derb war, hatte mich kein anderer jemals so zärtlich liebkost wie er. Seine Zunge berührte zuerst nur meine Lippen und tastete sich dann vorsichtig zu meiner Zunge vor. Riley schmeckte gut. Ein bisschen nach Bier, aber vor allem nach Sex. Erst als ich mich ein wenig von ihm löste, um ihn auf den Boden zu drücken, agierte er selbstbewusster. Er zog mich zu sich hinab, schob einen Arm hinter meinen Rücken und warf mich auf den weichen Sandboden. Dann beugte er sich über mich und begann, meine Bluse aufzuknöpfen. Er umfasste meine Brüste und stöhnte leise. Dann zog er mich vollkommen nackt aus und setzte sich auf mich. Ich öffnete seine Hose, zog seine Boxershorts herunter und griff ihm zwischen die Beine. Dabei warf er seinen Kopf in den Nacken und atmete schwer. *Was für ein Anblick!* Riley war offensichtlich nicht mehr ganz so gelassen und drang ungeduldig und laut stöhnend in mich ein.

Wir taten es in dieser Nacht noch zwei Mal. Danach schliefen wir Arm in Arm in den raschelnden Dünen ein.

Erst als die ersten Sonnenstrahlen auf dem Wasser funkelten, wurden wir wach. Wir setzten uns auf und blickten noch eine Weile still auf Meer.

»Du bist doch unglücklich in Hamburg ...«

»Ja.«

»Schmeiß deinen Job hin und zieh zu mir.«

Typisch Riley. Alles, was er sagte, war tatsächlich wesentlich.

# 26

# Die Suche

Sophia (31), Krankenschwester,
über
Alicia (35), Heilerzieherin

Es gibt Leute, die meinen, die Neigung, ob man auf Männer steht oder auf Frauen, sei ebenso angeboren wie blaue Augen oder große Ohrläppchen. Aber: Ist es wirklich so einfach? Was ist mit unserem freien Willen? Haben wir in dieser Angelegenheit gar kein Mitspracherecht? Immerhin können wir doch bestimmen, wen wir in unser Herz schließen.

Früher hätte ich auf diese Fragen mit einem Schulterzucken geantwortet – ich hatte nie darüber nachgedacht. Schließlich war für mich immer klar: Ich liebe Männer. Alles an ihnen. Ihre Bärte, die nach wenigen Tagen ohne Rasur anfangen zu kratzen und dann irgendwann so wunderbar auf der nackten Haut kitzeln. Ihre großen Hände, mit denen sie die eine Hälfte deines Gesichts umfassen können und die warm nach Nikotin riechen, natürlich nur, wenn er Raucher ist. Obwohl mich der Zigarettenrauch eigentlich eher abstößt – rauchende Männer können schon verdammt sexy aussehen. Wie sie ihre Zigarette lässig zwischen den Fingern halten, genüsslich daran ziehen, den Rauch zwischen ihren Lippen auspusten, einen dann mit einer verdammten Arroganz anschauen. Ja, ich gebe es zu: Ich bin eine dieser Frauen, die sich immer auf die Marlboro-Werbung im Kino gefreut haben – als es sie noch gab jedenfalls.

Ich finde es sexy, wenn ein Mann mein Gesicht in die Hand nimmt, mit seinem großen Daumen meine Lippen nachzeichnet und ich dann langsam anfange, an seinem Finger zu lutschen. Der Daumen eines Mannes ist wie die kleine Version seines Schwanzes und das Spiel ein Vorgeschmack auf das, was noch kommt. Nur an dem Daumen eines Mannes zu lecken, kann ihn schon rasend machen – er kann nicht aufhören, sich vorzustellen, wie du an etwas anderem lutschst. Wundervoll!

Und dann ihre Blicke, die uns Frauen gleichzeitig gegen den Strich gehen, uns aber auch die Feuchtigkeit zwischen die Beine treiben. Wir hassen ihn. Wir lieben ihn. Wir können nicht mit ihm und sehnen uns trotzdem danach, wieder einmal so angeschaut zu werden.

Ihre kräftigen Unterarme, die einen nachts so fest umschließen, dass man sich kaum aus ihnen befreien kann – und auch gar nicht will. All das liebe ich noch immer an Männern. Aber es gibt auch so viel, was ich an ihnen hasse. Die Kälte, mit der sie einem begegnen, wenn man einfach nicht mehr angesagt ist. Die Bestimmtheit in ihren Worten, mit der sie dich kleinmachen. Die Unberechenbarkeit, mit der sie in dein Leben eingreifen. Man sitzt vor ihnen wie ein Gladiator vor einem römischen Kaiser und wartet, ob der Daumen nach oben oder nach unten zeigt. Gibt es heute Liebe und Zuneigung, oder doch wieder nur die kalte Schulter? Ich habe mich in meinen Beziehungen mit Männern oft gefühlt wie ein Spielball in einem Flipperkasten. Er bestimmte, wann wir uns sahen, wann und ob wir über Probleme sprachen. Und der Daumen zeigte nicht selten nach unten.

Was ich daher heute auf die anfänglichen Fragen antworten würde? Ganz klar: Ja! Ja – wir haben Mitspracherecht. Das kann ich zumindest als Frau behaupten. Nicht alle Frauen, die andere Frauen lieben, tun das »von Natur aus«. Einige entscheiden sich mit viel Bedacht dafür, oder sollte ich lieber sagen: dagegen? Gegen einen Mann und für eine Frau.

Es gibt sicher viele Gründe, warum eine Frau auf einmal entscheidet, nicht nur den Mann am Nachbartisch, sondern auch die Frau daneben interessant zu finden. Oder vielleicht sogar nur noch die Frau. In meinem Fall wurde ich zu lange von Männern übersehen, gemieden und einfach nur fies und kalt behandelt. Ich dachte immer, ich müsste hart sein, stark sein, bei ihm bleiben. Vielleicht streichelt er mich morgen ja schon wieder und flüstert mir etwas Liebliches ins Ohr. Viele wunderbare Frauen warten Jahrzehnte darauf. Bei mir siegte irgendwann die Sehnsucht nach Wärme. Ich bin ein Mensch, der Liebe und Wärme braucht wie die Luft zum Atmen.

Ich habe diese Zuneigung lange bei Männern gesucht, aber es kam einfach viel zu oft vor, dass mir die Aufmerksamkeit, die ich brauchte, zwar in den ersten Wochen gegeben wurde, dann aber schlagartig weniger wurde. Es war immer dasselbe Muster: Irgendwann war es so, dass ich nur gab und nichts mehr bekam, das ich hätte nehmen können.

Ich suchte nach einem Menschen, der mich dauerhaft wärmte. Wie ein Kamin, der niemals erlosch. Lange war ich ganz selbstverständlich davon ausgegangen, dass dieser Mensch ein Mann sein müsste. Das passende Gegenstück zu mir. Yin und Yang. Nie wäre ich auf den Gedanken gekommen, dass es sich

*Der Daumen eines Mannes ist wie die kleine Version seines Schwanzes und das Spiel ein Vorgeschmack auf das, was noch kommt.*

dabei um eine Frau handeln könnte. Yang und Yang, sozusagen.

Diese Frau, von der ich spreche, trat ganz plötzlich in mein Leben. Wenn man es genau nehmen will, trat ich eigentlich in ihres, und wer es ganz genau mag – den Anfang machte mein Einkaufswagen. Im Supermarkt nahm ich eine Kurve zu knapp und fuhr einer Frau über ihre nackten Füße. Es war Hochsommer und einer der heißesten Tage. Ich stand schon an der Kasse, als mir einfiel, dass ich noch etwas vergessen hatte, Damenbinden.

Auf ihrem nackten Fuß, der in hellblauen Wildledersandalen steckte, war ein dicker schwarz-roter Abdruck vom Einkaufswagenreifen zu sehen. Der Dreck vom Reifen mischte sich mit Blut aus ihrer Wunde. »Autsch«, sagte sie ganz ruhig und wir starrten beide auf ihren Fuß.

Dann sahen wir uns an und seltsamerweise mussten wir beide lächeln. Ich entschuldigte mich natürlich sofort, schließlich hatte ich mit meiner Rumraserei eine ziemliche Wunde hinterlassen. Sie versuchte aufzutreten, verzog das Gesicht und fluchte leise. »Das muss gereinigt werden. Ich bin Krankenschwester, ich kenn mich da aus. Wenn Sie möchten, kann ich das machen. Ich wohne gleich hier nebenan.« Die Frau schien nicht lange zu überlegen, lächelte mich nur an und sagte: »Gern.« Gern? Ich hatte ihr gerade den Fuß aufgeschlitzt und sie tat so, als hätte ich sie zum Kaffee eingeladen. Ich an ihrer Stelle wäre ausgeflippt, hätte vielleicht sogar geheult. Ihre ruhige, gelassene Art verunsicherte mich. »Ich heiße übrigens Alicia«, sagte sie.

Auf dem Weg zu meiner Wohnung fiel mir mit Schrecken ein, wie chaotisch es dort aussah. Es war wieder einmal eine der Phasen in meinem Leben, in denen ich mich zu Hause einschloss und nur noch für meine Schichten im Krankenhaus an der Außenwelt teilnahm. Ich hatte eine anstrengende Beziehung hinter mir, in der ich in den vergangenen Monaten um Liebe und Zuneigung gekämpft und zuletzt gebettelt hatte. Natürlich ohne Erfolg.

Zu Hause stapelten sich Pizzakartons neben Bergen vollgerotzter Taschentücher. Kein schöner Anblick, doch ich hatte keine Wahl. Ich konnte Alicia schließlich schlecht allein auf der Straße stehen lassen, mit ihrem verletzten Fuß, für den ich ja immerhin auch noch verantwortlich war. »Ich heiße Sophia«, sagte ich zu ihr. »Schön, dich kennenzulernen, Sophia.« Sie schaute mir direkt in die Augen und ich sah, wie kleine Lichter in ihren Pupillen aufblitzten. »Wie Sterne«, sagte ich leise und wunderte mich über mich selbst. Alicia lächelte nur und sagte nichts.

»Tut mir leid wegen dem Chaos, bitte einfach nicht darauf achten.« Ich führte Alicia ins Bad und holte das Verbandszeug heraus. Alicia setzte sich auf den Badewannenrand und ich beugte mich über ihren Fuß. »Es war ein ganz schön heißer Tag«, begann ich einen Small Talk. Alicia verunsicherte mich. Ich hatte mich lange in meiner Wohnung eingeigelt. Es war seit Ewigkeiten niemand mehr hier gewesen. Ihre Anwesenheit störte mich trotzdem nicht im Geringsten, sie war schön. Alicia war schön. Ihr Gesicht war von wilden, dunklen Locken umrahmt, ihre Augen waren schokoladenbraun und die Augenbrauen darüber pechschwarz und breit, aber perfekt geschwungen. Sie gaben ihrem Blick etwas Durchdringendes, Intensives. *Sie muss irgendwas Südamerikanisches haben, das sie so wild aussehen lässt,* dachte ich. Alicia trug einen Rock, der ihr bis zu den Knien ging, und ein Top aus einem durchsichtigen, puderfarbenen Stoff. Kein BH – bemerkte ich. Während ich ihren Fuß verarztete, spreizte sie langsam die Beine, sodass ich ihren Slip sah. Er war so transparent, dass ich ihre Schamlippen darunter erkennen konnte. Ich spürte ein Kribbeln in meinem Unterleib und fragte mich, was mit mir los war.

Auf einmal fühlte ich, wie Alicia mir vorsichtig über den Kopf streichelte. »Dir geht es nicht gut, oder?«, fragte sie aus heiterem Himmel. Ich blickte sie erschrocken an und mir schossen Tränen in die Augen. *Oh Gott, war es denn so offensichtlich, dass selbst eine fremde Frau das sofort erkennen konnte?* Ich sah sie fragend an, aber Alicia antwortete nur: »Die Stapel Pizzakartons, die Berge Taschentücher ...« Sie lächelte sanft.

Ich seufzte tief und erzählte ihr von meinem letzten Beziehungsdesaster. Die Worte sprudelten nur so aus mir heraus und Tränen kullerten über mein Gesicht. »Es ist schon gut«, sagte Alicia leise und zog mich zu sich hoch. Sie nahm mich sanft in die Arme und ich fühlte ihre Locken mein Gesicht streifen. Sie rochen nach Zedernholz. Ihre langen Wimpern kitzelten meine Stirn. Ich schloss die Augen, genoss die Umarmung und spürte, wie Alicia meinen Kopf in ihre Hände nahm und mich küsste. Nie zuvor hatte ich so weiche Lippen geküsst wie ihre. Wir lösten uns voneinander und ich sah sie mit großen Augen an. »Komm«, sagte sie nur, nahm meine Hand und führte mich ins Schlafzimmer. Ich folgte ihr wie eine Marionette, noch immer ganz benommen von dem Kuss. Sie zog mich aufs Bett und flüsterte mir ins Ohr: »Lass mich einfach machen. Lass dich einfach von mir verwöhnen.« Ihre Worte erregten mich und machten mir gleichzeitig auch Angst. Ich schloss die Augen und ließ mich von Alicia langsam auf die Kissen drücken. Meine innere Anspannung wuchs, als sie meine Beine auseinanderdrückte. Aber ich ließ es geschehen, weil es sich wunderschön anfühlte.

Ich sage nicht, dass es nicht seltsam war, zum ersten Mal von einer Frau gestreichelt zu werden. So berührt zu werden, wie es sonst immer nur die Hand eines Mannes getan hatte. Die weicheren Fingerkuppen, die feineren Gliedmaßen. Woran ich mich aber noch viel mehr gewöhnen musste, war, dass der Körper neben, hinter oder auch unter mir meinem so verdammt ähnelte. Nicht nur sah er so aus wie meiner, er reagierte auch genauso, er sträubte sich wie meiner, er schmeckte wie meiner und er wollte genau das, was auch mein Körper wollte. Und ich wusste ganz automatisch, was richtig war und was falsch. Doch obwohl mir alles so nah, so bekannt vorkam, war es mir gleichzeitig auch vollkommen fremd. Fremder als alles, was ich bisher zwischen den Laken erlebt hatte – und aufregender, zärtlicher, sanfter, perfekter, befriedigender.

Wir lagen nebeneinander, das Fenster weit geöffnet. Die Nacht war viel zu heiß, um an Schlafen auch nur zu denken. Und damit meine ich nicht nur das Wetter. Es war, als würde sich der Raum um uns drehen und die Welt draußen wäre stehen geblieben. Mir war schwindelig. Vor Glück? Vor Aufregung? Ich wusste es nicht. »Ist es dir lieber, wenn ich jetzt gehe?«, fragte Alicia und drehte sich zu mir. Wir berührten uns nicht, aber ich konnte immer noch ihre Hände auf meinem Körper spüren und roch ihr Haar. Ich schaute zur Decke und lächelte. »Ich fänd's schön, wenn ich dir morgen früh eins meiner berühmten French Toasts anbieten dürfte.« – »Mit Zimt und Ahornsirup?«, fragte Alicia neugierig. Ich legte als Antwort meine Hand auf ihren weichen Bauch.

Frauen sind verdammt gut in der Lage, sich anzupassen. Wenn wir auch in vielen Dingen danebenliegen, darin sind wir gut. Und wenn ein Körper, eine Person, genau die Liebe, Wärme und Geborgenheit ausstrahlt, nach der wir uns schon lange sehnen, dann ist es letztendlich egal, was sich zwischen den Schenkeln dieser Person befindet. Alicia und ich sind kein Paar. Wir sind etwas anderes. Ich weiß nicht was, aber ist das denn auch so wichtig? Ob nun Freunde, Verliebte, Geliebte – im Endeffekt geht es darum, dass man sich auf die andere Person verlassen kann. Auf ihre Freundschaft, ihre Liebe. Alicia ist immer für mich da. Sie ist nicht genervt, wenn ich sie um vier Uhr nachts anrufe, um von meinen Gedanken zu erzählen. Sie überredet mich, noch ein paar Stunden zu bleiben, selbst wenn wir schon das gesamte Wochenende Seite an Seite verbracht haben. Alicia und ich brauchten keine Kennenlernphase, sondern nur eine Nacht, um uns zu verstehen. Was zwischen uns herrscht, ist Klarheit. Keine Spielchen um Macht, kein Tauziehen mit Gefühlen. Ich weiß nicht genau, wie es weitergeht zwischen uns, aber es ist auch nicht wichtig. Denn Alicia hat mir die Augen geöffnet. Dafür, dass man wahre Zuneigung nicht erzwingen kann. Sie ist da, wenn man es am wenigsten erwartet, und vor allem kommt sie gerne von der Person, von der man es am wenigsten erwartet hätte. Ganz plötzlich taucht sie auf, an einem heißen Sommertag im Supermarkt, zwischen den Regalen mit den Damenbinden.

# 27

# Made in China

Melanie (26), Redakteurin,
über
Marlon (26), Student

Ich ließ mich seufzend in den Flugzeugsitz fallen und zog meine Schuhe aus. Zum Glück hatte ich ein paar dicke Socken dabei, genau wie mir meine Freundin Tina empfohlen hatte: »Socken und Lippenpflege sind das Wichtigste im Flugzeug.« Im Gegensatz zu mir hatte sie schon mehrere Langstreckenflüge hinter sich. Für mich war es der erste. Doch das war nicht der Grund, weshalb mir mulmig zumute war. Vielmehr war es das Telefonat, das ich noch am Flughafen mit meinem Freund geführt hatte. Wie so oft in der Vergangenheit endete es auch dieses Mal im Streit und das war nie gut. Schon gar nicht, wenn man gerade dabei war, ans andere Ende der Welt zu fliegen. Besser gesagt, nach Hongkong. Mein Chefredakteur hatte mich gefragt, ob ich für das Magazin zur Fashion Week in die Metropole fliegen wollte. Eine Organisation lud jährlich eine Handvoll Modejournalisten ein und dieses Jahr war unser Fachmagazin an der Reihe. Ich war gerade erst mit meinem Studium fertig geworden, hatte meine Examensarbeit abgegeben, meine letzte mündliche Prüfung absolviert und saß jetzt im Flugzeug Richtung Hongkong. Eigentlich konnte ich mein Glück kaum fassen – wenn da nicht mein Freund gewesen wäre. Mit seiner Laune machte er mir gerade alles kaputt. Wir hatten wieder einmal über das leidige Thema Zukunft gesprochen. Während ich am einen Ende des Landes studiert hatte, arbeitete er als Groß- und Einzelhandelskaufmann in einem kleinen Dorf am anderen Ende. Unzählige Stunden hatten wir im Zug, im Auto und im Flugzeug verbracht, nur um uns sehen zu können. Wir hatten sechs Jahre lang eine Fernbeziehung geführt und das sollte sich mit dem Abschluss meines Studiums eigentlich ändern. Aber wie? Wie sollte ich jetzt wissen, wo es mich in naher Zukunft hinverschlagen würde? Hamburg, Berlin, München? Keine Ahnung. In seinem Beruf war das einfach. Da hatte man eine Firma, für die man arbeitete, vielleicht sogar sein Leben lang, und das war's. Aber ich wollte fürs Erste frei arbeiten, bundesweit Kontakte knüpfen, hier und da Erfahrungen machen. Mich jetzt schon irgendwo niederlassen, wo ich dann mein Leben lang bleiben sollte? Haus, Hof, Hund? Ich fühlte mich immer stärker eingeengt und der Druck, den mein Freund auf mich ausübte, machte es nicht besser. Dann kam da noch ein anderer, wesentlicher Gedanke dazu, der überhandzunehmen drohte: Wollte ich überhaupt eine Zukunft mit diesem Mann? Der Mann, der den ganzen Sonntag vor dem Fernseher hockte und Formel 1 schaute, während draußen bei knallblauem Himmel die Sonne schien? Der Mann, der nichts mit meinen Freunden unternehmen wollte, weil er einfach keinen Bock hatte? Der Mann, der noch immer bei seiner Oma wohnte und nicht einmal seine Kleidung selber waschen konnte. Er wurde immer unattraktiver für mich. Damals vor sechs Jahren hatte ich zu ihm aufgesehen, ihn für stark und selbstbewusst gehalten. Das war jetzt anders. Ich hatte mich verändert. Jetzt war ich selbstbewusst, hatte ein Studium in der Tasche und saß im Flugzeug zu meiner ersten Fashion Week im Ausland. Ich wollte tief einatmen und das Leben in mich aufsaugen. Und nicht jeden Samstag meinem Freund dabei zusehen, wie er mit einer Flasche Wein im Arm vor dem Fernseher einschlief. Immer stärker wuchs in mir das Gefühl, dass das Leben woanders stattfand und an mir vorbeizog, wenn ich noch länger mit ihm zusammenblieb. *Ich bin 23 Jahre, jung und attraktiv und mein Freund hat mir seit einem Jahr nicht mehr gesagt, wie sexy ich bin.* Ganz im Gegenteil. Vor ein paar Wochen hatte ich ihm erzählt, dass ich ein paar Jungs im Zug belauscht hätte, wie sie den Mädchen im Abteil Noten gaben. Ich wurde mit einer Zwei ausgezeichnet, was mich freute. Mein Freund antwortete daraufhin nur: »Dann überleg mal, warum du keine Eins bekommen hast.« Das kann doch nicht alles gewesen sein!

Die Stewardess ging rum und schenkte Sahnelikör aus. *Genau das Richtige*, dachte ich und ließ das dickflüssige Getränk langsam die Kehle hinunterlaufen. Dann lehnte ich mich zurück, spürte, wie der Alkohol wirkte, schob die Gedanken an meinen Freund einfach beiseite und freute mich auf das kleine Abenteuer, das mich erwartete. In Wahrheit war ich im Begriff, mich mitten in ein viel größeres Abenteuer zu stürzen. Und die Turbulenzen, in die unsere Maschine über dem Himalaja geriet, waren nichts im Vergleich zu denen, die jenes Ereignis in mein Leben brachte.

Die pulsierende Stadt an der Südküste Chinas gefiel mir von Anfang an sehr gut. Die Menschen waren unglaublich freundlich und hilfsbereit, auch die Journalisten aus den anderen Ländern waren nett und interessant. Ich war mit Abstand die Jüngste von allen, was mir allerdings gar nichts ausmachte. Ich hatte gerne noch etwas Welpenschutz, schließlich war ich mit

> *Damals vor sechs Jahren hatte ich zu ihm aufgesehen, ihn für stark und selbstbewusst gehalten. Das war jetzt anders. Ich hatte mich verändert.*

ziemlich viel Herzklopfen in die Stadt gekommen und sehr froh, bereits am ersten Tag tolle Menschen kennengelernt zu haben. Mit Olga hatte ich mich sogar schon richtig angefreundet. Olga war eine Textiljournalistin aus Warschau, sprach aber perfekt deutsch. Sie hatte in Frankfurt studiert und lange in Deutschland gelebt. Ihre typisch polnische, etwas melancholische, aber warmherzige

Art gefiel mir von Anfang an. Am dritten Abend nahmen wir uns vor, die Clubs und Kneipen der Stadt unsicher zu machen.

Wir fuhren mit der U-Bahn Richtung Lan Kwai Fong, dem beliebtesten Kneipenviertel der Millionenstadt. Den ganzen Tag waren wir unterwegs gewesen, hatten die Aussichtsplattform Victoria Peak und ein altes Viertel mit jeder Menge Antikläden besucht. Wir beschlossen, nicht extra zum Hotel zurückzufahren, um uns umzuziehen. Ich trug einfache Jeans, ein leichtes Leinenshirt und alte goldfarbene Sneaker von meiner Mum. Bis heute habe ich es nicht übers Herz gebracht, sie in die Altkleidertonne zu schmeißen. Ich betrachte sie als Glücksbringer.

Das Kneipenviertel bestand zum Großteil aus Pubs und wir sahen fast ausschließlich in westliche Gesichter. »Komm, lass uns in die Bar hier gehen, die haben internationale Biersorten«, sagte ich zu Olga. Ich hatte Lust auf ein kaltes Becks und war mehr als erstaunt, das hier tatsächlich zu bekommen, auch wenn ich dafür etwas tiefer in die Tasche greifen musste. Für meine Lieblingsbiersorte tat ich das gern. Von unserem Sitzplatz aus hatten wir den gesamten Pub im Blick. Vor uns saßen zwei Mädchen mit knappen Trägershirts und etwas zu blonden Haaren. Ein Kellner stellte ihnen zwei Bier auf den Tisch und zeigte mit dem Finger auf zwei sportliche Typen, die den beiden Tussis zunickten. Die Typen sahen ganz gut aus. *Das kann echt nicht sein. Dass Männer wirklich auf solche Frauen stehen.* Ich schüttelte den Kopf, widmete mich wieder meinem Gespräch mit Olga und versuchte, das negative Gefühl zu ignorieren. *Warum haben wir eigentlich keine Drinks von denen bekommen?* Ich hatte Lust zu flirten, aber es war auch schon lange her, dass mich ein Mann angesprochen hatte. *Vielleicht weil sie merken, dass du vergeben bist? War ich das denn?* Ich nahm einen großen Schluck Bier und spülte die Gedanken an meinen Freund einfach damit runter. Da bemerkte ich an unserem Nebentisch zwei Jungs. Auch sie schauten sich die Wasserstoffblondinen genauer an, schienen sich aber mehr über sie zu amüsieren, als Interesse zu bekunden. *Sympathisch*, dachte ich, und im selben Augenblick trafen sich unsere Blicke. Ich schaute schnell weg. Ich war vielleicht in Flirtlaune, aber so richtig flirten, das hatte ich noch nie draufgehabt. Ich gehöre zu den Menschen, die auf einmal einen sehr strengen Gesichtsausdruck bekommen, wenn sie jemanden sehen, der ihnen gefällt. Ein Lächeln wirkt da immer gleich schrecklich gezwungen. Zum Glück hatten meine bisherigen Freunde dennoch den Mut gefunden, mich anzusprechen. Plötzlich stand tatsächlich einer von den beiden Typen am Nachbartisch auf und kam zu uns rübergeschlendert. »Hey, how are you?« Er lehnte sich lässig an einen der Holzstühle. »Fine, thanks«, antwortete ich, ich fand ihn nett. Obwohl ich sofort merkte, dass es sich um einen Deutschen handelte, sprach ich englisch. Unser Akzent ist einfach unverkennbar. Ich wollte ihn aber noch ein bisschen zappeln lassen. »Do you know a good disco or bar in town?«, fragte mich der Typ. *War das jetzt eine Anmache, oder wollte er es wirklich wissen? Oh Mann, ich war wirklich schon lange raus aus dem Flirtgeschäft.* Ich lächelte. »Du bist deutsch, oder?« Der Typ bekam große Augen. »Wow, Deutsche. Wahnsinn. Ist das schön, diese Sprache zu hören.« Er sah zu seinem Kumpel hinüber, der noch immer am Tisch saß und in die Gegend starrte. *Na, der hat wohl keinen Bock auf die Anmacheskapaden seines Kumpels. Vielleicht sind wir ihm nicht blond genug?* »Hey Marlon, komm rüber. Das hier sind Deutsche«, rief er seinem Freund zu. Er stand langsam und recht widerwillig auf – erst jetzt bemerkte ich, dass es sich bei Marlon um einen verdammt gut aussehenden Mann handelte. Er kam mit großen Schritten auf uns zu, ich schätzte seine Größe auf über 1,90 Meter. Die dunklen Haare hatte er nach hinten gekämmt, was seine markanten Gesichtszüge betonte. Dann schaute er mich aus seinen umwerfenden blauen Augen an. Etwa ab diesem Moment hörte mein Hirn auf zu arbeiten. Es rutschte einfach auf Herzhöhe und die beiden Organe stellten fest, dass sie eigentlich ziemlich gute Kollegen waren und sich der eine jetzt einfach mal für eine Weile verabschieden wollte. *Geh nur, Hirn. Du hast dir den Urlaub wirklich verdient,* sagte mein Herz großzügig. *So viel, wie du nachgedacht hast in letzter Zeit. Die vielen Überstunden bis spät in die Nacht. Hau ab. Ich schaff das hier allein.* Und schon war's weg, das Hirn, und mein Herz begann, die Sache in die Hand zu nehmen.

Ich nippte bereits an meinem dritten Litschi-Martini und fühlte mich wahnsinnig gut. Nach einem kleinen Zwischenstopp in einer verruchten Hotelbar waren wir schließlich in einer Bar mit Livemusik gelandet. Es geht nichts über gute Livemusik. Sie gibt mir immer das Gefühl, am Puls des Lebens zu sein. Man fühlt sich so real und lebendig. Dass ich mich genauso fühlte, lag an diesem Abend allerdings nicht nur an der Band, sondern vor allem an Marlon. Von Anfang an stimmte die Chemie zwischen uns. Die Phrase »Wir sprachen über Gott und die Welt« mag abgedroschen klingen, stimmte aber in unserem Fall wirklich. Wir diskutierten über Religion, Weltansichten und kamen dann auf unsere Familien zu sprechen. Nicht mit einem Wort erwähnte ich dabei, dass ich einen Freund hatte. Ich klammerte es regelrecht aus. Das war mir zuvor noch nie passiert. Selbst wenn ich in der Vergangenheit mit einem Mann ins Gespräch gekommen war, den ich attraktiv fand, meine Beziehung hatte ich nie verleugnet. Das war jetzt anders. Und was mich dabei am meisten faszinierte: Ich hatte nicht eine Sekunde lang ein schlechtes Gewissen. Warum? Vielleicht weil ich gar nicht log und nichts verschwieg. Dieser Abend war wie eine Schere, die den letzten Faden durchschnitt, der mich noch mit meinem Freund zu Hause verband. Ich fühlte mich frei wie lange nicht mehr.

Ein Blick auf meine Uhr sagte mir, dass es Zeit war zu gehen. »Ich muss leider ins Hotel, ich muss morgen meinen Artikel über die Fashion Week fertig schreiben, der soll noch ins aktuelle Heft.« Ganz gleich wie toll dieser Abend auch war, meine Arbeit wollte ich nicht links liegen lassen. Sie hatte mich schließlich hierhin gebracht. In diese Stadt, in diese Bar, zu diesem Mann. »Ach schade«, meinte Marlon, »was hältst du davon, wenn wir morgen alle vier zusammen in der Stadt etwas essen gehen? In der Nähe von unserem Hotel gibt es ein tolles Lokal.« Wir verabredeten uns für zwölf Uhr am nächsten Tag und Marlon winkte ein Taxi herbei. »Es war schön, dich kennenzulernen«, sagte er und umfasste leicht meine Hüfte, es war die erste Berührung an diesem Abend. »Danke«, antwortete ich nur und stieg mit Olga ins Taxi. Ein seltsames Gefühl machte sich in meinem Bauch breit. Ich konnte es nicht einordnen. Die ganze Nacht spürte ich die Stelle, an der Marlons Hand zum Abschied gelegen hatte.

Punkt zwölf Uhr standen wir vor dem Hotel der Jungs und warteten. Ich war nervös, wollte es aber vor Olga und auch vor mir selbst verstecken. Wir warteten eine Viertelstunde, aber niemand kam. Von Minute zu Minute kam ich mir dümmer vor. Nach zwanzig Minuten beschlossen Olga und ich, nicht länger zu warten und in die Stadt zu gehen. Wir hatten keine Telefonnummer von den Jungs und auch keinen Nachnamen. Mein Stolz hätte es mir auch verboten, sie anzurufen. *Sie haben uns versetzt. Er hat mich versetzt. Was soll's. Er war nur eine nette Bekanntschaft.* Trotzdem wollte das komische Gefühl in meinem Bauch nicht weggehen. Selbst am nächsten Tag, als ich meinen Koffer packte und mit dem Bus zum Flughafen fuhr, wollte sich der Knoten in meinem Bauch

> Ich gehöre zu den Menschen, die auf einmal einen sehr strengen Gesichtsausdruck bekommen, wenn sie jemanden sehen, der ihnen gefällt.

nicht lösen. Ich fühlte mich traurig und konnte den gesamten Rückflug nicht aufhören, an Marlon zu denken. Eine seltsame Nervosität begann von mir Besitz zu ergreifen. Ganz gleich ob ich ihn noch einmal wiedersehen würde oder nicht, durch Marlon war mir bewusst geworden, dass ich etwas ändern wollte in meinem Leben.

Zu Hause in Deutschland wartete meine Mama auf mich, die eigentlich im Ausland wohnte und mich gerade besuchte. Als ich ankam, war ich bereits seit 24 Stunden wach und völlig aufgekratzt. Der Jetlag brachte mich total aus dem Gleichgewicht. Nachdem ich meine Geschenke an meine Schwester, meine Mitbewohnerin und meine Mama verteilt hatte, legte ich mich ins Bett und schlief zwölf Stunden am Stück. Am nächsten Morgen fuhr ich meinen Laptop hoch und loggte mich bei StudiVZ ein. Eine kleine Eins blinkte in meinem Nachrichtenaccount auf. Mein Herz machte einen Sprung. Marlon hatte mir geschrieben.

*Hey! Wo wart ihr denn am Mittwoch? Wir wollten doch um 14 Uhr zusammen essen gehen! Wie geht es dir sonst? Bist du schon in Deutschland?*

14 Uhr? 14 Uhr? Wir hatten doch 12 Uhr gesagt. Oh nein! Ich musste lachen. Es war verdammt lange her, dass ich mich über eine einfache Nachricht so sehr gefreut hatte. Doch dies war keine einfache Nachricht. Sie war zunächst der Beginn einer Chatbekanntschaft, die mir und Marlon die Nächte raubte. Erst schrieben wir uns über ICQ, später telefonierten wir bis zum Morgengrauen. Ich fühlte mich wie im Rausch. Unsere Gespräche machten mich süchtig. Er machte mich süchtig. In meinem ganzen Leben war mir nie ein Mensch begegnet, der so gelassen und optimistisch durchs Leben ging wie Marlon. Ich wollte mich von ihm an die Hand nehmen lassen und ein Teil von seiner Welt werden. Wenn wir chatteten und mein Freund mich anrief, drückte ich ihn weg oder war kurz angebunden. Schlechtes Gewissen? Null. Mir war nur eines ganz klar: Ich wollte Marlon. Koste es, was es wolle. Für nur einen schönen Sommer mit ihm hätte ich sofort meine sechsjährige Beziehung aufgegeben. Ich wusste nicht, was Marlon von mir wollte. Ich kannte ihn ja kaum. Vielleicht servierte er mich sofort ab. Vielleicht war er ein Arschloch, das Frauen erst um den Finger wickelte, indem er ihr in der Nacht wunderschöne Songs schickte, und sie dann sofort fallen ließ. Aber selbst das wäre es

mir wert gewesen. Eine Nacht mit Marlon gegen meine jetzige Beziehung. In meiner Gefühlswelt war kein Platz mehr für ihn. Mein Herz hatte ich mit nach Hongkong genommen und es dort weiterverschenkt. Der Prozess des Schlussmachens war schwerer, als ich gedacht hatte. Nicht für mich, sondern für meinen Freund. Für den Mann, für den ich so selbstverständlich geworden war. Zu selbstverständlich. Nachdem ich ihm am Telefon erklärt hatte, dass ich nicht mehr wollte, setzte er sich sofort ins Auto und fuhr zu mir. Ich hatte Magenschmerzen, als er auf einmal in meinem Zimmer stand. Ich konnte seine Anwesenheit, seine Blicke, sein Flehen kaum noch ertragen. »Hast du einen anderen?«, fragte er und ich schaute ihm direkt in die Augen. »Nein«, log ich. Aber war das wirklich eine Lüge? Ich hatte bis zu diesem Zeitpunkt nichts Unrechtes getan. Ich hatte Marlon nicht geküsst, geschweige denn mit ihm geschlafen. Ich hatte mich ganz einfach nur verliebt. In einer einzigen Nacht und in einen Mann, den ich nicht wirklich kannte. Bis über beide Ohren. Und ich war so glücklich, dass mir selbst das Unglück meines Freundes kaum etwas ausmachte. Ich war wie auf Drogen und wollte mir von niemandem meinen Trip nehmen lassen. Nie hätte ich gedacht, dass ich so egoistisch sein konnte. Aber ich hatte nun mal nur noch ein Ziel: Marlon. Ihn wiedersehen, ihn endlich richtig spüren. All die Dinge tun, die wir im Chat schon so oft durchgegangen waren. Denn unsere Chats waren inzwischen alles andere als harmlos. Sie waren nicht mal mehr jugendfrei.

*Ich wollte Marlon. Koste es, was es wolle. Für nur einen schönen Sommer mit ihm hätte ich sofort meine sechsjährige Beziehung aufgegeben.*

Ich saß im Auto einer Mitfahrgelegenheit auf dem Weg zu Marlon. Lebenslust pulsierte durch meinen ganzen Körper. Sich einfach aufzugeben und zu einem fremden Mann zu fahren – das war bisher nie meine Art gewesen. Ich hatte alles auf eine Karte gesetzt und endlich war es an der Zeit, sie auszuspielen. Seltsamerweise war ich nicht nervös oder aufgeregt. Ich freute mich einfach wahnsinnig, Marlon wiederzusehen. Als er mich vom Bahnhof abholte und ich mich auf seinen Beifahrersitz setzte, war es fast schon so, als wären wir ewig lange ein Paar. Es fühlte sich richtig an, verdammt richtig. »Schön, dass du da bist«, sagte er nur und ich ließ mich in die Ledersitze sinken. Statt dicker Socken hatte ich diesmal allerdings High Heels an.

Das Leben an Marlons Seite ist wie Livemusik. Man hat nicht das Gefühl, eine Platte anzuhören, die irgendwo mal aufgenommen wurde. Vom ersten Moment an seiner Seite fühlte ich mich lebendig. So geht es mir bis heute. Und jetzt bin ich schon über drei Jahre mit ihm zusammen. Immer wieder denke ich daran, wie wir uns kennengelernt haben und in was für einen Gefühlsstrudel mich dieser Mann gebracht hat. Wenn ich ihn anschaue, freue ich mich immer noch jedes Mal darüber, dass er mein Freund ist. Ich bin stolz darauf, dass ich dieses Risiko für ihn – für uns – eingegangen bin. Ich bin kein Mensch, der schnell eine Beziehung aufgibt. Und ich bin keine Fremdgeherin. Aber als ich Marlon kennengelernt habe, wusste ich ganz tief in meinem Herzen, dass ich alles für ihn aufgeben kann. Er hat all die Lücken geschlossen, die mein Ex offen gelassen hat. Und jedes Mal, wenn ich traurig, wütend und sauer auf ihn bin – was in drei Jahren schon einmal vorkommen kann –, dann denke ich daran zurück und auf einmal ist alles wieder klar: Ich wollte ihn, ich habe ihn bekommen und ich werde ihn nicht loslassen. Er ist ein Geschenk, das ich mir selbst gemacht habe. Made in China – Umtausch ausgeschlossen.

# 28

# Auf ein Wort

Mirjam, 42 Jahre, Unternehmensberaterin,
über
August, Diplomat, 87 Jahre

Wenn ich meinen Vater heute besuche, darf ich ihm über sein Haar streicheln. Früher hatte er das nie zugelassen. Seine Frisur war ihm immer heilig gewesen. Pechschwarzes Haar, jederzeit gekonnt zurückgekämmt. Nie fiel ihm auch nur eine Strähne davon ins Gesicht. Nicht einmal, wenn er wütend war. Wenn man mit der Hand auch nur in die Nähe seiner Haare kam, zog er seinen Kopf schnell zurück. »Nicht an die Haare, Liebling.« Ein Satz, der typisch für ihn war. Bestimmt, aber immer mit einem lieben Unterton, als würde er seine strengen Worte schon in dem Moment bereuen, in dem sie ihm über die Lippen kamen. Ich habe mich nie über seine Strenge beschwert. Ich habe sie auch nie als quälend oder einengend empfunden. Gut, vielleicht in den zwei, drei Jahren meiner pubertären Hochphase. Doch auch damals habe ich tief im Innern gewusst, dass seine Art mich festigt und erdet. Er war immer schon die Wand, an die ich mich anlehnen konnte. Stark gebaut mit festem Fundament. Unerschütterlich. Aber Wände sind nun mal auch dazu da, um Grenzen zu ziehen. Heute, wo ich auf der Suche nach einer neuen Wand bin, weil meine alte eingestürzt ist, merke ich, wie sehr ich jeden Mann, der in mein Leben tritt, mit meinem Vater vergleiche. Doch niemand kann seiner Charakterstärke und seiner Anmut das Wasser reichen und ich merke – er war es: Mr. Right. Egal, was passiert ist, ob er noch hier ist oder schon weit weg, er wird immer der wichtigste Mann in meinem Leben bleiben.

Die meiste Zeit in der Familie haben wir irgendwie unfertig verbracht. Immer gab es diesen Teil, der nicht da war und mit dem man so gern viele Erinnerungen geteilt hätte. Zum Beispiel als wir Ronny bekamen, unser braun-weiß geflecktes Widder-Kaninchen mit den Schlapp-ohren. Mein Vater hat diesen neuen Mitbewohner erst drei Wochen später kennengelernt, als er für uns Kinder im wahrsten Sinne des Wortes bereits ein »alter Hase« war. Trotzdem hat er sich mit uns das ganze Wochen-ende in der Werkstatt eingesperrt, um für Ronny einen Auslauf zu bauen, mit dem er den Sommer über im Garten verbringen konnte. Der Käfig war riesig und Ronny wohl das glücklichste Kaninchen der gesamten Nachbarschaft. Und wir die glücklichsten Kinder.

> Ich konnte ihn immer noch gerade so sehen und habe manchmal geglaubt, der Horizont würde ihn verschlucken. So weit weg war er.

Denn obwohl er kaum Zeit hatte – die wenige, die er hatte, verbrachte er mit uns. Nie hat er sich an Wochenenden mit Kum-pels getroffen, nie die Abende in Kneipen verbracht. Wenn er da war, dann war er da. Mit all seiner Aufmerksamkeit und all seiner Liebe.

Mein Vater wusste genau, wann ich ein wichtiges Voltigier-turnier hatte, oder bei Max ein großes Handballspiel anstand. Es muss ihn unglaubliche Mühen gekostet haben und seine Sekretä-rin musste mit den Terminen wahrlich jonglieren, doch: Er war da und das zählte. Auch wenn er danach gleich wieder gehen musste und er unsere Erfolge nicht mit mir oder Max feiern konnte, der Stolz in seinen Augen, den ich selbst hoch zu Pferd noch sehen konnte, gab mir Mut und Kraft. Die Ergebnisse der Turniere, bei denen er anwesend war, zählten immer zu meinen besten. Natürlich kam es auch vor, dass er nicht da sein konnte, weil er sich einfach in einer anderen Stadt, einem fremden Land, auf einem entfernten Kontinent befand. Aber dann hatte er schon fünf Mal zu Hause angerufen und nachgefragt, wie es gelaufen war. Dafür ist er immer extra aus irgendeinem wichtigen Meeting gegangen, mehrmals hatte er sich für ein paar Minuten entschuldigt. Wenn ich dann sagte: »Papa, das musst du nicht. Das Turnier war gar nicht so wichtig«, dann war seine Antwort jedes Mal die gleiche: »Du weißt, dass nichts wichtiger ist als du, mein Liebling.«

Es gab eine Zeit, in der ich nur sehen konnte und vielleicht auch wollte, dass mein Vater so selten anwesend war. Niemand litt in der Familie so darunter, wie ich es tat. Ich wollte ihn dafür hassen, dass er an meinem Abschlussball nicht da sein konnte. Ich fühlte mich versetzt und alleine gelassen, obwohl mein Tanzpartner mich pünktlich zum Ball abholte. Doch dann war er auf einmal doch da. In seinem perfekt sitzenden Anzug stand er vor mir und nahm mich in seine großen starken Arme, hat mich immer ein bisschen zu fest an sich gedrückt. An die kräftigen Arme meines Vaters erinnere ich mich gerne. Wie er mit ihnen in jedem Urlaub weit aufs Meer hinausgeschwommen ist. Ich konnte ihn immer noch gerade so sehen und habe manchmal geglaubt, der Horizont würde ihn verschlucken. So weit weg war er.

Erst heute verstehe ich, dass er all die Zeit, die er nicht mit uns verbringen konnte, *für* uns verbracht hat. Mein Vater hat immer alles darangesetzt, den Spagat zwischen Erfolg und Familie hinzubekommen. Den Erfolg zu vernachlässigen hätte für meinen Vater bedeutet, die Familie zu vernachlässigen. Und trotzdem hat er versucht, so viel von uns mitzubekommen, wie nur ging. Wie viel Kraft muss es ihn gekostet haben, nach einem tagelangen Meeting nach Hause zu kommen? Zwei schreiende Kinder rennen auf ihn zu und zerren ihn in ihre Zimmer, wo er mit ihnen das neueste Brettspiel testen muss. Aber er hat uns nie das Gefühl gegeben, zu nerven oder gar lästig zu sein. Mein Vater wollte nie seine Ruhe vor uns. Es war, als würde er immer in den wenigen Tagen mit uns aufsaugen wollen, was er in den letzten Wochen verpasst hatte. Und so wurde die Zeit, die wir mit ihm verbringen durften, für uns die intensivste unserer Kindheit.

Dass mein Vater die Kraft dafür auch aus seiner eigenen Kindheit zog, habe ich lange nicht gewusst. Erst spät habe ich erfahren, wer seine Eltern wirklich waren, und dass er nur immer danach strebte, möglichst zu ihrem Gegenteil zu werden. Er ist so ganz anders groß geworden als wir. Auf einem Bauernhof mitten im Nirgendwo. Eigentlich stellt man sich darunter eine wunderbare, idyllische Kindheit vor, inmitten von Tieren und Natur. Er hat mir immer von der Freiheit erzählt, die die Kinder damals hatten. Den ganzen Tag über sind sie durch Wälder gestreunt, haben Höhlen erkundet und Tieren auf die Welt geholfen. Doch wie frei kann ein Kind wirklich sein, wenn sein Vater schon am Morgen den ersten Schluck Schnaps braucht, um überhaupt das Bett verlassen zu können, und so schwer alkoholabhängig ist, dass die Familie in Armut leben muss? Wo die Mutter schwach und labil ist und ihren Kindern nur selten etwas zu essen kocht? Als Kind hat mein Vater seine Zeit draußen verbracht, auf den Wiesen und in den Wäldern, um vor dem gewalttätigen Vater und der devoten Mutter zu flüchten. Wahrscheinlich gibt es nur zwei Möglichkeiten, wie ein Mensch sich unter solchen Umständen entwickeln kann: Entweder er wird gewalttätig und trinkt oder er wird so wie mein Vater. Wie viel Kraft, Willensstärke und Glauben an das Gute braucht es dafür? Wie oft hat es ihn zurückgeworfen? Wie oft ist er von seinem Weg abgekommen?

Ich weiß so wenig von seiner Vergangenheit. Ich weiß nicht, wie er sich aus dem Sumpf seiner Kindheit befreit hat und zu dem geworden ist, was er lange für mich war. Ob ich wohl etwas von seiner Kraft und seiner inneren Stärke geerbt habe? Ich weiß, dass er mit einem »Natürlich hast du das, Liebling« auf die Frage antworten würde. Aber ich bin mir da nicht so sicher. Ich vergleiche nicht nur meine Persönlichkeit mit meinem Vater, sondern vor allem die Männer, die bisher in mein Leben getreten sind. Ganz unbewusst bestreiten sie von Anfang an einen Wettkampf mit ihm. Es ist nicht einfach für sie, alles richtig zu machen. Die Fußstapfen, in die sie treten, sind verdammt groß. Vielleicht habe ich auch deswegen noch nicht den Einen, den Richtigen gefunden. Meine neue starke Wand.

»Ich bin nicht so perfekt wie er«, hatte mir mal ein Freund an den Kopf geworfen. Ich muss ihn mit großen Augen angesehen haben. »Habe ich das denn jemals von dir verlangt?« Die Frage war ehrlich gemeint. Ich hatte keine Ahnung. Doch langsam wurde mir bewusst, dass er recht hatte. Ich verglich jeden neuen Mann mit meinem Vater. Er konnte keinen Apfel mit bloßer Hand in zwei Hälften teilen? Mein Vater konnte es. Karriere war ihm nicht so wichtig? Wie kann das sein? Mein Vater hat alles getan, damit es seiner Familie an nichts fehlte. Und dann fiel mir noch etwas auf! Welche meiner Bekanntschaften hatte ich meinem Vater jemals vorgestellt? Gab es überhaupt jemals einen, der ihm die Hand reichen durfte? Ich kann mich nicht daran erinnern. Irgendwie hat es niemand bis zu dem Punkt geschafft, an dem ich das Bedürfnis hatte, ihn vorzustellen. Ich wollte meinen Vater nie mit ihnen belästigen. Oder hatte ich vielleicht auch Angst vor dem direkten Vergleich? Angst davor, in seinen Augen zu lesen: »Der ist nicht gut genug für dich, mein Liebling.« Nie hätte ich mit dem Mann danach zusammenbleiben können. Aber auch ganz ohne sein Zutun bin ich es nicht. Ein Besuch bei ihm hätte viele meiner Beziehungen einfach nur abrupter beendet. Niemand konnte ihm bisher das Wasser reichen, mir das geben, was er meiner Familie gegeben hat. Jetzt suche ich. Meine neue Wand, die mich in jeder Lebenssituation stützt. Eben meinen eigenen Mr. Right.

# 29

# Ein Zeichen

Jolie (36), Drehbuchautorin,
und
Daniel (40), Betriebswirt

Noch heute fasse ich mir unbewusst an meine kleine Narbe. Ich mag die weiche Haut mit den etwas rauen Erhebungen. Ich fahre mit dem Finger daran entlang und bekomme immer wieder Gänsehaut. Warme Gänsehaut. Wenn ich einen Bikini trage, dann kann sie jeder sehen. Und ich schäme mich nicht für sie. Ganz im Gegenteil. Sie ist das schönste Zeichen einer Liebe, die stärker ist als alles, was ich zuvor erleben durfte. Sie ist wie ein geheimes Zeichen, das ich mit dem Menschen teile, dem ich mein Leben zu verdanken habe. Mein zweites Leben.

Es ist fünf Jahre her, als ich zum ersten Mal spürte, dass irgendwas nicht in Ordnung war. Ich gebe zu, dass ich ein Mensch bin, der sein Leben eher in großen Zügen genießt, als nur auf seine Gesundheit zu achten. Ich rauche, seit ich 15 bin, und leide schon länger unter Bluthochdruck. Trotzdem habe ich mich immer pudelwohl und gesund gefühlt. Warum auch nicht? Ich bin gerade einmal Anfang dreißig. Mein Mann Daniel zog immer seine Augenbrauen hoch, wenn ich in meiner Tasche nach meiner Zigarettenpackung kramte. »Wolltest du nicht aufhören?«, fragte er mich dann, ohne es wirklich böse zu meinen. »Schatz, du weißt genau, wann ich aufhöre zu rauchen«, ich sah ihn erwartungsvoll an, »wenn du mit mir ein kleines Würmchen machst!« In einem Satz war er bei mir und warf mich aufs Bett. »Das kannst du haben, jetzt sofort.«

*Vielleicht hat es ja diesmal geklappt.* Ich riss ungeduldig die Verpackung des Schwangerschaftstests auf und beugte mich über die Toilette. Gar nicht so einfach, auf Kommando zu pinkeln. Aber so langsam hatte ich wirklich Routine. Als ich es endlich schaffte, merkte ich sofort, dass etwas nicht stimmte. Statt etwas Goldgelbem tropfte eine braunrote Flüssigkeit auf den kleinen Streifen im Schwangerschaftstest. Ich bekam weiche Knie. *Was ist das?* Obwohl ich spürte, dass etwas nicht stimmte, galt meine Aufmerksamkeit in den kommenden Minuten nur dem Streifen auf dem Test. Negativ. Kraftlos setzte ich mich auf den Klodeckel und spürte, wie mir Tränen in die Augen schossen. Negativ. Wieder einmal. Ich wusch mir mein Gesicht mit klarem Wasser und tuschte meine Wimpern neu. Der Schwangerschaftstest landete im Müll.

*Seit ich nicht mehr gesetzlich versichert war, wurden meine Arztaufenthalte immer länger, schließlich konnte man das alles wunderbar abrechnen.*

Erst als ich am Abend wieder auf der Toilette saß, fiel mir ein, dass neben dem negativen Schwangerschaftstest ja noch etwas nicht stimmte. Das Klopapier war schon wieder blutverschmiert. Ich schauderte. Was ist das? Ich habe meine Tage doch noch gar nicht. *Ob ich Daniel davon erzählen soll? Um ihm unnötig Sorgen zu bereiten? Nein.* Ich beschloss, einen Arzttermin zu machen, sollte sich der Zustand bis morgen nicht gebessert haben.

Eine Woche war vergangen und noch immer schob ich den Termin vor mir her. Ich hatte keine Lust, mir eine Moralpredigt anzuhören. »Frau Reinhardt, Sie müssen weniger rauchen. Frau Reinhardt, Alkohol ist Gift für Ihren Blutdruck.« Das wusste ich ja alles selbst. Aber gehört zu einem schönen Leben immer die

Moral? Als sich eine Woche nach dem Schwangerschaftstest noch immer nichts geändert hatte, zwang ich mich doch, meinen Hausarzt anzurufen. Als Selbstständige war ich privat versichert und bekam schnell einen Termin. *Zweiklassengesellschaft*, musste ich immer wieder denken, wenn mir meine Freundin Nicole – gesetzlich versichert – erzählte, dass sie erst in zwei Monaten einen Arzttermin bekommen hatte.

Ich saß im Sprechzimmer des Arztes und wischte meine Hände langsam an meiner Jeans ab. Er hatte mich ziemlich lange dabehalten und einige Tests gemacht. *Tja, das kommt alles schön auf meine Rechnung.* Seit ich nicht mehr gesetzlich versichert war, wurden meine Arztaufenthalte immer länger, schließlich konnte man das alles wunderbar abrechnen. Ich stieß einen Seufzer aus. *Das wird sehr wahrscheinlich auch der Grund für die vielen Tests heute sein*, redete ich mir ein. Ich wollte jetzt eigentlich ganz woanders sein. Ich schloss die Augen und dachte an eine grüne Sommerwiese und eine vollbepackte Picknickdecke. Ich hasste nichts mehr als Ärzte, Behandlungsräume und Wartezimmer. Die Atmosphäre war immer gleich unangenehm, egal wie viel Mühe sich die Belegschaft mit Blumen, Zeitschriften und hübschen Bildern an den Wänden gab. Als mein Arzt zur Tür reinkam, hatte er einen seltsamen Gesichtsausdruck. Mein Herz rutschte mir in die Hose. »Stimmt etwas nicht, Herr Obermeyer?«, fragte ich vorsichtig. »Ja«, sagte er langsam und blickte auf seine Ausdrucke in der Hand. »Ich meine, ich weiß es nicht genau.« *Klingt ja sehr beruhigend*, dachte ich. »Ich würde Sie gerne an einen Spezialisten in der Klinik überweisen. Einen Nierenspezialisten. »Niere?«, fragte ich entsetzt. »Aber warum das denn? Ich hatte nie Probleme mit den Nieren und auch keinerlei Schmerzen.« – »Das ist es ja auch, was mir Sorgen macht«, sagte Herr Obermeyer und die Falte zwischen seinen Brauen wurde noch tiefer. *Sprechen Sie nicht so in Rätseln mit mir*, hätte ich ihn fast angeschrien, aber es hätte ja nichts gebracht.

Die kommenden Wochen waren wie ein Albtraum. Jedes Mal, wenn ich morgens die Augen öffnete, hatte ich die Hoffnung, das alles nur ein böser, gemeiner, ekelhafter Traum war. Das alte Leben kommt einem so schrecklich weit weg vor, wenn es auf einmal wie ein Kartenhaus zusammenfällt.

Ich kenne Krankenhäuser nur aus meinen Lieblingsserien. Die, in denen der Arzt auch Werbung für Antifaltencreme und Rasierschaum macht und die Krankenschwestern aussehen, als kämen sie eben von einer Misswahl. Ein schönes, rosarotes Krankenhausleben. Jetzt war ich in der Realität gefangen und wollte nur noch eins: mein altes Leben zurück. Meine damaligen Probleme kamen mir vor wie der Himmel. Doch die sollte ich zunächst lange nicht mehr wiedersehen. Denn nach so einigen Untersuchungen und schlaflosen Nächten unter kratzigen Krankenhausdecken lag das Ergebnis vor mir wie ein großes schwarzes Loch: Nierenversagen. Jetzt hatte ich ein echtes Problem. Meine Nieren waren bereits so schwach, dass ich an die Dialyse musste. Ich hatte das Gefühl, immer tiefer zu fallen. Das große schwarze Loch, das sich unter mir aufgetan hatte, wollte keinen Boden haben.

Aus meiner heutigen Sicht ist es sehr einfach zu sagen, alles habe Sinn, auch die schwärzesten Stunden im Leben. Wenn man sich in der Situation befindet, quälen einen nur Fragen wie: Warum ich? Was habe ich falsch gemacht? Warum muss das jetzt passieren? Ich befand mich in einem Tunnel, und wann es wieder Licht geben würde, war unabsehbar. Doch auf dem Weg durch den dunklen Schacht hatte ich jemanden an meiner Seite, der mir mit einer Laterne zumindest immer den nächsten Schritt leuchtete. Ohne dieses Licht wäre ich heute nicht mehr hier, da bin ich mir sicher. Mein Mann Daniel war das Licht – mehr als hundert Glühwürmchen und zweihundert Sparbirnen zusammen. Selbst in Momenten, in denen ich nicht mehr wollte oder konnte, hielt er durch und gab mir die Kraft, das alles durchzustehen. Ich konnte ihm nichts mehr geben, nur noch nehmen.

»Sie brauchen eine neue Niere, Frau Reinhardt.« Ich sah meinen Arzt aus leeren Augen an und nahm das auf, was ich schon längst erahnt hatte. Seltsamerweise musste ich an einen schlechten Hollywoodfilm denken, der in der Zukunft spielt und in dem Menschen künstliche Organe kaufen konnten – für sehr viel Geld. Wer nicht zahlen konnte, wurde einfach umgebracht, und das wertvolle Organ wurde wieder entfernt. Ausgerechnet dieser Film war das Einzige, was mir zum Thema Organspende einfiel. Ich hatte nie darüber nachgedacht oder mir gar selbst einen Organspendeausweis besorgt. Ein- oder zweimal hatte ich vielleicht kurz mal die Idee, mir einen zu holen. Aber dann gibt es da ja immer diese Horrormärchen, dass Maschinen schneller abgestellt und lebensrettende Maßnahmen abgebrochen würden, wenn man den Ausweis bei sich trug. Jetzt, wo ich selbst darauf angewiesen war, dass ein Mensch diesen Zettel in seiner Geldbörse hatte, schämte ich mich. Scham. Das war das erste Gefühl, das ich hatte, als mir mein Arzt mitteilte, dass ich ein neues Organ brauche.

Daniel stand neben mir und drückte einfach nur meine Hand. Auf einmal bat der Arzt Daniel vor die Tür. *Oh Gott, er hat mir nicht alles erzählt,* dachte ich im ersten Moment. Fragte mich allerdings, ob es denn überhaupt noch schlimmer kommen konnte. Keine Niere, kein Leben. So sah es für mich aus. Daniel kam zurück ins Zimmer. Sein Gesichtsausdruck war seltsam angespannt. »Ich werde jetzt ein paar Tests machen und für ein paar Stunden nicht da sein«, sagte er schnell und war auch schon weg. *Tests? Was für Tests?* Ich verstand nichts mehr. Was war das hier? Ein Kabarett? Wollten mich alle verarschen? Warum redete niemand mit mir? Ich drückte die rote Klingel an meinem Bett und wartete auf die Krankenschwester. »Ich will den Arzt sprechen. Sofort«, sagte ich barsch. »Das geht jetzt leider nicht, Frau Reinhardt. Aber Herr Lenz wird bald zu Ihnen kommen.« Schon war sie wieder weg. Ich ließ mich in mein Kissen zurückfallen und konnte die Tränen nicht mehr unterdrücken.

In den kommenden Tagen war Daniel noch angespannter als ich und ich hatte das Gefühl, dass ich ihn beruhigen musste. Der Seitenwechsel tat mir allerdings gut, da ich Mitleid noch nie gut habe ertragen können. Heute weiß ich, warum Daniel damals so nervös war: Er wartete auf Laborergebnisse, die nicht nur mein, sondern auch sein Leben verändern würden.

Es war an einem Dienstagmorgen, als Doktor Lenz in mein Zimmer trat und Daniel bat, mit hinauszukommen. Nach weniger als drei Minuten kamen sie zurück in mein Zimmer. Ich hatte das Gefühl, mir ein Schauspiel anzusehen, bei dem ich in der ersten Reihe saß. *Was war hier eigentlich los?* Daniel kam mit großen, glänzenden Augen auf mich zu. Er wirkte erleichtert und war dennoch nervös. »Ich will jetzt endlich wissen, was hier gespielt wird«, sagte ich genervt und sah Doktor Lenz böse an. »Es tut mir leid, dass wir Sie so im Ungewissen lassen mussten, aber wir – also, ihr Mann und ich – wollten Ihnen keine falschen Hoffnungen machen«, sagte Doktor Lenz mit seiner für Ärzte so typisch beschwichtigenden Stimme, die einen zur Weißglut bringen konnte. »Was bitte für Hoffnungen?« Ich blickte Daniel fragend an. »Ich werde dir eine Niere spenden, mein Schatz.«

Das Zimmer schien sich zu drehen und ich konnte Daniel nur noch schemenhaft erkennen. Tränen liefen mir über mein Gesicht. »Ich will das nicht«, sagte ich leise. »Ich will das nicht«, dann etwas lauter. »Das geht nicht. Das kannst du nicht einfach so bestimmen. Nein. Ich will das nicht.« Jetzt schrie ich schon fast. »Bitte beruhigen Sie sich, Frau Reinhardt. Sie dürfen sich nicht zu sehr aufregen.« Ich blickte von einem zum anderen und fragte mich, wer auf diese Schnapsidee gekommen war. Reichte es denn nicht, dass einer von uns sterbenskrank war? Musste jetzt auch noch der andere krank werden? Die Schwester kam und gab mir etwas zur Beruhigung. Ich schlief ein und träumte einen furchtbaren Traum. Von einem kranken Daniel, der leichenblass im Bett lag. Mein Herz zerriss in tausend Stücke. Als ich aufwachte,

wusste ich aber auf einmal, warum Daniel das für mich tun wollte, und mir wurde klar, dass ich genauso handeln würde wie er,
wenn er an meiner Stelle todkrank im Bett liegen würde. »Schatz,
hörte ich Daniel an meiner Seite und fühlte, wie er meine Hand
griff. Ich öffnete die Augen und sah Tränen in seinen Augen. »Ich
will nicht ohne dich leben müssen. Es ist kein Geschenk, das ich
dir mache, sondern es ist ein Geschenk, das ich mir mache. Bitte
lass mich dir helfen. Mein Leben macht sonst keinen Sinn mehr.«
Zur Antwort drückte ich seinen Daumen und strich langsam über
seine Fingerkuppe.

Die OP ist nun fünf Jahre her und noch heute überkommt mich
ein Schauer, wenn ich an die Panik denke, die ich vor der Ope-
ration hatte. Ich hätte es mir nie verzeihen können, wenn Daniel
irgendetwas passiert wäre. Kurz vor dem Eingriff war ich sogar
fast so weit, alles doch abzusagen. Aber ich wusste auch, dass ich
das Daniel nicht antun konnte. Er liebte mich und ich liebte ihn.
Ich hätte ohne ihn auch nicht mehr leben wollen. Heute versuche
ich, nicht mehr ständig daran zu denken, was Daniel für mich ge-
opfert hat. Ein gesundes Leben, ein wichtiges Organ. Daniel hat
mir den größten Liebesbeweis erbracht, den je ein Mensch einem
anderen erbringen kann. Und ich weiß, dass er es nicht nur für
mich, sondern auch für sich getan hat. Das gibt mir den Frieden,
mit seinem Geschenk umgehen zu können. Gestern habe ich einen
Schwangerschaftstest gemacht. Jetzt weiß ich, dass auch ich ihm
ein Geschenk mache. Ein kleines Würmchen.

# 30

# Ins Netz gegangen

Barbara (32), Journalistin,
über
Flo (34), Mechatroniker

So ein Schwachsinn«, sagte ich laut und lehnte mich damit mal wieder ziemlich weit aus dem Fenster. Wir saßen gerade in der Redaktionskonferenz und eigentlich gab es ein striktes Dazwischenreden-Verbot. Heike schaute mich mit zusammengekniffenen Augen an. »Sorry«, nuschelte ich kleinlaut und versuchte mich auf meinem Stuhl ganz klein zu machen, um mich vor der Chefredakteurin zu verstecken. »Also, Barbara findet das mal wieder Schwachsinn?«, hörte ich ihre kräftige Stimme und bemerkte zum Glück ein leichtes Schmunzeln in ihrem Gesicht. »Ich will damit nur sagen, dass ich nicht glaube, dass man im Netz seinen Mann fürs Leben finden kann. Den muss man doch sehen, riechen, anfassen – von mir aus auch schmecken …«, ich rang nach Luft. »Die Zahlen sagen da aber etwas anderes«, gab Heike zu bedenken. »Eine aktuelle Studie belegt, das rund 400.000 neue Beziehungen im Jahr entstehen, die sich zuvor im Netz kennengelernt haben. Und dass Datingportale regelrecht boomen, weiß ja wohl jeder«, sagte Heike triumphierend und schaute mich mit hochgezogenen Augenbrauen an. *Mist*, dachte ich, *sie hat mal wieder die besseren Fakten.* Und ich hatte wie immer nur mein

Bauchgefühl, mehr nicht. *Du musst dich besser vorbereiten*, mahnte ich mich zum hundertsten Mal. »Und was ist mit den Fitnessstudios, Supermärkten und Tanzflächen dieser Welt? Lernt man da keine Männer mehr kennen?«, fragte ich in die Runde. »Wie wär es, wenn ihr zwei das rausfindet?«, fragte meine Chefin und ich triumphierte schon innerlich. Yeah, auf Männerfang im Zoo und in der Disco – und das Ganze rein beruflich, das wird ein Spaß. »Ich will, dass du, Heike, rausbekommst, ob man Männer heutzutage noch auf offener Straße kennenlernen kann, und du, Barbara, wirst dich in sämtlichen Datingportalen tummeln und die Flirtchancen dort abchecken, okay?«, schlug meine Chefin vor. »Aber ich …«, stammelte ich, doch mir wurde klar, dass wieder einmal System hinter dieser Aufteilung steckte. Und gegen meine Chefredakteurin erhob ich nur ungern das Wort. »Okay«, sagten Heike und ich wie aus einem Mund und schauten uns verwirrt an. Oft kam es nicht vor, dass wir das Gleiche sagten.

Mürrisch begab ich mich an meinen Computer und fing mit meiner Recherche an. Männer im Netz finden, das ist doch wirklich nur was für richtig Verzweifelte, dachte ich. Schließlich wusste jeder, dass dort Angaben wie Alter oder Hobby geschönt wurden und auch die Profilbilder aus einem vergangenen Jahrzehnt stammten. Und dann saß man da, wartete auf einen Jörg, 32 Jahre, Mediengestalter mit blonden Locken, und in echt trat Jörg, 45 Jahre, Media-Markt-Mitarbeiter mit schütterem Haar um die Ecke. Nein danke.

> Einen Typen im Netz kennenlernen, das sind doch alles nur Volldeppen und Loser, die sich da tummeln. Die echten Kerle trifft man am Baggersee, in der Lieblingskneipe oder von mir aus auch im Fitnessstudio.

Aber ich würde nicht drum herumkommen, mir selbst ein Profil bei mehreren Portalen anzulegen, und wenn ich es richtig machen wollte, was ich immer wollte, dann sollte ich es auch durchziehen und mich mit dem einen oder anderen Typen zum Kaffee treffen. *Da muss ich jetzt einfach durch*, dachte ich. Und der Heike würde ich dann zeigen, dass ihre Studien nichts mit der Wirklichkeit zu tun haben.

Anders als wahrscheinlich die meisten legte ich zwei, drei ehrliche Profile von mir an. *Zum Glück bin ich wirklich Single, sonst wäre mein Freund ganz schön sauer auf mich*, dachte ich noch. Ich war schon lange Single, seit Ewigkeiten. War ich überhaupt irgendwann einmal kein Single gewesen? Ja, da gab es ein paar Auszeiten, die ich mit recht süßen Typen verbracht hatte. Es war immer eine nette Zeit – doch auf die Dauer liebte ich meine Arbeit einfach immer ein Stückchen mehr und das konnten die wenigsten Männer wirklich begreifen. »Wie kann man nur so in seiner Arbeit aufgehen?«, fragte mich mein letzter Exfreund. Ich war gerade dabei, mir zehn Kilogramm auf die Hüfte zu futtern, nur um zu testen, wie die Männerwelt darauf reagierte – alles für meinen Job als Journalistin einer Frauenzeitschrift. Die interessanteste Reaktion bekam ich dann von meinem Ex: Er verließ mich.

Ich gebe zu, ich nehme da einige Dinge vielleicht zu ernst, doch es gibt schon genug Texte, Tests und Selbstversuche, die keineswegs auch nur im kleinsten Detail wirklich authentisch sind. Und meine Texte sind es, weil ich immer den Versuch am eigenen Leib vornahm. Das wusste meine Chefin zu würdigen und zeigte mir das, indem sie mir vor wenigen Monaten den Job der Ressortleitung anbot. Es hatte sich also alles gelohnt, auch die zehn Kilo mehr auf den Rippen, von denen ich bis heute übrigens nur die Hälfte wieder losgeworden bin. Wen kümmert's? Hauptsache mein Job gefällt mir!

Na ja, meistens zumindest. Die Sache mit den Datingportalen ging mir schon auf die Nerven. Ich war da irgendwie altmodisch. Einen Typen im Netz kennenlernen, das sind doch alles nur Volldeppen und Loser, die sich da tummeln. Die echten Kerle trifft man am Baggersee, in der Lieblingskneipe oder von mir aus auch im Fitnessstudio. Das waren noch ehrliche Flirtorte. Da konnte man nicht mit dem Alter und Aussehen schummeln. Und was noch wichtiger war: Man konnte den Typen direkt riechen! Weiß doch jeder, wie wichtig der Duft eines Mannes ist. Es heißt sogar, er entscheidet darüber, ob wir mit ihm Nachwuchs zeugen möchten. Geht das etwa übers Internet? Also!

Pling! Ich hatte mein Profil noch keine fünf Minuten online gestellt, da trafen auch schon die ersten Nachrichten ein. Na die hauen ja rein, dachte ich.

»Warum denken denn die meisten Männer, man hätte einen Vaterkomplex?«, fragte ich meine Kollegin. Die schaute mich nur verwirrt an und zuckte mit den Schultern. Bisher hatten sich auf meine Portal-Annonce nur Herren gemeldet, die mindestens 15 Jahre älter waren. »Das gibt es doch nicht«, seufzte ich. Denn mich mit den alten Säcken zu treffen, darauf hatte ich nun wirklich keine Lust.

Unsere Praktikantin steckte den Kopf herein und fragte mich, ob sie noch etwas tun könnte. Ich schaute sie verzweifelt an und erzählte ihr von meinem alten Männer-Problem.

»Du bist bei den falschen Portalen angemeldet«, erklärte sie mir fachmännisch. »Schau mal hier!« Sie klickte auf die Seite unseres regionalen Radiosenders. »Ich wusste gar nicht, dass die auch ein Datingportal anbieten«, wunderte ich mich und klickte mich durch die Portale. »Wow, da sind ja total die süßen Typen dabei«, staunte ich. »Klar«, sagte die Praktikantin. »Da hab ich ja auch meinen aktuellen Freund kennengelernt. Äh, apropos Freund, der wartet schon unten am Eingang auf mich. Kann ich gehen?« – »Da du mich gerade vor einigen Alte-Männer-Dates gerettet hast – klar!« Freudig hüpfte sie aus dem Zimmer und ich begann sofort damit, mir ein neues Profil im Datingportal vom Sender Zwei Live anzulegen. Als ich endlich fertig war, schaltete ich den Computer aus: »Feierabend und Wochenende«, sagte ich laut und merkte erst jetzt, dass ich wieder einmal die Letzte im Büro war. Ich hatte lange gebraucht, um mein Profil perfekt anzulegen. Seltsamerweise war es mir auf einmal doch wichtig, einen guten Eindruck im Netz zu hinterlassen. Ich schnappte mir meine Jacke und ging nach Hause.

Lange hielt ich es ohne meine Arbeit nicht aus, schon am Samstagabend fuhr ich meinen PC wieder hoch. Während andere sich gerade trafen, um gemeinsam feiern zu gehen, dachte ich nur an meinen Artikel über Dating im Internet. »Wahnsinn«, entfuhr es mir. Mein E-Mail-Postfach quoll über vor Nachrichten. Ich hatte an die fünfzig Messages allein vom Datingportal Zwei Live. *Na dann mal los*, dachte ich und öffnete die erste Mail. Es waren diesmal schon deutlich jüngere Männer, viele in meinem Alter oder nur ein, zwei Jahre älter. Praktischerweise kamen sie auch alle aus meiner Gegend, da es sich ja um einen regionalen Radiosender handelte. Trotzdem – wirklich spannende Typen waren nicht dabei. Einige sahen ganz gut aus, ihre Nachrichten waren aber absolut oberflächlich, oftmals auch sehr ichbezogen. Dann wiederum gab es Männer, die sehr lange Nachrichten schickten und schon Tausende Fragen stellten. Ich verwarf meine Idee, allen Männern zu antworten, und suchte stattdessen nach einem interessanten Kandidaten, den ich mir vorknöpfen wollte. Auf einmal stutzte ich. Flo Adler? Das gibt es doch nicht. Der Schwarm meiner alten Schule hatte mir geschrieben. An ihn hatte ich jahrelang keinen Gedanken verschwendet, was aber mit süßen Sechzehn ganz anders ausgesehen hatte. In diesem Alter war nicht nur ich, sondern mein gesamter weiblicher Freundeskreis – und auch einige männliche Vertreter – unsterblich in Flo Adler verliebt gewesen. Mit seinem blonden Lockenkopf, seinen schokoladenbraunen Augen und seiner sportlichen Figur hatte er der gesamten Schule, samt mir, den Kopf verdreht. Natürlich hatte ich keine Chancen bei ihm. Nicht nur war er zwei Stufen über mir, ich hatte zu dieser Zeit schlimme Hautprobleme – und andere pubertäre Probleme. Und jetzt schickte Flo Adler mir über ein Datingportal eine Nachricht, in der er mich um ein Date bat? Ich konnte es kaum fassen. Ich sah mir sein Profilfoto genau an. Darauf war leider nicht viel von ihm zu erkennen. Es zeigte Flo, wie er auf Wasserskiern von einem Motorboot gezogen wurde und in die Kamera winkte. Sportlich wie eh und je. Ob er sich noch an mich erinnern konnte? Ein unauffälliges Mädchen aus seiner alten Schule? Wohl kaum. Flo Adler hatte immer einen ganzen Pulk von Girlies auf dem Pausenhof um sich, das treu hinter ihm her trottete. Meine Schwärmerei hatte ich immer mit gebührendem Abstand zu ihm ausgelebt.

Ich überlegte lange, ob ich ihm zurückschreiben sollte. Mein Herz fing an wie früher zu pochen und Schmetterlinge machten sich in meinem Bauch breit. Ich hatte mich in den letzten Jahren auch sehr verändert – nicht nur optisch. Früher hatte ich mich nicht einmal getraut, Flo in die Augen zu sehen, geschweige denn ihn anzulächeln oder anzusprechen. Heute war mein Selbstbewusstsein um einiges größer und auch mein Aussehen hatte sich seit damals positiv entwickelt. Außerdem war es nun Flo, der den ersten Schritt getan hatte und sich für mich interessierte. Meine Freude darüber wuchs.

Trotzdem wusste ich nicht, was ich ihm zurückschreiben sollte. Obwohl Schreiben mein Beruf war, saß ich fast eine halbe Stunde vor einer leeren E-Mail-Maske. Letztendlich entschied ich mich dafür, mich kurz zu fassen, und schrieb in kurzen Sätzen, dass ich mich über seine Nachricht gefreut und sein Profil mich neugierig gemacht hatte. Dass ich ihn von früher kannte, erwähnte ich dabei nicht.

Es dauerte keine Dreiviertelstunde, da empfing ich auch schon eine Nachricht von Flo. Wir schrieben uns den ganzen Abend hin und her. Richtig spannend war unsere Konversation nicht und daher fragte ich auch nach wenigen Mails schon, ob wir uns nicht einfach mal treffen wollten. In Wahrheit hatte ich keine große Lust mehr auf das hin-und-her-Geschreibe. So lernen die Leute sich kennen? Ich merkte, dass meine alten Ansichten, jemanden sehen, hören und riechen zu müssen, um eine Entscheidung zu fällen, immer noch Bestand hatten. Daher fackelte ich auch nicht lange und fragte ihn nach einem Date. Flo schien zwar von meiner Entschlossenheit etwas überrascht, willigte aber ein und wir verabredeten uns für den kommenden Mittwoch in meinem Lieblingscafé in der Stadt.

Ein Date mit Flo Adler! Ich konnte es immer noch nicht fassen. Dass ich das noch einmal erleben darf. Früher hätte ich wahrscheinlich schon drei Nächte vorher nicht mehr richtig schlafen können. Das Kribbeln in meinem Bauch war auch immer noch da. Ich konnte allerdings schwer unterscheiden, ob es sich dabei um ein nervöses oder um ein freudiges Kribbeln handelte. Zudem wollte ich ja auch noch eine gute Story für meinen Artikel haben, die mir das Date mit Flo hoffentlich einbringen würde. *Du denkst schon wieder nur an die Arbeit – selbst wenn du eine Verabredung mit dem süßesten Typen deiner gesamten Schulzeit hast*, mahnte ich mich wieder einmal selbst.

»Und, Barbara? Bist du weitergekommen im Internet?« Meine Chefredakteurin sah mich erwartungsvoll an. *Die montagmorgendliche Konferenz gehört wirklich abgeschafft*, dachte ich schläfrig. »Natürlich, ich habe am Mittwoch mein erstes Date. Allerdings muss ich auch dazu sagen, dass die meisten, die sich gemeldet haben, entweder Langweiler oder älteren Semesters waren«, sagte ich und blickte dabei in die Runde. »Tja, da muss sich wohl jemand Gedanken machen«, murmelte

*Mit seiner ichbezogenen Art und seinen ollen Kamellen kam er bei mir nicht weit, genauso wenig wie bei anderen Frauen, nehme ich mal stark an.*

Heike so leise, dass nur ich es hören konnte. Ich kniff die Augen zusammen und wandte mich ihr zu. »Und du, Heike? Hast du jemanden am Wochenende kennengelernt?« – »Ich? Ähm, also, ja, also, ich meine … nein«, stammelte sie und ich konnte mir ein kurzes Auflachen nicht verkneifen. *Von der will ich auch nicht angesprochen werden*, dachte ich nur, sagte aber natürlich nichts.

Ich schmunzelte in mich hinein. Nun war ich doch etwas stolz, ein Date mit dem tollsten Jungen der Schule zu haben.

Es war Mittwochabend und ich saß in meinem Lieblingscafé direkt bei mir um die Ecke. Überpünktlich. Eigentlich hatte ich vorgehabt, zu spät zu kommen. Das machen Frauen doch so, um interessant zu wirken. Natürlich war ich aber so aufgeregt, dass ich zu früh aus dem Haus ging und schon im Café saß, als die Tür aufging und Flo Adler hereinkam. Zugegeben, ich erkannte ihn erst auf den zweiten, wenn nicht sogar auf den dritten Blick. Flo Adler hatte seine Lockenpracht gegen schütteres Haar eingetauscht. Seine sportliche Figur war einer kleinen Plauze gewichen, die selbst unter seinem dicken Strickpullover noch zu erkennen war. Er blickte etwas verwirrt durch den Raum. Als er mich erkannte, hob er die Hand zum Gruß, was seltsam deplatziert wirkte, und kam auf mich zu.

Langsam stand ich auf und musste wohl ganz schön dämlich aus der Wäsche geschaut haben. »Du bist Flo Adler?«, stammelte ich und reichte ihm langsam die Hand. »Ja, ich bin's. Du musst dann die Barbara sein, stimmt's?« *Was für eine dumme Frage*, dachte ich nur und nickte leicht. Ich konnte es kaum fassen. In weniger als zehn Jahren war aus Flo Adler, dem Schwarm der Schule, ein unscheinbarer Mann geworden, nach dem ich mich niemals auf der Straße umgedreht hätte. In mir machte sich langsam ein Gefühl der Enttäuschung breit. Meine Freude auf diese Verabredung war wie weggefegt. Wir bestellten uns einen Drink und ich musterte Flo von der Seite. Er sah müde aus, irgendwie verbraucht, sein Teint war fahl. Es war seltsam, aber mir schien es, als hätte Flo Adler seine besten Zeiten schon hinter sich. Für ihn war das definitiv seine Schulzeit gewesen. Die Zeit, in der ich noch mit Minderwertigkeitskomplexen, fettiger Haut und schlechtem Klamottenstil zu kämpfen hatte. Damals schleppte er ein Mädchen nach dem anderen ab und wie mir zu Ohren gekommen war, behandelte er sie auch nicht immer so gut. Jetzt suchte er Dates im Internet und wählte dafür Profilbilder aus seiner besseren Zeit. *Schon irgendwie traurig*, dachte ich, und musterte Flo fast schon etwas mitleidig, als er sich die Zunge am Kaffee verbrannte.

Wir kamen nur stockend ins Gespräch. Eigentlich kamen wir gar nicht ins Gespräch, weil Flo die ganze Zeit nur von sich redete. Er sprach von früher, von vergangenen Surfreisen, von alten Träumen und nie erreichten Zielen. Es klang ein bisschen so, als wäre sein Leben mit Mitte dreißig schon zu Ende. Wenn ich mal zu Wort kam, erzählte ich davon, wie spannend ich meinen Job fand, und von meinem großen Ziel, irgendwann Chefredakteurin zu werden. »Chefredakteurin? Von so 'nem Frauenblatt, wo es nur um Lippenstiftfarben und Cellulitecremes geht?«, fragte er mich und ich gab ihm zu verstehen, dass sich gute Frauenmagazine sehr wohl auch mit gesellschaftlichen und politischen Problemen auseinandersetzten. »Pff«, machte er nur, zuckte mit den Schultern und lenkte das Gespräch wieder auf sich. *Was für ein Penner*, dachte ich und warf genervt einen Blick auf meine Armbanduhr.

Nach einer halben Stunde hatte auch Flo Adler endlich verstanden, dass unser Date als »gescheitert« abgeheftet werden konnte. Ich saß da mit verschränkten Armen, brummte hin und wieder ein »hmmm« und sah mich desinteressiert im Raum um. Mit seiner ichbezogenen Art und seinen ollen Kamellen kam er bei mir nicht weit, genauso wenig wie bei anderen Frauen, nehme ich mal stark an. Ich war sauer. Insgeheim hatte ich mich sehr auf diesen Abend gefreut. Ich hatte mir sogar schon ausgemalt, wie ich mit Flo unter die Decke schlüpfen und mich in seinen Wuschelhaaren festkrallen würde, wie meine Hände an seinem sportlichen Körper entlangfahren, während er … Schluss jetzt.

»Ich glaub, ich muss dann mal wieder los«, unterbrach ich Flo mitten in seiner Rede und räusperte mich kurz. Er winkte den Kellner herbei und zahlte seinen Kaffee. »Danke für die Einladung«, knurrte ich leise und kramte nach meinem Portemonnaie.

Ich gab ihm zum Abschied die Hand und konnte mir ein »Ich glaube, das wird nichts mit uns beiden« nicht verkneifen. Flo zuckte wieder nur mit den Schultern.

Ein Woche später gab ich meinen Artikel über Internetdating meiner Chefredakteurin zum Gegenlesen. Überschrift: *Der verloren gegangene Mr. Right*. Es war eine Lobeshymne auf die klassischen Kennenlern-Methoden. Bei denen muss ein Mann wenigstens noch Mut beweisen. Das Internet macht es ihnen einfach viel zu leicht, eine Frau anzusprechen. Da entpuppt sich ein Mr. Right schnell als absolute Niete.

Nach dieser Sache mit Flo Adler habe ich mich auf keine weiteren Dates aus dem Netz eingelassen. Dafür war ich am Wochenende nach sehr langer Zeit mal wieder mit meinen Mädels weg und lernte auf der Tanzfläche einen netten Typen kennen. Sportliche Figur und Wuschelhaar – wer weiß, vielleicht wird das ja was mit uns beiden.

# 31

# Die Schärfe von Ingwer

Mimi (31), Versicherungskauffrau,
über
Moritz (36), Banker

Es gibt diese Phasen im Leben, in denen man die meiste Zeit nur dasitzt und ins Leere starrt. Oder zur Abwechslung auch mal in die Flimmerkiste, was einfach nur eine andere Art von Leere ist. Man hat die besten Freunde, eine liebe Familie und man glaubt sogar einen Freund an seiner Seite zu haben, der einen liebt. Aber wie kann man sich da sicher sein? Wann merkt man, dass man nicht mehr geliebt wird? Oder besser gesagt, wann will man es merken? Und wann sollte man den Schlussstrich ziehen?

In einer Frauenzeitschrift habe ich kürzlich den Ratschlag gelesen: *Trennen Sie sich, wenn Sie keine gemeinsame Zukunft haben. Je länger man bleibt, desto schwieriger wird es zu gehen.*

Ja, vielleicht hat dieses Blättchen sogar recht. Man gibt sich unrealistischen Hoffnungen hin, die alles überlagern. Man verliert sich so sehr in diesen Hoffnungen, dass man irgendwann selbst nicht mehr weiß, was man eigentlich fühlt. Die Zeitschrift rät der Frau, in sich zu gehen und sich zu fragen, ob sie wirklich mit ihrem Partner glücklich ist.

Wird einem nicht auch an jeder Ecke weisgemacht, dass man keinen Grund hat, unglücklich zu sein? Doch nicht in unseren

Breitengraden, wo man alles hat, sich alles kaufen kann! Selbst den eigenen Freundeskreis kann man mit nur einem Klick erweitern. Nichts ist umsonst – außer dem Tod und den Freundschaften bei Facebook. In diesem Überfluss, in dem wir leben, haben wir verdammt noch mal glücklich zu sein. Man bedenke nur, wie kurz das Leben sein kann. Morgen ist alles vorbei. Also, geh heute noch raus, fühle das Leben – und sei glücklich.

Ich ziehe mir meinen dicken Parka an und gehe raus. Ich laufe bei kalter und klarer Luft einmal um den See und hoffe, danach mit einem genauso klaren Kopf nach Hause zu kommen. In Büchern, Filmen und Serien gehen die Charaktere doch auch immer spazieren, wenn sie nachdenken wollen. Danach wissen sie immer genau, was zu tun ist. Als hätte ihnen der Wind einmal durch den Kopf gepfiffen und all den Müll, der sich dort angesammelt hat, hinausgefegt. Übrig geblieben ist nur noch ein Gedanke. Und der ist natürlich in den meisten Fällen genau der richtige. Problem gelöst. Glück gefunden. Happy End. Wenn ich spazieren gehe, wollen die Gedanken aber nicht kommen. Zumindest nicht die richtigen. Nichts, was mich weiterbringt. Nichts, was mich näher zu mir selbst bringt. Nur Gedankenmüll. Die richtigen Gedanken, die mir verraten, was eigentlich das Problem ist, wollen einfach nicht kommen.

Ein alter Freund hat mal zu mir gesagt: »Frauen sind wie Affen. Sie lassen den einen Ast erst los, wenn sie den anderen fest in der Hand haben.« Im ersten Moment habe ich mich von diesem Spruch beleidigt gefühlt. Heute weiß ich – er hatte recht. Mein guter alter Freund. Bleiben wir bei dem Affensprichwort, so war der eine Ast, an den ich mich noch irgendwie klammerte, schon ziemlich morsch und bot mir nicht mehr viel Halt. Aber besser ein kaputter Ast, als auf einmal allein ins Bodenlose zu stürzen. Ich hielt also viel zu lange an etwas fest, das mir kaum noch Halt versprach. Wenn ich mich einfach mal fallen gelassen hätte. Aber ich wusste ja nicht, was da unten auf mich wartete. Vielleicht ein großer Fluss mit einer dicken Schlange, die kleine Äffchen zum Frühstück verspeist. Vielleicht aber auch eine grüne Wiese mit vielen Hundert verschiedenen Blumen und alle strahlen in einer anderen Farbe. Das Risiko war mir trotzdem zu groß, daher hing ich rum und wartete. Worauf? Das hätte ich zu diesem Zeitpunkt selbst gerne gewusst.

Ich war wieder einmal auf einem meiner sinnlosen Spaziergänge. Zwischen Ententeich und Kriegsdenkmal hoffte ich auf irgendeine Eingebung. Aber es passierte nichts. Ich schlenderte weiter, denn ich hatte keine Lust, nach Hause zu gehen, wo mein Laptop und eine Menge unbeantworteter E-Mails und Fragen auf mich warteten.

> »Frauen sind wie Affen. Sie lassen den einen Ast erst los, wenn sie den anderen fest in der Hand haben.«

Also bog ich in eine kleine Straße ab, die ich besonders gern hatte. Sie sah aus wie eine dieser Straßen aus den ZDF-Familienfilmen. Grobes Kopfsteinpflaster, leicht verwilderte Vorgärten, schwere Eisentore, an denen noch die alten Luftballons als Zeugen eines fröhlichen Kindergeburtstages hingen. Aus einem Altbautürmchen hörte ich, wie jemand Klavier spielte, und schloss für eine Sekunde die Augen. Einen Moment lang dachte ich an nichts und hörte nur dem Klavierspieler zu. Ich hatte keine Ahnung von Musik oder Klavierspiel, aber die Musik gefiel mir und traf mein Herz. Als ich die Augen öffnete, sah ich zwischen zwei eindrucksvollen Altbauten ein kleines Häuschen. Es wirkte wie ein kleiner Junge zwischen seinen zwei großen Brüdern. Etwas verloren, aber auch beschützt. Ich wechselte die Straßenseite und wollte mir das Häuschen näher ansehen. Es bestand eigentlich nur aus einer Etage mit einer kleinen Veranda. Die verrotteten Pflanzen deuteten darauf hin, dass es leer stand. Niemand würde in dieser Gegend seine so hübsche Veranda so wenig pflegen. Ich wischte den Staub vom Sprossenfenster, um ins Innere des Häuschens zu schauen. *Das ist gar kein Wohnhaus. Das ist ein Ladenlokal.* Eine alte Theke stand verloren im Raum. Zwei Barhocker waren brav an ihrem Platz geblieben und sahen so aus, als wären sie eben erst verlassen worden. Von den Wänden hing die Tapete mit zartrosa Blumenmuster in Fetzen herunter.

*Der perfekte Laden für ein Café*, schoss es mir durch den Kopf. Den Weg nach Hause verbrachte ich in Gedanken mit der Inneneinrichtung, dem Konzept der Speisekarte und der richtigen Auswahl der Mitarbeiter. Als ich vor meiner Haustür stand, schüttelte ich den Kopf. *Du bist ja wahnsinnig.* Ich musste lachen, dass ich den ganzen Weg über wirklich darüber nachgedacht hatte, aus diesem verrotteten und heruntergekommenen Lokal ein Café zu machen. Trotzdem erzählte ich am Abend meinem Partner von der Idee. Ganz beiläufig. Er lachte nur kurz auf. »Du und ein Café? Ha! Und dann stehst du hinter der Theke und bedienst die Kaffeemaschine?« Er sah mich abfällig von der Seite an. »Du kannst ja nicht einmal dein Filterding in der Küche richtig bedienen. Pff.« – »War ja nur ein Hirngespinst!«, tat ich das Ganze direkt ab. Ich wollte nicht den Eindruck erwecken, als würde ich anfangen, Luftschlösser zu bauen. Mein Freund hatte zu diesem Zeitpunkt sowieso schon genug von meinen Launen. Es wurden immer mehr Themen, die er nicht ansprechen durfte, wenn er keinen Streit mit mir provozieren wollte. Das Thema, wie unglücklich ich in meinem Job war, stand ganz oben auf der Tabuliste. Dicht gefolgt von »Meine Freundin Kathrin meldet sich gar nicht mehr« und »Was liebst du eigentlich an mir«. Tabu. Tabu. Tabu. Also schluckte ich es runter. Das Häuschen, das Café, die Kuchenrezepte.

Zwei Monate später. Ich stand im Wohnzimmer meiner Freundin Carla. Sie feierte ihren 35. und hatte jeden eingeladen, den sie kannte. Ihre Wohnung war zum Bersten voll und ich fühlte mich wie auf einer meiner ersten Studentenpartys. Fehlte nur noch das Bier in der Badewanne. Ich zog gerade Carla zu mir, die schon leicht angetrunken war, und flüsterte ihr ins Ohr, dass sie heute wundervoll aussah. Zwei Tage zuvor hatte sie den ersten Anflug einer Midlife-Crisis erlebt und wünschte sich einen Gutschein für eine Botoxbehandlung von uns. »Ohne mich«, hatte ich ihr geantwortet und war wirklich sauer. Carla sah fantastisch aus. Bekommen hatte sie ein Wellnesswochenende mit uns Mädels – wirksamer und gesünder als Botox war das allemal.

Ich hielt also Carla im Arm, als auf einmal jemand in unsere Richtung rief: »Carla, wer hat denn diese unglaublichen Brownies gemacht?« Carla und ich schauten zum Tisch mit dem Kuchen und mussten lachen. Dort stand ein Typ mit zwei Brownies. In seinem Mundwinkel waren noch Schokoladenreste zu sehen. »Wer ist das?«, fragte ich Carla entgeistert. »Das ist Moritz, mein Arbeitskollege«, flüsterte sie mir zu und verdrehte kurz die Augen. *Ein Banker also.* Ich lief auf ihn zu. »Ich bin Mimi. Die Bäckerin der Brownies. Um genauer zu sein, sind das Ingwer-Haselnuss-Brownies.« – »Fantastisch«, antwortete er mir mit vollem Mund. Das störte mich aber gar nicht, ich fühlte mich geschmeichelt. »Das Rezept habe ich in einem alten Backbuch auf dem Flohmarkt gefunden. Eigentlich war es für einen Schokokuchen, aber Brownies sind irgendwie moderner.« – »Damit könnten Sie ja regelrecht ein Geschäft machen«, sagte er und griff schon zum nächsten Stück. »Ich würde jeden Tag zu Ihnen kommen und mich durchfuttern.« Ich musste lachen und wurde rot. Moritz gefiel mir. Er wirkte etwas bärig und sein Körperbau verriet, dass er sich wirklich mehr für Backwaren als für Hanteln interessierte. *Irgendwie sympathisch.*

»Danke fürs Heimbringen«, sagte ich zu Moritz. Es war schon früh am Morgen. Wir waren die letzten Gäste auf Carlas Feier gewesen. Ich wohnte nur wenige Blocks von ihrer Wohnung entfernt, aber Moritz bestand darauf, mich nach Hause zu bringen. Die frische Luft hatte meinen leicht angesäuselten Kopf wieder etwas klarer gemacht. Wir standen vor meiner Haustür und ich lächelte Moritz an. *Oben in deinem Bett wartet niemand auf dich*, hörte ich meine innere Stimme sagen. Wo kam die denn auf einmal her? Aber recht hatte sie. Vor zwei Wochen hatte mein Freund mich verlassen. Obwohl der Ast nun weg war, hatte ich nicht das Gefühl zu fallen. Oder ließ ich mich vielleicht gerade in diesem Moment fallen? *Nimm den Schokobär einfach mit hoch. Schau ihn dir an. Er ist so süß.* »Komm«, sagte ich und packte Moritz am Handgelenk. Schon auf dem zweiten Treppenabsatz hatten wir sämtliche Reißverschlüsse und Knöpfe an unseren Kleidern geöffnet. Als ich mich zur Wohnungstür umdrehte und versuchte, den Schlüssel ins Schloss zu stecken, schob Moritz meine Haare zur Seite und küsste meinen Nacken. »Hmmm, schmeckt nach Schokokuchen.« Ich stieß die Eingangstür auf und zog Moritz in meinen Flur. Während er mir mein Top über die Schultern zog, schob ich ihn in Richtung Schlafzimmer. »Nein«, sagte Moritz auf einmal und hob mich hoch. »Hey, was machst du da?«, rief ich lachend und spürte auf einmal den harten Küchentisch unter mir. Moritz schob mit einer Hand meinen Rock hoch, mit der anderen mein Höschen runter. Ich stöhnte auf. »Deine Küche ist so sexy wie du«, flüsterte er mir ins Ohr. Ich fragte mich noch kurz, wie eine Küche sexy sein kann. Da hatte Moritz schon seinen Kopf zwischen meinen Schenkeln und ich konnte an nichts anderes mehr denken als an seine Zunge.

Irgendwie hatten wir es von meinem Küchentisch doch noch ins Bett geschafft. Es war schon Nachmittag, als ich die Augen blinzelnd öffnete. Die Bettseite neben mir war leer. Ich seufzte langsam und hatte keine Lust, mich zu bewegen. »Guten Morgen«, hörte ich auf einmal jemanden hinter mir sagen. Ich schloss kurz die Augen, atmete tief aus und drehte mich langsam um. »Hey du«, sagte ich. Moritz stand nackt im Türrahmen. Seine Haare standen in alle Richtungen ab. Ich spürte sofort, wie es zwischen meinen Beinen wieder anfing zu kribbeln. »Ich habe Frühstück gemacht,

> *Moritz gefiel mir. Er wirkte etwas bärig und sein Körperbau verriet, dass er sich wirklich mehr für Backwaren als für Hanteln interessierte.*

du schönes Ding.« Schnell stand ich auf, griff mir seinen Arm und zog ihn zurück zu mir ins Bett. »Erst mal wirst du gefrühstückt.«

Moritz stand in meiner Küche und hatte nur meine Schürze an. Ich hielt meine Teetasse fest umschlossen und starrte auf seinen schönen Po, während er den Schnittlauch hackte. »Starrst du mir etwa auf meinen Arsch«, sagte Moritz ohne sich umzudrehen. »Ich? Niemals.« Ich lachte und gab ihm einen Klaps auf den Po. »Zeigst du mir gleich dein Café?«, fragte mich Moritz auf einmal. »Mein Café?« Ich wusste nicht, wovon er sprach. »Na, von dem du mir gestern erzählt hast.« Ich hatte ganz vergessen, dass ich Moritz zu später, sehr später Stunde bei Carla von meiner kleinen Entdeckung vorgeschwärmt hatte. Eigentlich hatte ich auch gar nicht mehr daran gedacht, bis Moritz mich nach meinem geheimsten Traum fragte. Auf einmal sah ich das Café wieder vor mir. Seltsam, dass ich ihm davon erzählt hatte. »Ach, das ist doch nur so ein Hirngespinst«, sagte ich verlegen lachend und machte eine wegwerfende Handbewegung. Moritz drehte sich zu mir um. »Ich kenne dich noch nicht lange. Nicht einmal 24 Stunden, um genau zu sein.« Er sah aus, als wunderte er sich selbst darüber. »Aber ich habe deine Augen gesehen, während du von diesem Ladenlokal gesprochen hast. Viele Leute denken, ein Banker kennt sich nur mit Zahlen aus. Aber das stimmt nicht. Ich merke, wenn die Menschen von etwas wirklich überzeugt sind. Und das bist du. Du weißt es nur vielleicht noch nicht.« Er widmete sich wieder seinem Schnittlauch, den er über das Omelette in der Pfanne streute. »Und übrigens, deine Filtermaschine ist, glaube ich, kaputt, ich hab es nicht geschafft, damit Kaffee zu machen.« Ich saß da und schaute ihn erstaunt an. *Wer bist du? Woher kommst du?*

Nur zwei Wochen später setzte ich meine Unterschrift unter den Pachtvertrag für das kleine Ladenlokal zwischen den beiden prächtigen Altbauten. Als ich Moritz das Lokal zeigte, war er total aus dem Häuschen. »Das ist perfekt«, rief er und rüttelte an der Eingangstür, als wollte er sofort die ersten Eimer Farbe reintragen. »Du hast ein richtiges Schmuckstück gefunden. So etwas gibt es in dieser Stadt nicht mehr oft. Wenn du willst, kriege ich für dich raus, wer der Besitzer ist!« Ich fühlte mich fast ein wenig überrumpelt von seinem Enthusiasmus, ließ mich aber nur zu gerne anstecken. Goldgelbes Sonnenlicht fiel auf die Veranda, es war kurz nach drei. Die perfekte Zeit für Kaffee und Kuchen. Ich hatte hier wirklich ein kleines Schmuckstück gefunden. Ich lief auf Moritz zu und umarmte ihn von hinten. »Danke, dass du mich so unterstützt und an mich glaubst«, sagte ich leise zu ihm. Er drehte sich um. »Ich weiß nicht, was da in deinen Brownies auf Carlas Party war, aber irgendein Mittelchen musst du da hineingebacken haben. Du hast mich total verzaubert«, sagte er und küsste mich langsam.

Zu Hause ging Moritz den ganzen Abend meine Unterlagen durch und rechnete aus, was mich ein Umbau kosten würde. Er hatte wirklich Ahnung von Zahlen. Was am Ende auf dem Tisch lag, war kein Hirngespinst, sondern ein gut durchdachtes Konzept. »Das könnte klappen«, meinte er auf einmal. »Wenn du willst, bespreche ich das mal bei mir in der Bank.« – »Das ist lieb von dir, aber das kann ich nicht annehmen«, sagte ich schnell. Ich wollte so eine Hilfe nicht von einem Mann annehmen, den ich gerade erst kennengelernt hatte. »Hör mal, das ist wirklich ein gutes Projekt. Klein, aber fein. Würde ich nicht daran glauben, würde ich es auch nicht vorschlagen.« – »Wirklich?« Ich fragte mich, wer mir diesen Mann gesandt hatte. »Weißt du, mein letzter Freund hat mich für eine Träumerin gehalten. Er hätte nie daran geglaubt, dass ich so etwas auf die Beine stellen könnte.« Moritz sah mich an. »Weißt du, ich, denke, wer nicht träumt, der ist kein Realist. Du hast alle Voraussetzungen, um das zu schaffen. Und wenn du möchtest, dann helfe ich dir dabei.

Noch immer ist es ein kleines Wunder für mich, dass Moritz auf einmal da war und mein Leben vollkommen auf den Kopf stellte. Mit ihm an meiner Seite hatte ich zum ersten Mal das Gefühl, dass es klappen kann: dass der Traum vom eigenen kleinen Café wahr wird. Ohne seinen Zuspruch hätte ich niemals den Mut gefunden, meine Festanstellung zu kündigen und mich auf das waghalsige Experiment einzulassen. Und heute weiß ich: Selbst wenn ich damit auf die Nase gefallen wäre, ich hätte es nicht bereut. Bereuen kann man nur, es nie probiert zu haben. Denn: Das Schönste im Leben ist bekanntlich der Wunsch. Und das Nächstschönste die Erfüllung.

# 32

# WG gesucht – Mann gefunden

Susanne (25), Raumausstatterin, Oberhausen,
über
Marco (28), Student, Oberhausen

Ich war müde. Ich hatte keine Lust mehr. So viele Wohnungen und WGs hatte ich mir schon angeschaut und war immer noch obdachlos. Ich wollte endlich eine WG finden, in der ich mich wohlfühlte und die mich haben wollte. Ein letzter Termin stand noch aus. Es war kurz vor 20 Uhr und ich beeilte mich, rechtzeitig in der Innenstadt zu sein. Die Anzeige klang vielversprechend, sie schien alles zu haben, was ich mir wünschte: Balkon, zwei große Zimmer, Bad mit Fenster, einen großen Flur und einen passablen Mietpreis. Jetzt musste nur noch der Typ, der dort schon wohnte, wollen, dass ich bei ihm einzog. Wir hatten uns bisher nur am Telefon gesprochen. Seine Freundin war ausgezogen und jetzt suchte er nach einer Mitbewohnerin. Gut für mich! Ich stapfte durch den Schnee und erreichte gerade noch pünktlich sein Haus. Ich schüttelte den Schnee von meinen Schuhen und lief in den dritten Stock. Er stand schon im Türrahmen und begrüßte mich herzlich. »Hallo, ich bin Marco. Komm rein, ist bestimmt saukalt draußen!« *Gott sei Dank*, dachte ich. *Nicht mein Typ, aber nett!* Die leiseste Anziehungskraft zwischen uns beiden hätte die Angelegenheit nur unnötig verkompliziert. Ich suchte einen Mitbewohner, keinen Liebhaber. Meine Angst war völlig unbegründet: Der Typ, der da vor mir stand, war klein, schmal und hatte lange Haare. Gleich drei Knockout-Argumente bei einem Mann! Marco ließ mich in die Wohnung und zeigte mir das freie Zimmer. »Super!«, rief ich ein wenig überspannt. »Gefällt mir gut. Und ich könnte sofort einziehen … wenn du mich haben willst!« Wir setzten uns an seinen Küchentisch, tranken Tee und unterhielten uns. Er stellte die obligatorischen WG-Interview-Fragen und ich antwortete gewissenhaft. Als er genug über mich wusste, versuchte ich möglichst viel über ihn herauszufinden. Er war etwas älter als ich und in der letzten Phase seines

*Für meine Mädels war Marco von da an mein »freakiger Mitbewohner« und immer für einen Lacher gut. Marcos Freunde belächelten meine Schmucksammlung im Bad.*

Studiums. Wir verstanden uns blendend. Aber er hatte noch ein paar andere zur Besichtigung eingeladen und war sich außerdem nicht sicher, ob er lieber mit einer Frau oder mit einem Mann zusammenwohnen wollte. Er versprach, sich in den nächsten Tagen zu melden.

Immer wenn mein Telefon klingelte, hoffte ich, dass er es war. Ich wollte, nein, ich brauchte dieses Zimmer! Aber der erlösende Anruf blieb tagelang aus. Ich war ein einziges Nervenbündel. Jetzt hatte ich meine Traumwohnung gefunden, bezahlbar und mit einem netten Mitbewohner – und niemand meldete sich. *Wahrscheinlich hat er genug von Frauen*, grübelte ich. *Verständlich. Aber kein Grund, nicht wenigstens abzusagen!* Als er endlich anrief, setzte ich schon an, ihm meine Meinung zu geigen.

»Glückwunsch!«

»Äh, was?«

»Du hast das Zimmer.«

»Wie, ich hab das Zimmer?«, stammelte ich.

»Du willst es doch noch, oder?«

»Ja. Ich meine: JA! Klar will ich!«

»Perfekt. Du bist echt nett. Ich kann mir gut vorstellen, mit dir zusammenzuwohnen. Und ein wenig weiblicher Charme schadet deiner Neu-Junggesellen-Wohnung sicher nicht.«

Ich freute mich riesig und zog zwei Wochen später bei ihm ein. Wir verbrachten etliche Stunden mit der Dekoration des Flurs. Natürlich verkniff ich mir Pink und alles Pastellige, aber ich war überrascht, wie offen er war. Solange der Rocker in ihm seinen Status in der Wohnung behielt, ließ er sich auf ein bisschen Mädchenkram ein. Wir hatten Spaß und ich war froh um einen Mann im Haus, der mir helfen konnte, meinen Schrank aufzubauen oder Lampen anzubringen. Ich freute mich über seine starken Hände, er sich über meinen Kuschelrock-Geschmack. Marco war ein Volltreffer! Wir kochten abends oft zusammen, sahen Filme zusammen und berieten uns in Frauen- und Männerfragen. Er erzählte mir im Detail von der Trennung seiner Freundin, ich ihm von meinem nicht enden wollenden Single-Dasein. Wir waren grundverschieden, hörten nicht dieselbe Musik und hatten sehr unterschiedliche Interessen. Aber in unserem Mikrokosmos, der WG, verstanden wir uns blendend. Und je länger wir zusammenwohnten, desto weniger wollte ich irgendwo anders sein.

Wir hatten uns angewöhnt, das Wochenende mit einem gemeinsamen Bier einzuläuten. Wir stießen an, dann zogen wir los. Er in irgendeinen Rockschuppen, ich in einen Elektro-Laden. Eines Samstagnachts begegneten wir uns in der Stadt. Dass wir uns kannten, entsetzte nicht nur meine, sondern auch seine Freunde. »Wie, was ist das denn für ein Gammler? Den kennst du?«, fragten meine Freundinnen, die eher Sekt als Bier tranken. »Wo hast du denn das Schickimicki-Mädel aufgegabelt?«, scherzten seine Kumpels. Marco und ich rollten nur mit den Augen, wünschten uns noch viel Spaß und zogen dann getrennter Wege weiter. Für meine Mädels war Marco von da an mein »freakiger Mitbewohner« und immer für einen Lacher gut. Marcos Freunde belächelten meine Schmucksammlung im Bad. Sie zogen ihn damit auf, dass er sich von einer Frau die Wohnung hatte »verschandeln« lassen. Marco und mich irritierte all das wenig. Im Gegengeil: Es amüsierte uns! Es schweißte uns sogar zusammen.

Als wir eines Abends wieder bei einem Bierchen zusammensaßen und es Zeit war, ins Wochenende zu ziehen, verging mir die Lust. »Ich glaub, ich bleib heute lieber zu Hause. Mir ist gar nicht nach Feiern.« – »Mir auch nicht«, sagte Marco und schlug vor, eine DVD auszuleihen. Wir machten es uns also bei einem Horrorfilm – Marcos Wahl – und einer romantischen Komödie – natürlich meine Wahl – gemütlich. Irgendwann schlief ich an Marcos Schulter ein. Als ich am nächsten Morgen aufwachte, lag ich in meinem Bett. Er hatte mich offensichtlich dorthin getragen. Ich lächelte leise.

»Geht's dir gut?«, fragte Marco und klopfte an meine Tür. »Ja, ja, danke«, antwortete ich. »Ich habe gestern wohl doch etwas zu viel getrunken. Aber jetzt bin ich fit. Ich komm gleich frühstücken.« Seine Fürsorge schmeichelte mir. Ich fühlte mich so beschützt wie schon lange nicht mehr.

Am nächsten Abend blieben wir wieder zu Hause und sortierten Marcos Plattensammlung! Warum ich mich plötzlich für seine »Schrammelmusik« interessierte, begriff ich nicht. Ich wusste nur, dass es mir wichtiger war, den Abend mit Marco zu verbringen, als mit meinen Freundinnen um die Häuser zu ziehen. Wir räumten Dutzende von Platten aus dem Regal, sortierten sie in Stapeln nach Bands und Erscheinungsdatum und stellten sie wieder zurück. Den einen oder anderen Song spielte er mir sogar vor. Ich musste zugeben, dass sie mir gefielen. Und mir eingestehen, dass dieser Abend der schönste seit einer Ewigkeit war. Irgendwann tanzten wir durchs Zimmer.

Nach einer Weile ließ ich mich erschöpft aufs Sofa fallen und beobachtete, wie Marco mit geschlossenen Augen weitertanzte, mitsang und seine langen Haare kreisen ließ. Dabei fiel mir auf, dass mich seine Mähne gar nicht mehr störte. Im Gegenteil: Ich liebte es, sie zu verwuscheln und ihn damit auf die Palme zu bringen. Er konnte sich darüber fast künstlich aufregen, rannte wie von einer Tarantel gestochen ins Bad und kam minutenlang nicht mehr raus. Wenn er wieder vor mir stand, sah er für mich genauso aus wie nach dem Aufstehen. Zerzaust. Und niedlich. Überhaupt genoss ich es, dass wir uns nicht voreinander verstecken mussten. Wenn wir zusammen waren, hatte ich kein Bedürfnis, mich großartig hübsch zu machen. Ich trug das Bequemste, was ich im Schrank hatte, blieb ungeschminkt und fühlte mich trotzdem pudelwohl. Vielleicht weil Marco mir auch dann Komplimente machte. Der Gedanke daran brachte mich zum Lächeln. Meine Blicke wanderten jetzt körperabwärts. Marco war schmal, aber sportlich. Das war mir bisher nie aufgefallen. Seine schwarze Kleidung, die ich immer einfallslos und zu düster fand, stand ihm eigentlich ziemlich gut. Und dass seine Hosen hauteng saßen, gefiel mir. Ich stellte mir vor, wie er wohl darunter aussah. Dann blieb mein Blick am Saum seines Band-Shirts hängen, das beim Tanzen immer wieder hochrutschte. Erst als der Song verstummte, blickte ich Marco wieder ins Gesicht. Er stand nur da und sah mich an! Und zwar so, als wenn er mich schon länger beobachten würde. Ich fühlte mich ertappt und lief knallrot an. Ich stammelte irgendetwas Unzusammenhängendes über den Song, der gerade lief. »Äh, das ist echt ganz gut. Wer ist das? Gefällt mir. Kann man ja sogar irgendwie drauf tanzen ...« Ich wollte gerade aufstehen und gehen, als er sich neben mich aufs Sofa fallen ließ. »Also wenn du willst, kann ich dir mal was zusammenstellen. Ich brenn dir 'ne CD mit den Songs, die du gut findest. Vielleicht ist bei dir ja doch noch nicht alles verloren.« Er tätschelte meinen Oberschenkel und kramte in den Platten vor ihm auf dem Boden. »Aber vielleicht hat dir ja gar nicht die Band gefallen, sondern was ganz anderes.« Er grinste selbstzufrieden. »Wie witzig!«, zickte ich zurück. »Sorry, Kleine, das hast du einfach verdient, wenn du mich so unverfroren beobachtest. Aber du hast ja recht! Ich bin schon ein gut aussehender Typ. Da muss man einfach hinsehen!« Ich rollte mit den Augen. »Ja, du bist ganz toll.« Ich knuffte ihn in den Bauch und wollte gerade noch einmal ausholen, da hielt er meine Hand fest: »Du brauchst dich aber auch nicht zu verstecken«, sagte er jetzt ruhiger und sah mich an. »Du siehst viel besser aus ohne das ganze Geschmiere im Gesicht. Viel natürlicher. Du gefällst mir! Und wenn du rot wirst, sieht das auch ganz niedlich aus.« Er streichelte meine Wange und lachte. »Pff, mach dich nur lustig! Ich geh jetzt ins Bett.« Ich wollte aufspringen, aber er hielt mich fest. »Ach, sei doch nicht so, ich mach doch nur Spaß. Ich find dich wirklich gut. Ich könnte mir keine bessere Mitbewohnerin als dich wünschen.« Er beugte sich zu mir vor, zog mich an sich und küsste mich. Ich war wie versteinert. Erst Sekunden später entspannte ich mich und ließ mich ganz auf ihn ein. Wir knutschen auf dem Sofa und landeten irgendwann im Bett. In seinem. Am nächsten Tag in meinem. Und am Tag danach wieder in seinem.

Seither sind Monate vergangen. Marco und ich wohnen immer noch zusammen. Und sind immer noch grundverschieden. Ich hätte nie gedacht, dass einer wie er mal mein Herz erobern könnte. Und er wohl nicht, dass er sich in eine wie mich verlieben würde. Wir schlafen immer noch jede Nacht in einem Bett. Meistens in meinem – da ist es ordentlicher. Aber Platten hören wir bei ihm.

# 33

# Mein rechter, rechter Platz ist frei

Susanne (26), Journalistin, München,
über
Rufus (6), Aufpasser aus Bulgarien

Als ich ihn sah, war es um mich geschehen. Diese Augen. Kastanienbraun waren sie und blickten mir melancholisch direkt ins Gesicht. Genauso schnell konnten sie sich aber auch mit purer Lebenslust füllen und mich voll und ganz mitreißen. Eigentlich war ich gar nicht auf der Suche. Obwohl ich zugegebenermaßen tief in meinem Innern wusste, dass ich nicht alleine von meiner Reise zurückkehren würde. Wie oft hatte ich mich in den letzten Wochen in meinem Appartement verlassen gefühlt, wie oft kam mir die Wohnung leer vor? Und jetzt – dieser Blick. Mir war natürlich von vornherein klar, dass dieser Blick Mittel zum Zweck war und er ganz genau wusste, was er damit im Herzen einer Frau anrichtete. Ich konnte mir sogar vorstellen, wie er den Blick heimlich übte. Ich war bereit, alles mit ihm zu teilen: meine Couch, mein Bett, meine Wohnung, meine Zeit, meine einsamen Wochenenden sowieso. Er würde von nun an eine wichtige Rolle in meinem Leben spielen, das wusste ich schon in dem Moment, in dem er neben mir lief und mich von der Seite freudig anstrahlte. *Jetzt gehöre ich zu dir. Es gibt kein Zurück.*

Alles begann mit einer Reise nach Bulgarien. Ich sollte hier für meine Zeitung über Tierquälerei recherchieren. Hintergrund war das Video eines Mädchens, das international für Aufsehen gesorgt hatte und durch das Internetportal YouTube die ganze Welt empörte. Auf dem Video war zu sehen, wie ein burschikos gekleidetes Mädchen Gegenstände aus einem Eimer nahm, in einen reißenden Fluss warf und dabei hämisch lachte. Erst als die Kamera scharf stellte, wurde dem Betrachter klar, was sich in dem Eimer befand, und das Grauen für jeden sichtbar: Es waren kleine Hundewelpen. Keine zwei Wochen alt. Das Mädchen warf sie in den Fluss, als wären es ein paar alte Socken.

Als ich dieses Video zum ersten Mal sah, wurde mir übel. Beim zweiten Mal wurde ich sauer. Beim dritten Hinsehen wurde in mir eine Wut entfacht, die ich nur selten spüre. Natürlich ist mir bewusst, dass auf der ganzen Welt Tiere gequält werden. Täglich, stündlich, jede Sekunde. Das Endresultat landet oft auf unseren Tischen. Einer der Gründe, weshalb ich seit meinem zwölften Lebensjahr kein Fleisch mehr esse. Ich liebe alle Tiere, doch bei Hunden öffnet sich mein Herz immer noch ein Stückchen mehr. Ich kann nicht für alle Tiere kämpfen und daher entschied ich, mich auf meine Lieblingstiere zu konzentrieren. Und daher konnte ich auch kaum noch rational denken, beim Anblick dieses grausamen Videos.

Aber mich interessierten nicht nur die Hintergründe der Tierquälerei in Bulgarien, sondern auch der Vergleich zum Umgang mit Tieren in anderen europäischen Ländern. Es ist natürlich kein Geheimnis, dass Tierschutz in südlicheren Ländern weniger ein Thema ist als hier. Jeder Mallorca-Urlauber kennt den Anblick von verlassenen Hinterhöfen, in denen magere Hunde an Seilen angebunden sind. Dort werden Hunde in Tierheimen nach wenigen Wochen getötet, wenn sie niemand abholt. Aber ich habe mich selbst davon überzeugt, dass diese Hunde nicht misshandelt werden. Sie bekommen keinen Bolzenschuss oder werden bei lebendigem Leib aufgeschlitzt wie manche Stalltiere in Deutschland. Die Hunde werden eingeschläfert und nicht in einen reißenden Fluss geschmissen. Töten ist nicht gleich Töten.

Ich überzeugte also meine Redaktionschefin von einer Story über Tierquälerei in Bulgarien und wusste von Anfang an, dass die Idee gut bei ihr ankommen würde. Nicht nur, weil sie selbst große Hundeliebhaberin war und mindestens zwei ihrer vier Schößlinge immer unter ihrem Bürotisch schlummerten. Sie wusste auch selbst genau: Tiere, kleine Kinder und alte Menschen ziehen einfach immer. Und eine gute Auflage bedeutet in dieser Branche nun mal alles. Tierliebe hin oder her. Doch in diesen Momenten, in denen ich Leidenschaft und Beruf zusammenbringen konnte, liebte ich meinen Job. Mir war es egal, ob ich nach Bulgarien reisen sollte, weil die Geschichte gut für die Zeitung war oder nicht. Ich wollte den Menschen zeigen, dass Hundeliebe nicht überall in Europa so selbstverständlich ist wie in Deutschland.

Bulgarien hatte ich aus einem bestimmten Grund gewählt: Bei meinen Recherchen hatte ich herausgefunden, dass hier Hunde gequält werden, und zwar regelmäßig vor großem Publikum, zur Volksbelustigung. Angeblich ist das ein alter Brauch und in der bulgarischen Tradition so fest verankert, dass

*Er hört mir genau zu, wenn ich ihm etwas erzähle oder ihm einen interessanten Zeitungsartikel vorlese. Er geht sogar samstags mit mir in die Stadt shoppen.*

sich niemand darüber aufregt. Doch als ich mit meinen eigenen Augen sah, was hier passierte, drehte sich mir der Magen um: Herrenlose Hunde werden an einen Strick gebunden und an einem Seil hin und her geschleudert. Ist der Hund danach noch nicht tot, wird er einfach in den nächstbesten Fluss geschmissen, in dem er qualvoll ertrinkt. Natürlich verstehe ich, dass es in ärmeren Ländern auch den Tieren schlechter geht. Die Menschen denken erst einmal daran, selbst etwas zu essen zu bekommen. In diesem Fall ging es allerdings nicht darum, dass Hunde auf der Straße nichts zu essen bekommen, sondern dass sie aus Lust an der Quälerei gefoltert und getötet werden. Und das muss nirgendwo auf der Welt passieren, auch in armen Ländern nicht.

Doch zum Glück lernte ich auf meiner Reise nicht nur diesen Horrorbrauch kennen, sondern auch viele tolle Menschen, die gegen die alte »Tradition« ihres Landes kämpften. Die meisten davon waren Studenten, die sich zusammengeschlossen hatten und als Tierschützer eine Petition unterstützten, die nicht nur gegen diesen alten Brauch, sondern auch gegen das Töten von herrenlosen Hunden vorging. Sie sammelten Spenden, um Tierheimen bei der Futterbeschaffung und Kastration zu helfen. Und in genau so einem Tierheim sah ich ihn: Rufus.

Rufus ist riesig und schwarz. Pechschwarz. Auf den ersten Blick kann er einem Angst machen. Aber ich hatte Erfahrungen mit Hunden und wusste, dass die Großen meist die Ungefährlichsten und Vorsichtigsten sind. Zum Beispiel: Eine der zartesten Hunderassen ist die Dogge. Ein Riesenvieh, das sich jedoch vom kleinsten Terrier in die Flucht schlagen lässt. Schnell erkannte ich: Rufus ist ein kleines Sensibelchen, das viel Liebe und Zuwendung braucht.

*Rufus ist das beste männliche Wesen, das je meine Wohnung betreten hat: Er ist treu, lieb, verkuschelt und einfühlsam.*

Ein Schatz auf vier Beinen. Mein Mr. Right. Er warf mir diesen besagten Blick zu – den Herzensbrecherblick, bei mir verfehlte er seine Wirkung nicht. Von da an ging mir Rufus nicht mehr aus dem Kopf.

Als ich Rufus kennenlernte, wusste ich noch nicht, wo diese Liaison enden würde. Ich verschenke mein Herz schnell an schöne Hunde, die eine außergewöhnliche Ausstrahlung haben. Aber ich konnte ja nicht jeden mit nach Hause nehmen. Schweren Herzens verabschiedete ich mich von Rufus, an diesem Tag hatte die Vernunft gesiegt. Schließlich sollte es am nächsten Tag wieder Richtung Heimat gehen. Ich hatte genug Material und Interviews für meinen Artikel gesammelt. Für mich gab es hier nichts mehr zu tun.

Schon auf dem Weg ins Hotel hatte ich ein seltsames, bedrückendes Gefühl. Ein Kloß steckte in meinem Hals und mein Herz wurde unglaublich schwer. Ich verstand nicht so recht, woher dieses Gefühl kam. Hatte es mit meiner Abreise zu tun? Nein. Ich war froh, wieder nach Hause fliegen zu können und ich freute mich auf die Arbeit an meinem Artikel. Im Hotel stellte ich mich unter die Dusche und legte mich sofort ins Bett. Lange fand ich keinen Schlaf. Meine Gedanken kehrten immer automatisch zu Rufus zurück. Ich dachte daran, wie er nur wenige Kilometer entfernt in seinem kalten Zwinger lag. Vielleicht dachte er auch an mich. Wer weiß schon, was in so einem großen Hundekopf alles vor sich geht. Vielleicht hatte er gehofft, ich würde ihn mitnehmen. Dieser Blick. Jedes Mal, wenn ich die Augen schloss, sah ich ihn vor mir und es zerbrach mir das Herz. Letztendlich übermannte mich doch die Müdigkeit, doch auch im Schlaf ließ Rufus mich nicht los. Ich lief mit ihm über eine Wiese und er sprang aufgeregt neben mir her. Im nächsten Moment aber sah ich mich selbst, wie ich Rufus den Rücken zukehrte. Es war nicht wirklich ein Albtraum, trotzdem erwachte ich mitten in der Nacht mit Herzklopfen und hatte einen so klaren Gedanken, wie man ihn eben nur nachts haben kann: *Ich muss Rufus zu mir holen.* Nachdem dieser Entschluss gefasst war, konnte ich mich endlich wieder entspannen, mein Herz hörte auf so schnell zu schlagen und ich schlief bis zum nächsten Morgen durch.

Im Tierheim wunderte man sich über meine Rückkehr. Ich erklärte ihnen, dass ich Rufus mitnehmen wollte. Die beiden Leiter des Tierheims sahen sich erst gegenseitig verwundert an und dann mich: »Rufus wurde eben von einem Pärchen mitgenommen, zum Spazierengehen. Sie wollen ihn bei sich aufnehmen.«

Es war wie ein Schlag in die Magengrube. In diesem Moment wurde mir aber auch klar: Es ging mir nicht darum, dass Rufus ein gutes Zuhause fand. Ich wollte ihn für mich haben. Dieser Hund gehörte zu mir.

Die beiden schlugen vor, noch eine halbe Stunde zu warten, dann würde das Pärchen zurückkehren. Ich blieb und es kam mir vor wie die längste halbe Stunde meines Lebens. Seltsamerweise entwickelte ich insgeheim einen Hass auf dieses Pärchen, das mir Rufus »weggenommen« hatte. Warum konnten sie sich nicht einfach einen anderen Hund aussuchen? Warum meinen Rufus? So was Doofes. Ich tigerte auf und ab und wurde dabei von mehreren Hundeaugenpaaren genaustens beobachtet.

Dann endlich bog das Pärchen mit Rufus um die Ecke. Als er mich sah, riss er sich los und rannte sofort auf mich zu. »Rufus«, rief ich. Die Szene erinnerte für Außenstehende sicher an einen schlechten Hollywoodstreifen. Wir rannten aufeinander zu und Rufus sprang an mir hoch. »Das muss ich dir aber ganz schnell abgewöhnen«, sagte ich zu ihm und musste lachen. Das Pärchen sah sich verdutzt an. »Er wollte die ganze Zeit zurück zum Tierheim. Wir konnten ihn kaum noch an der Leine halten, so sehr hat er gezerrt.« *Er wollte zu mir*, dachte ich und konnte es mir gerade noch verkneifen, das auch laut zu sagen. Stattdessen sagte ich nur: »Ich habe Rufus gestern schon kennengelernt und wollte ihn heute mitnehmen. Dem Tierheim ist hier wohl ein Fehler unterlaufen.« Das Pärchen nickte nur. Richtig gepunktet hatte meine schwarze Bestie sowieso nicht bei ihnen.

Nun lebt Rufus schon ein halbes Jahr bei mir und wir gehen gemeinsam durch dick und dünn. Rufus ist das beste männliche Wesen, das je meine Wohnung betreten hat: Er ist treu, lieb, verkuschelt und einfühlsam. Er hört mir genau zu, wenn ich ihm etwas erzähle oder ihm einen interessanten Zeitungsartikel vorlese. Er geht sogar samstags mit mir in die Stadt shoppen. Dann legt er sich in der Umkleidekabine neben mich und wartet in aller Ruhe, während ich mir ein Kleid nach dem anderen über den Kopf ziehe. Kein Murren, kein Genervtsein.

Rufus ist einfach glücklich und dankbar, bei mir zu sein. Und ich bin überglücklich, dass ich das schwarze Riesenvieh gefunden habe. Die perfekte Beziehung, ohne Missverständnisse oder Heimlichkeiten. Es kann so einfach sein.

Am liebsten aber tollt Rufus mit mir auf der Wiese im Park herum und schnüffelt feinen Hundedamen hinterher. Und jetzt mal unter uns: Mit so einem tollen Hund lernt man jede Menge Leute kennen – zum Beispiel süße Hundebesitzer. Natürlich müssen die erst mal gründlich von Rufus durchgecheckt werden. Aber wenn sie okay sind, dann dürfen sie in meine Nähe oder sogar in Rufus' Revier kommen. Trotzdem lässt Rufus sie nicht mehr aus den Augen – schließlich geht es hier nicht um irgendwen, sondern um sein Frauchen.

DIE AUTORINNEN

Ina Küper, 1984 geboren, und Marlene Burba, Jahrgang 1985, studierten Modejournalismus und Medienkommunikation in Düsseldorf. Danach arbeiteten sie als Redakteurinnen für Print- und Onlinemagazine und gründeten die Zeitschrift *Alley Cat*. Ihr erstes Buch *Bester Sex* war ein SPIEGEL-Bestseller. Heute leben und arbeiten die beiden in München.

Ina Küper & Marlene Burba
MR. RIGHT
*33 Frauen erzählen vom wichtigsten, einzigartigsten*
*und umwerfendsten Mann in ihrem Leben*

ISBN 978-3-86265-073-6
© Schwarzkopf & Schwarzkopf Verlag GmbH, Berlin 2011

KATALOG
Wir senden Ihnen gern kostenlos unseren Katalog.
Schwarzkopf & Schwarzkopf Verlag GmbH
Kastanienallee 32, 10435 Berlin
Telefon: 030 – 44 33 63 00
Fax: 030 – 44 33 63 044

INTERNET | E-MAIL
www.schwarzkopf-schwarzkopf.de
info@schwarzkopf-schwarzkopf.de